한국
종교문화
횡단기

한국 종교문화 횡단기
종교학자와 함께 태안에서 태백까지

지은이 / 최종성
펴낸이 / 강동권
펴낸곳 / (주)이학사

1판 1쇄 발행 / 2018년 12월 31일

등록 / 1996년 2월 2일 (신고번호 제1996-000015호)
주소 / 서울시 종로구 율곡로13가길 19-5(연건동 304) 우 03081
전화 / 02-720-4572 · 팩스 / 02-720-4573
홈페이지 / ehaksa.kr
이메일 / ehaksa1996@gmail.com
페이스북 / facebook.com/ehaksa · 트위터 / twitter.com/ehaksa

© 최종성, 2018, Printed in Seoul, Korea.
ISBN 978-89-6147-334-7 03200

이 책의 저작권은 저자가 가지고 있습니다.
저작권법에 의해 보호를 받는 저작물이므로 이 책 내용의 일부 또는 전부를 재사용하려면
저작권자와 (주)이학사 양측의 동의를 얻어야 합니다.

* 책값은 뒤표지에 표시되어 있습니다.

종교학자와 함께
태안에서 태백까지

한국
종교문화
횡단기

최종성 지음

이학사

일러두기

1. 인용문의 고딕체 강조는 모두 지은이가 한 것이다.
2. 부호의 쓰임은 다음과 같다.
   『 』: 도서 제목
   「 」: 논문, 시, 가사, 기록 제목
   〈 〉: 그림, 노래 제목
   ( ): 지은이의 부연 설명
   [ ]: 음이 다른 한자나 뜻을 설명하는 한자의 병기, 인용문에서 지은이의 부연 설명

차례

1. 출발에 앞서: 좌사우사   11

2. 숭의사: 제관 정주영을 찾아서   17
  1) 소주 가씨 사당   17
    (1) 망단자   17
    (2) 이봐, 제관 해봤어?   20
    (3) 태안 숭의사   24
    (4) 집안의 기억을 살려낸 가행건   33
  2) 화순 해망서원   36
    (1) 숭의사를 찾아, 화순 해망서원으로   36
    (2) 1979년, 정주영 회장이 숭의사에 오다   46
  3) 5현을 찾아서   48
    (1) 예림서원   48
    (2) 도동서원   52
    (3) 남계서원   54
    (4) 자계서원   57
    (5) 악양정   61
  4) 왜군은 얼레빗, 명군은 참빗?   68
    (1) 녹동서원   68
    (2) 서생포   72

3. 창명대: 동학의 잉걸불   77
  1) 청양의 동학을 찾아가다   77
    (1) 창명대   77

(2) 천진교의 내력			90
	수운 제세주: 새로운 주문의 언어, 시천주		90
	해월 대신사: 사인여천과 향아설위		95
	구암 대법사: 동학의 인생, 인제에서 계룡산까지		99
	해심 대종사: 상제교에서 천진교로		105
	대원 대원사: 향선대에서 창명대로		107
(3) 수도와 의례			111
	주문		112
	영부		117
	대인등치성		130
2) 천진교의 옛 자취를 돌아보다			132
(1) 향선대			132
(2) 계룡산 신도안			134
(3) 영동 기호리			139
3) 구암의 흔적을 쫓다			144
(1) 청산 포전리			144
(2) 청산 문암리			146
(3) 단양 절골, 송두둑, 샘골			148
(4) 영춘 의풍리 장건지			156
(5) 인제 달리촌			159
(6) 무의매리를 찾아서			167
(7) 창명대를 떠나며			182

4. 진천 금한동 천제: 하늘을 부르는 기도   187

   1) 금한동 천제   187

2) 제천	194
3) 천제와 축문	200

5. 배론 성지: 숨어 살며 지킨 신앙, 죽어가며 지킨 믿음   213
  1) 종교 부자의 나라   213
  2) 배론 성지   222
    (1) 배론신학교   223
    (2) 「황사영백서」 토굴   225
    (3) 최양업 신부의 묘   236
    (4) 송석정과 탁사정의 옛 추억   241
  3) 최양업 신부를 찾아서   245
    (1) 배티 성지   246
    (2) 수리산 성지   249
    (3) 유현리 가족묘   254

6. 적조암: 동학의 산실 태백   259
  1) 자장과 갈반지   261
  2) 적멸궁과 수마노탑   266
  3) 해월과 적조암   275
  4) 가섭암   282

7. 산멕이: 산으로 나들이 간 조상   289

8. 답사를 끝내며: 어정칠월 동동팔월   307

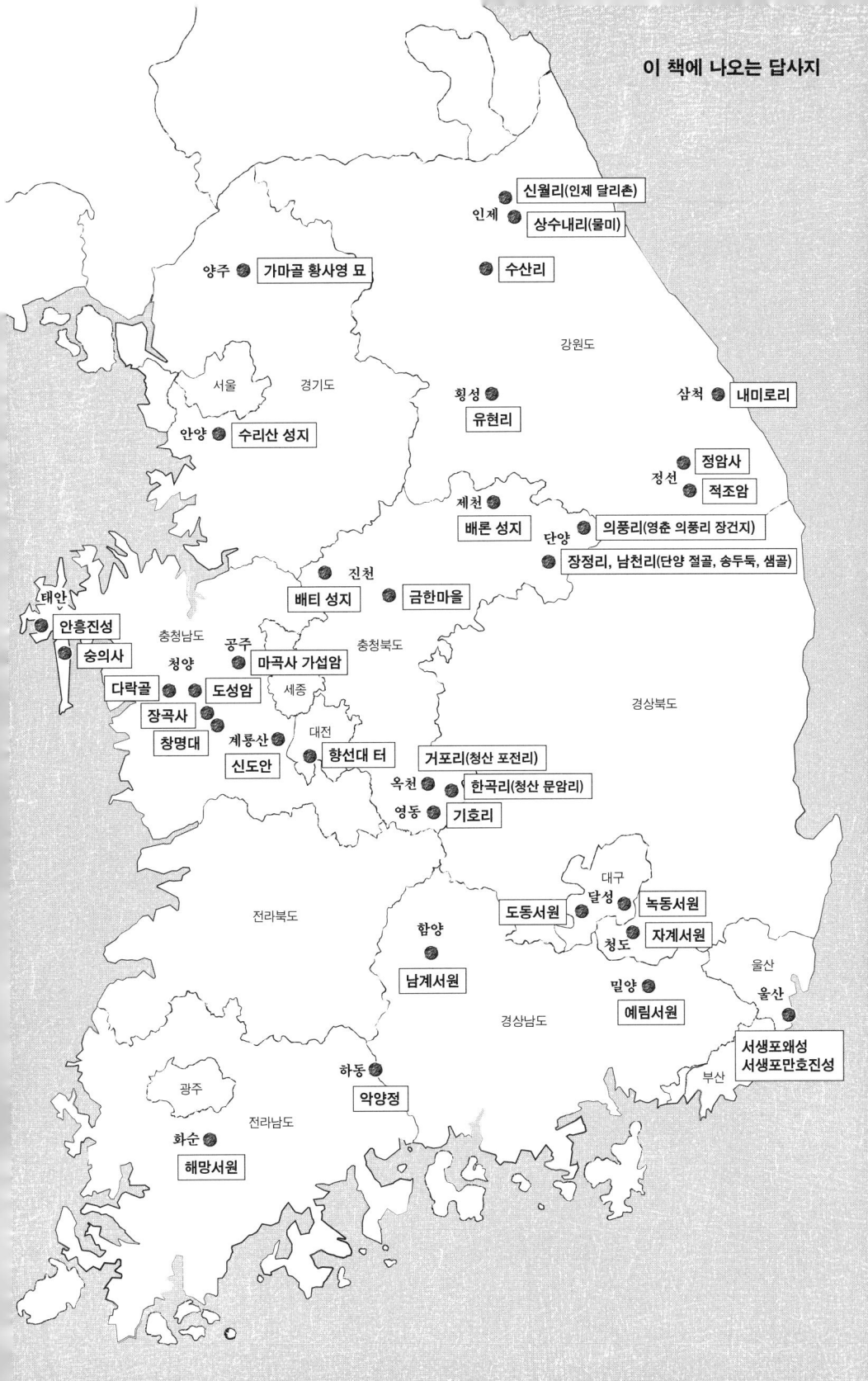

1. 출발에 앞서: 좌사우사

대놓고 말할 때는 연구년이라 부르는, 고대하던 안식년을 맞았다. 이제 좀 쉬어볼까. 거짓말 같지만 오롯이 쉬기만 한다는 게 막상 불편하고 부담스럽기까지 하다. 어느덧 서생(書生)의 소박한 직업윤리가 몸에 밴 탓일까. 아니다. 솔직히 '연구자연(研究者然)' 하는 몹쓸 직업병이 깊게 도져 있어 그러려니 한다. 어쨌거나 멀쩡히 쉬면서도 연구하고 있다는 착각 어린 안도감을 갖는 길을 찾아야 했다. 놀면서 공부하는, 말 그대로의 유학(遊學). 주유천하(周遊天下)하지는 못해도 그 옛날 화랑도의 후예가 되어 발길 닿는 대로 산과 물을 즐기며 [遊娛山水] 가볼 데까지 가봐도[無遠不至] 좋겠지!

그래, 답사다! 그간 내 스스로에게는 물론 지척의 학생들에게도 '좌사우사(左辭右寫)'를 힘주어 말하지 않았던가. 말인즉슨 '왼손엔 사전을 들고, 오른손엔 사진기를 들라'는 내 나름의 거친 조어였다. 스탠드를 밝힌 책상 왼편에 사전을 놓고 문헌학에 힘쓰는 한편, 오른쪽 어깨에 사진기를 둘러메고 길 위에 펼쳐진 진수를 담아내는 현장학에도 주의를 기울이라는 뜻을 네 자에 실었다. 문헌학은 머리에 기댄 수필(手筆)로 가능하지만 현장학은 발품을 감내해야 하는 족필(足筆)*이지 않으면 안 된다. 근대 종교학을 개창한 문헌학의 대가이자 젊음을 순수에 떨게 한 소설『독일인의 사랑』의 저자인 막스 뮐러(Max Müller)가 "하나만 아는 자는 아무것도 모른다(He who knows one, knows none)"는 괴테식의 매력적인 말을 던지며 젊은 지성을 비교종교학에 초대한 지 150년 가까이 돼간다. 19세기에 그가 연구실 책상에서 제창한 문헌과 문헌의 비교를 자양 삼아 21세기 들판을 나서는 후학으로서 좌사(문헌)와 우사(현장)의 비교, 소위 좌우합작을 되새겨본다. 책상에 머물며 붙었던 종교학의 군살을 현장에 다니며 종교학의 굳은살로 바꿔 돌아오면 좋으련만! 그때가 되면 "문헌만 아는 자는 아무것도 모른다"고 확신할 수 있을까?

길을 떠나며 두 송이 꽃을 떠올린다. 먼저 한국인 누구에게나 낯익은 시인 김춘수의 「꽃」이다.

내가 그의 이름을 불러주기 전에는
그는 다만
하나의 몸짓에 지나지 않았다

내가 그의 이름을 불러주었을 때
그는 나에게로 와서
꽃이 되었다

* 길을 걸으며 발을 붓 삼아 시를 쓰고자 했던 이원규 시인의 「족필」이라는 시가 있다.

내가 그의 이름을 불러준 것처럼

나의 이 빛깔과 향기에 알맞은

누가 나의 이름을 불러다오

그에게로 가서 나도

그의 꽃이 되고 싶다

우리들은 모두

무엇이 되고 싶다

너는 나에게 나는 너에게

잊혀지지 않는 하나의 눈짓이 되고 싶다

 현장에 다가서는 것, 그것은 어쩌면 거리에 널린 명명하기 이전의 존재감 없는 무덤덤한 몸짓에 일일이 이름을 부여함으로써 비로소 생생한 존재를 마주하는 눈짓을 경험하는 것이 아닐까. 빛깔과 향기에 걸맞은 이름을 불러줄 때 비로소 꽃은 희미하고 둔탁한 몸짓이 아닌 날렵한 눈짓으로 길손에게 선연히 다가오리라. 소위 명분(名分)이라는 게 뭐 특별할 것도 없다. 분명한 이름이 있어야 거기에 합당한 도리와 분수가 실릴 것이 아닌가. 제대로 이름값을 하며 살라는 공자의 정명론(正名論)도 기본은 제대로 된 이름부터다. 무심코 지나칠 수도 있을 한낱 들꽃도 제 나름의 향기와 빛깔을 간직하고 있는, 당당히 이름 불릴 존재다. 꽃 아닌 게 어디 있으랴. 맹목적인 피사체로 끌어 담기만 하면 될 만큼 만만한 꽃은 이 세상에 없다. 존재란 뜨거운 애정과 강렬한 눈짓으로 초점을 맞춰 인식하려는 노력 없이는 다가오지 않는다. 답사, 그것은 손수 발품을 팔아가며 모호한 것에 멋지고 의미 있는 이름을 지어주는, 찾아가는 작명소라 할 수 있다. 미지의 것과 무지한 것에 대한 용기 있는 접근, 모호한 현상에 대한 명증적인 개념화, 그리고 체계적인 분석과 통찰을 통해 앎에 질서를 부여하는 것이 첫 번째 꽃이 주는 힘이다.

두 번째로 떠오르는 꽃은 우리에겐 조금 낯선, 부산의 시인 윤홍조가 들려주는 「기억의 꽃」*이다.

> 이제 그 이름 생각나지 않는다
> 아무리 내 기억의 서랍 뒤지고 뒤져보아도
> 그저 가물가물한 꽃 이름들,
>
> 길가에 핀 개망초 엉겅퀴 제비꽃…
> 내 기억이 명명해 호명하는 저 꽃 이름들
> 그러나 꽃들에게 이름을 달아준다는 건
> 자연을 상처 낸 자죽 같은 것
>
> 다시금 꽃 이름 생각나 불러준다 해도
> 내 기억은 더 많은 자연의 상처를 남긴다
> 애기똥풀꽃 양지꽃 물봉선 꽃무릇…
> 문득 내 기억의 서랍에서 툭 튀어나온
> 꽃도 모르게 붙여진 저 꽃 이름들,

* 윤홍조, 『첫나들이』, 천년의시작, 2017, 33쪽.

이제야 내 기억이 명명한 상처를 지운다
머릿속 천연 생고무 지우개로 박박,
살아가면서 녹슨 내 기억을 꺼내
지금, 꽃을 자연으로 하나하나
되돌려놓는 중이다

  명명하는 것의 아픔, 그런 명명의 기억이 안기는 호명의 질곡은 생각보다 깊은가 보다. 꽃에 이름을 달아주는 것은 선명하게 존재를 마주하는 눈짓이 아니라 존재의 해방을 억누르는 굴레와 속박으로 이해된다. 꽃에 이름을 달아주고 그 이름을 기억하는 것이 존재를 만나는 최소한의 인식론적 예의인 줄 알았는데, 꽃도 모르게 자의적으로 붙여놓은 이름이야말로 오히려 자연, 즉 본연의 존재에 상처를 입힌 자국일 뿐이다. 꽃을 자연으로 되돌려놓기 위해 명명과 그에 대한 기억을 박박 지워내려는 집요함이 이해될 만도 하다. 당연히 "어떠한 이름도 실체를 온전히 담아낼 만한 떳떳한 이름이 될 수 없다[名可名非常名]"는 노자 『도덕경』 첫머리의 한 구절이 생각난다. 호기롭게 이름 붙이고 그것을 마구 불러대는 게 답사의 능사는 아니다. 당연하게 여기던 것에 대한 성찰, 현상을 앞지르는 개념에 대한 반성, 그리고 자의적이고 편의적인 판단과 선입견에 대한 자제를 통해 앎을 자유롭게 하는 것이 두 번째 꽃이 주는 미덕이다.

  앎에 질서를 부여하는 애정의 꽃, 앎을 자유롭게 하는 비움의 꽃, 이 두 가지 꽃을 번갈아 회상하며 길채비를 할 수밖에 없는 게 긴장을 놓지 않고 배우는 자의 운명이려니 한다. 애정과 비움과는 조금 다른 방식이긴 하지만 대학 초년부터 숱하게 들어온 말이 있다. 종교의 세계에 공감하면서도 인식의 거리를 두고 초연해야 한다는 '공감과 초연'의 긴장 말이다. 윈스턴 킹(Winston L. King)이 한 책*의 서문에서 붉은빛 애정 어린 공감과 회색빛 냉정한 초연을 한마디로 거멀장해놓은 "초연적 공감(detatched-within)"을 어찌 거부할 수 있으랴! 무턱대고 거부해서도 안 되고 그렇다고 마냥 빠져들어서도 안 된다. 깊숙이 몰입하여 공감하되 거리를 두고 초연하란다. 물속 세계를 유영하는 물고기의 눈[魚眼]과 공중으로 날아올라 전체를 조망하는 새의 눈[鳥瞰]을 갖추라는 것이다.

이제 떠날 시간이다. 그런데 어디로 갈 것인가? 〈고래사냥〉에서 열창하듯 동해로 떠날 것인가? 아니다. 왠지 해가 설핏 기우는 서해부터 시작하여 햇덩이 불끈 떠오르는 동해에서 마무리하고 싶은 반동이 인다. 그것도 충청과 강원으로 포개진 한반도 허리 양 가녘을 서에서 동으로 횡단하며 길을 내고 싶다. 태안에서 태백까지.

---

* Winston L. King, *Introduction to Religion: A Phenomenological Approach*, New York: Harper & Row, 1968(1954), pp. 1-8.

2. 숭의사: 제관 정주영을 찾아서

1) 소주 가씨 사당

(1) 망단자

2016년 4월 모 인터넷 경매 사이트를 통해 망단자(望單子) 한 장을 입수했다. 흔히 망기(望記) 혹은 망첩(望帖)으로도 불리는 망단자는 관직이나 특정 직임을 맡을 후보자를 추천하는 문서이다. 43cm×33cm 크기의 한지에는 사당의 제관직을 천거하는 내용이 적혀 있었는데, 특별히 눈에 들어오는 구절이 있었다. 그것은 다름 아닌 '정주영(鄭周永)'이었다. 아니 "시련은 있어도 실패는 없다"는 그 기업인 정주영 회장이란 말인가?

갑자기 대학 시절 은사이신 고 윤이흠 선생이 수업 시간에 '위화도회군'에 대해 설명하며 들려주신 일화가 떠올랐다. 그것은 한낱 군사작전이 아니라 드넓은 고토(古土)에 품었던 꿈을 접고 기나긴

숭의사 망단자

고전(古典)의 이상에 몰입하게 만든 문화적 사건이라는 것이었다. 더 이상 외방으로 공간을 확대하기보다는 시선을 내부로 돌려 이상화된 문명의 시간을 이 땅 위에 실현하는 데 주력한 것이 그 이후 조선의 문화였다. 당연히 공간의 확대를 주도하던 무(武)가 퇴색되고 고전적 이상을 실현시킬 문(文)이 부각될 수밖에 없었다. 그런데 20세기에 이르러 이성계의 회군을 다시 회군시켰다고 할 수 있는 사건, 다시 말해 내부에 잠겨 있던 시선을 외부로 돌리고 국외로 진출한 사건이 일어났고, 그 주역이 다름 아닌 박정희와 정주영이라는 것이 그분 말씀의 골자였다. 다분히 1960년대에 베트남전쟁에 참전한 파월 장병들과, 같은 시기 해외 건설 현장을 누빈 근로자들을 염두에 둔 것이었다.

망기의 내용을 찬찬히 들여다보았다. 후보자를 천거하는 문서답게 첫머리에 '망(望)' 자가 씌어 있다. 당연히 그 뒤에 피추천자의 관직과 성명이 나오기 마련인데, '유학(幼學) 정주영'으로 되어 있다. '유학'이라 했으니 특별한 벼슬이나 관작이 없는 일반 유생을 지칭할 터, 문제는 정주영이었다. 일단 역사 속의 정주영을 살펴보아야 했지만 솔직히 한 사람을 제외하고는 딱히 짚이는 이도 없었다. 여하튼 정주영이라는 인물을 본 사당에서 거행할 제향의 초헌관(初獻官)으로 추천한다는 얘기다. 여기서 본 사당이란 맨 마지막 줄에 밝혀진 대로 숭의사(崇義祠)이며, 초헌관은 삼헌(초헌初獻, 아헌亞獻, 종헌終獻)을 맡는 헌관 중에서도 가장 먼저 신께 술을 올리는 가장 핵심적인 제관이다. 유학 정주영을 숭의사의 초헌관으로 추천했던 때가 기미년 삼월의 일이었으니 당시의 제향은 봄의 제사였을 것이다. 문제는 그 기미년이 어느 해냐는 것이다. 가까이는 1979년, 아니면 3.1운동의 해인 1919년, 그것도 아니라면 다시 60년을 소급한 1859년….

장소가 사람(정주영)도 때(기미년)도 해결해줄 수 있다는 기대를 갖고 우선 숭의사를 탐색해보기로 했다. 가장 먼저 포착된 것이 충청남도 태안군 남면 양잠리에 소재한 소주 가씨(蘇州賈氏) 사당인 숭의사였다. 소주 가씨도 생소하고 숭의사도 낯설었다. 소주 가씨 제사에 타성바지 정씨 초헌관이라니 도대체…, 의문을 삼키며 지도를 펼쳤다.

안면도와 보령·홍성을 사이에 두고 천수만이 골 깊게 들어오다가 갑자기 바닷물이 멈춰 선다. 언젠가부터 바다를 호수(부남호, 간월호)로 만들고 갯벌을 농지로 변모시킨 서산 방조제가 두 갈래로 지속될 물길의 관성을 막았기 때문이다. 이른바 서산 A지구 방조제와 서산 B지구 방조제로 명명되는 두 거대한 둑이 물길을 돌려세우고 지도를 뒤바꿔놓은 현장, 그 가까이에 숭의사가 있었다. 태안 당암리와 서산 창리를 이으며 거대한 부남호를 탄생시킨 소위 서산 B지구 방조제를 조금 거슬러 올라가면 숭의사가 자리 잡은 양잠리이다.

양잠리를 부둥켜안은 서산 방조제를 보는 순간 뭔가 떠오르기 시작했다. 지도를 접어두고 생각을 가다듬었다. 70년대 후반 들어 퇴조하기 시작한 해외 건설 사업을 만회할 만한 대체 사업으로 꼽히던 국토의 대간척 사업, 가난한 농부의 아들로서 한껏 풀어내고 싶었을 옥토에 대한 한과 여망, 그리고 울산 조선소보다 더한 애착으로 뚝심 있게 진두지휘한 간척지 서산…, 아산(峨山) 정주영이다!* 1982년 서산 B지구에 이어 1984년 서산 A지구에 물막이 공사를 마무리하기까지 거센 천수만의 유속을 이겨내기 위한 신화적 공법들이 세간에 화제를 불러일으킨 바 있으며, 특히 고철 유조선을 이용해 조류를 잠재운 A지구의 공법은 단연 압권이었고 내 기억에도 생생한 뉴스였다. 그런데 이런 어마어마한 서산 간척 사업의 진정한 출발과 기원은 바로 매립 허가를 취득했던 1979년 기미년이었다. 개발독재 시대에 사업 허가권이 갖는 비중은 새삼 말할 것도 없다. 그해 그가 거기 숭의사에 있었던 것이 아닐까?

(2) 이봐, 제관 해봤어?

1979년, 정주영, 서산 방조제, 그리고 방조제 근처에 자리 잡은 숭의사의 조합은 묘한 힘을 발휘했다. 이 정도면 태안 양잠리로 떠날 이유가 충분해졌다. 2016년 11월 13일(음력 10월 14일) 소주 가씨 사당에서 제향이 베풀어진다고 했다. 가는 길 내내 정 회장 살아생전의 특유한 경험주의적 어법이 머리를 맴돌았다. "이봐, 해봤어?" 현실적이지 못한 탁상공론이나 무기력에 빠진 무사안일의 태도를 일거에 몰아치는 외마디 질문! 누가 여기에 대고 일언반구의 대꾸라도

---

* 그는 자신의 삶을 회고할 때마다 서산 간척 사업을 늘 비중 있게 다루었다. 정주영, 『시련은 있어도 실패는 없다』, 현대문화신문사, 1992, 207-214쪽; 『이 땅에 태어나서』, 솔, 1998, 295-302쪽.

할 수 있으랴! 이런 촌철살인의 질문에 나름대로 적응해가며 잔뼈가 굵었을 어느 전직 대통령이 내놓곤 했던 '내가 해봐서 아는데…'라는 완료형 어법만큼은 예외이긴 하지만. 이제 현대 신화의 돌풍을 일으킨 기업인 정주영도, 전경련을 이끈 카리스마 넘치는 재벌 회장 정주영도 아닌 제관 정주영을 만나러 간다. "이봐, 제관 해봤어?"

  1978년, 온 국민이 극심한 가뭄을 치렀던 해, 어느 시인의 시집 제목처럼* 그야말로 강물도 목이 말랐던 그때 난 초등 5학년생이었다. 혹시 마른땅 속에 숨어 있을지도 모를 작은 물줄기라도 찾아낼 요량으로 이미 말라버린 개울 밑바닥을 파 헤집어 깊은 물고랑을 내는 일에 초등학생도 수업을 멈추고 그 고사리손을 보탤 정도였다. 가뭄을 이겨내며 논농사를 꾸려야 했던 나의 부모님께서도 타들어가는 1년을 보내셨을 게 분명하다. 물을 머금지 못한 논에선 써레질을 해도 흙먼지가 펄펄 날렸고, 한기(旱氣)가 여전한 논바닥엔 호미 없이 모내기가 불가능했다. 그렇게 봄 가뭄을 겨우 겪어내자, 늦여름에서 초가을 새엔 나랑 나이가 같은 포도나무의 소출을 받아내느라 일터를 집터 삼아야 할 정도였다. 눈코 뜰 새 없는 고단한 나날을 보내야 했던 그때, 하필이면 큰댁의 제삿날이 다가오고 있었다.

  부모님은 눈앞에 벌여놓은 농사를 어찌할 수 없어서 그리 까탈스럽지 않고 나돌아 다니기 좋아하는 12살짜리 차남을 설득해 제사에 다녀오게 하셨다. 우리 집 거두리에서 큰댁 사암리까지는 어린아이가 걷기엔, 그것도 자정쯤 제사를 마치고 산 고개 밤길을 넘어오기엔 너무 멀

---

* 이원규, 『강물도 목이 마르다』, 실천문학사, 2008.

고 험한 길이었다. 일단 학교를 마치고 곧장 큰집에 가서 제사를 지낸 뒤, 거기서 하룻밤을 묵고 이튿날 다시 등교하여 수업을 마친 뒤 귀가한다는, 꽉 찬 1박 2일의 제사 행로가 결정되었다. 집안의 장남인 중학교 3년생 형이 있었지만 형은 시골서 춘천 시내로 통학하며 공부에 전념해야 했던 터라 결국 집안을 대표하는 제관의 일이 나에게 부여될 수밖에 없었던 것이다.

제사가 있던 오후, 담임선생님은 제사에 참여해야 하는 나를 위해 남들보다 일찍 하교하도록 배려해주셨다. 오후엔 학교 농구부를 지도하셨던 우리 선생님은 늘 시간에 쫓기셨고, 오후 자율 학습 시간엔 반장이던 내게 학생 공부 지도를 맡기곤 하셨다. 다달이 월말고사에 기말고사, 나머지 공부가 끊이지 않았던 시절, 반장은 그야말로 별걸 다 소화해내야 했지만 당연히 그날은 그러한 직분에서도 해방된 채 제관의 일에만 충실하면 되었다. 평소 해거름 녘이 되어야 귀가할 수 있었던 고학년 신세에 호사라면 호사였다.

큰댁에 당도하니 제사 준비에 여념이 없는 어머니뻘 형수님들이 인사성 밝은 어린 '되련님'을 반겨주셨다. 나는 아무것도 내세울 것 없던 어린 나에게 왠지 우쭐한 기분을 느끼게 하는 그 호칭이 언제나 맘에 들었다. 요즘엔 차별적이라 하여 그 호칭에 미운털이 박히긴 했지만 아무튼 그땐 그랬다. 부친이 4형제의 막내셨고, 내가 23명의 친사촌 남매 중 22번째였으니 집안의 계통을 분간하고 촌수와 사람을 연결시키는 게 여간 어려운 일이 아니었다. 그럼에도 나를 '되련님'이라는 존재감 있는 호칭으로 불러주는 형수들에게 세대를 뛰어넘는 친근감을 느꼈다. 할아버지를 비롯한 집안 어른들에게 절을 올리고 문안을 여쭙고 홀로 오게 된 사연까지 말씀드린 후 늦은 밤 제사를 치를 때까지 애늙

은이 영감탱이가 되어 지루하고 졸린 시간을 참아내야 했다.

　드디어 빼곡히 들어선 절꾼들 틈에 끼어 제사를 마쳤다. 철상이 이루어지고 음복의 시간이 뒤를 이었다. 부모님이 분부한 나의 역할은 무리 없이 잘 이행했지만 그다음이 문제였다. 유난히 떡에다 과일을 좋아했던 나였기에 제사는 늘 반기는 일이었지만 그해만큼은 그러질 못했다. 어느 용하다고 소문난 무당 점바치를 방문하고 돌아온 어머니께서 앞으로 딱 1년간 제사 음식을 먹지 않고 지내면 후제 훌륭한 사람이 될 것이라는 무당의 말을 내게 진지하게 건네셨기 때문이었다. 당연히 수긍했지만 당시 시골에서 최고의 변변한 먹거리로 통했던 제사 음식에 대한 금기는 사실 가혹한 것이었다. 제사 음식으로 끼니를 나눌 때에는 늘 식구에서 배제되어 동네에 하나밖에 없는 소박한 가겟방을 전전했다. 그 좋아하던 빵은 먹을 수 있어 다행이기는 했다. 언젠가 금기를 망각하고 친구가 건네준 제사 음식을 입에 넣었다가 학교 담벼락으로 달려가 싹싹 뱉어내는 바람에 괜한 의심을 받기도 했다. 지나고 나니 그다지 내세울 것 없는 소시민이 되고 말았는데, 왜 그리 우직한 믿음으로 금기를 지켜냈는지 모를 일이다. 아무튼 그날 나는 부친을 대신해 제사직을 충분히 해냈지만 집안 어른들의 숱한 권유를 물리치며 음식물에 대한 금기를 지켜내야만 했다. 그야말로 먹을 것 없는 (사실은 먹을 수 없는) 제사에 절만 열심히 하다 하루 만에 돌아온 셈이다. 그저 집안 제사에 참석한 것뿐이고 어엿한 제관 노릇을 한 것도 아니었지만 내 잠자리를 마련해주고 전날 비운 도시락에 이밥을 채워주며 손에 돈까지 쥐여 준 셋째 큰어머니에게는 먼 길 제사에 찾아온 어린 조카가 망기에 이름을 올린 그 어느 제관보다 더 대견스럽지 않았으려나.

1) 소주 가씨 사당

(3) 태안 숭의사

소주 가씨의 사당인 숭의사에 당도했다. 충남 문화재자료 제300호에 당당히 이름을 올린 숭의사는 소주 가씨의 시조인 가유약(賈惟約)과 그의 아들 가상(賈祥)과 손자 가침(賈琛)까지 삼대를 함께 모신 사당이다. 아직 제례가 시작되기 전이라 안팎을 둘러볼 수 있었다. 먼저 사당 건물로 들어서기 전 정면 오른편 외곽에 돌올하게 서 있는 충효비가 눈에 들어온다. 이것은 명나라 병부낭중 겸 감찰사 가유약, 유격장군 가상, 병부종사관 가침 등의 충효를 기리는 비석으로서 1991년 태안 군수 권오창(權五昌)이 글귀를 짓고, 정헌시(鄭憲時)가 글자를 쓰고, 18세손 가재민(賈在民)이 세운 것이었다.

외삼문을 거쳐 들어서자 제를 앞두고 깔끔히 청소된 안뜰이 나타

소주 가씨 충효비

숭의사 내삼문

난다. 사당은 외삼문 안뜰보다 높은 지대에, 그것도 안쪽 깊숙이 숨어 있어 보이지 않는다. 사당으로 가려면 안쪽으로 그리고 위쪽으로 가야 하는 게 일반적이다. 이내 마주 보고 선 동재와 서재 사이를 가로질러 사당이 있는 안쪽으로 향한다. 돌 축대 사이에 누워 있는 계단을 따라 여남은 발짝을 오르면 널찍한 평대 위에 마침맞은 크기의 은행나무 두 그루가 양쪽에서 호위하는 충효 정문(忠孝旌門)이 아담하게 서 있다. 사당 내부로 향하는 정문(正門)이면서 가유약, 가상, 가침 삼대의 충효를 표창하기 위해 세운 정문(旌門)이다. 바로 이 충효 정문이야말로 본 사당의 존재 근거이자 의례적 권위의 원천이다.

정문 입구에서 발길이 멈추고 눈길이 머문다. 붉은색 정문 위쪽에 걸린, 노란색 바탕 위에 흰 글씨가 완연한 명정 현판(命旌懸板)을 뜯어본다. 숭정(崇禎) 기원 후 신해년(1851)에 가유약과 아들 가상을 충신으로, 손자 가침을 효자로 각각 인정하는 2충 1효의 충효 정문이

1) 소주 가씨 사당

숭의사 명정 현판

내려진 것이다. 보통 4대가 지나면 대진(代盡)이라 하여 더 이상 기제를 지내지 않고 신주를 묘소에 매안(埋安)하는 것이 일반적이지만 공과 덕을 인정받은 인물에게는 세대를 거듭해도 영원히 제사 받을 수 있는 불천위(不遷位)의 특권이 주어진다. 이들 가씨 삼대도 그러한 반열에 오른 것이다. 따라서 정문 안쪽에 있는 사당은 바로 이들 삼대 불천위를 모신 부조묘(不祧廟)이다.

충효 정문을 들어서서 올려다보면 명정 현판과 등진 안쪽 편에 1854년 농서 후인(隴西後人) 이희장(李熙章)이 쓴 594자 분량의 '가 낭중 삼세 충효기(賈郎中三世忠孝記)' 현판이 걸려 있다. 명나라 이여송(李如松) 제독의 후손으로서 당시 오위도총부 부총관 겸 전라우도 병마절도사를 지낸 이희장은 추사 김정희와 더불어 1869년 발행된 『소주 가씨 기사보(己巳譜)』의 서(序)를 쓰기도 했을 정도로 원정 귀화인들의 처지와 자료를 잘 이해하고 있던 인물이었다.*

* 『소주 가씨 기사보』에는 1852년에 이희장이 작성한 서문과 1850년에 김정희가 지은 서문이 실려 있다.

그가 기록한 가씨 삼대의 명정 실적에 따르면 병부상서 겸 직방사 도찰사 가유약은 1593년에 명 황제의 명을 받고 조선에 이르러 조·명 간의 군무 조율과 명군의 감독 및 위무에 힘쓰다가 1596년 귀국하여 황제로부터 공로에 대해 치하받고 부상을 하사받는다. 그러나 가유약은 1597년 정유재란이 발발하자 아들 가상 및 손자 가침과 더불어 다시 조선에 입국하게 된다. 유격장군 가상은 마귀(麻貴) 제독의 휘하에서 안주, 남원을 거쳐 동래 전선으로 남하하며 공을 세우던 중에 부산 포구에서 적진 깊숙이 들어갔다가 부친과 함께 순사하기에 이른다. 16세의 어린 나이에 병부종사관으로 참전한 가유약의 손자 가침은 조부와 부친의 급변을 접하고 적진에 뛰어들고자 하나 마 제독이 전사한 부자의 무후(無後)를 염려하며 그를 극구 만류했다. 후에 가침은 수습한 조부와 부친의 유해를 울산 서생진(西生鎭) 도독동(都督洞)에 안치하고는 환국하는 명군과의 동행을 거부한 채 묘소 곁에서 여막살이를 하며 평생 일본에 대한 적개심을 품었다고 한다.

가침이 도독동에 선조를 안장하고 지난한 여막살이를 하며 선조의 죽음을 되새긴 덕에 비로소 이 땅에서 소주 가씨의 삶이 시작되었고 그들의 신화는 계속될 수 있었다. 후에 우암 송시열이 도독동을 지나며 읊었다는 시 한 수*가 족보에 실려 전해지고 있다.

너희 선조 황명신은 왜를 정벌하러 만력 연간 봄에 이르렀다.
병부 시랑 겸 감찰사와 유격장군의 살신성인으로 뜻을 다해 영

---

* 「우암선생과도독동증시(尤菴宋先生過都督洞贈詩)」

웅의 눈물 뿌린 덕에 흉적의 전란을 수습했도다. 저들의 공적은 오랜 창벽*이 길이 닳지 않음과 같이 만방에 알려지고 전해질 것이로다[爾祖皇明臣 征倭萬曆春 侍郎勤仗節 遊擊殺成仁 襟有英雄淚眼 無賊虜塵 播芳傳故 老蒼壁永難磷].

두 번의 원정길, 그것도 필경엔 아들과 어린 손자까지 동반한 파병의 소용돌이에서 전사한 부자는 충신이 되고, 타국에 홀로 남아 의례적 후사(後嗣)로서 정성을 다한 손자는 효자로 거듭나기에 이르렀다. 전쟁이 끝나고 2충 1효의 정문을 받기까지 250여 년이 흐른 뒤라 때늦은 감이 없지 않다. 그러나 영남에 있던 가침의 네 아들이 서산에서 중국으로 귀환하는 뱃길을 물색하다 망국으로 인해 끝내 길이 막힌 채 태안에 정착하게 된 이래 이만한 경사가 또 어디 있으랴.

이제 정문을 뒤로하고 시선을 앞으로 옮기니 세 칸짜리 사당 건물이 아담하다. 건물 전면에 마루가 놓여 있고, 중앙 위로 퍼런 빛깔의 한자로 쓰인 '숭의사' 현판이 또렷하다. 한눈에 보아도 세월의 무게가 느껴지지 않을 만큼 정갈한 상태를 유지하고 있어 의아스럽기도 했다. 잠시 뒤면 이곳이 가씨 종친네들로 가득 찰 것이다. 그들은 한바탕 반가운 인사를 나누느라 입이 바쁠 것이고, 이내 고요 속에서 경건한 절을 올리느라 몸이 바쁠 것이다.

다시 동·서재로 내려와 실내를 살폈다. 특별히 단서가 될 만한 것이 없을까 기대하며 빛바랜 현판 무더기들의 먼지를 털어내기 시작했다. 간혹 충효 정문에 부합하는 '충효사'라는 표현이 보이기는 했

* 푸른 절벽이라는 뜻으로 높다란 벼랑을 가리킨다.

으나 사당의 공식 명칭은 아닌 듯했다. 그러다가 1983년부터 9대 종친회장을 역임한 가재설(賈在契)이라는 18대손이 1988년 지방문화재 지정을 즈음하여 읊은 소회를 담은 액자 하나가 눈에 띄었다.

> 숭고하신 선조 공훈 이 땅 위에 내리신제
> 백세(百歲)하고 삼십칠 년 무명(無名)으로 잠자시다
> 숭의사라 이름하여 문화재로 받으시니
> 우리 가문 영광됨을 길이 보존하세
> 지방문화재 지정을 받으면서 일구팔팔 년 무진맹동(戊辰孟冬)

뭔가 감실감실 거니채기 시작했다. 아, 잘못 짚은 것인가? '숭의사'라는 명칭은 1988년에 이르러 비로소 시작되었다는 얘기다. 위 구절에 따르면 1851년 충효 정문을 하사받은 이래 무명의 사당으로 137년이 흐르고 나서야 '숭의사'라는 이름을 얻은 것이다. 그러니까 1979년엔 적어도 숭의사란 이름의 소주 가씨 사당은 존재하지 않았다. 1983년 『소주 가씨 대동보』(계해보)를 발간할 당시 책에 실린 사당의 전경 사진에도 사당의 현판은 보이지 않았다. 역시 문화재 지정이 주는 변화의 힘은 적지 않았다. 이름 없는 문화재란 가당치 않기 때문이다. 숭의사라는 명명을 얻은 1988년과 정주영이 초헌관을 역임한 1979년 기미년은 조금씩 어긋나고 있었다. 그러나 발을 담근 이상 얀정머리 없이 발을 뺄 수는 없는 법, 정주영은 잠시 잊고 사당제에 녹아들기로 했다.

사당제는 음력 10월 14일 자시(子時)에 거행하는 것이 원칙이었으나 1981년 이래로 당일 정오 제향으로 바꿔 진행해오고 있다. 본격

적인 의례에 앞서 좌우에 촛불을 밝히면 각 제관이 정 위치에 입시하고 2인의 집사자가 좌우에 포진한다. 모든 설찬이 완료되고 초헌관이 부복하면 비로소 축관이 계독축(啓櫝祝), 즉 제례를 흠향할 신주의 궤를 열기 위한 축문을 읊는다. 축문은 지금 베풀고 있는 제향에 가유약, 가상, 가침 등의 세 신주를 제 위치에 모시고 함을 열어 공손히 추모하겠노라 청하는 내용을 담고 있다. 좌우 집사가 독을 열고 신주의 위치를 바로잡는다.

> 이제 매해 올리는 제향을 맞아
> 병부낭중 겸 요동안찰사 부군,
> 조선 연병도사 겸 관참의군사 유격장군 부군,
> 병부종사관 부군 등의 조상님에게 감히 청합니다.
> 신주를 제자리에 모시고 함을 열어 공손히 추모합니다.
> [今以歲享敢請, 顯先祖兵部郎中兼遼東按察使府君, 顯先祖朝鮮鍊兵都司兼管參議軍事遊擊將軍府君, 顯先祖兵部從事官府君, 神主正座啓櫝恭伸追慕.](「숭의사 계독 축문」)

계독이 마무리되면 초헌관이 분향재배하고 일어나 강신주(降神酒)를 올린다. 이는 신에게 헌주하기 전에 모사(茅沙) 잔에다 술을 부음으로써 신령을 내리게 하는 절차이다. 강신주를 올리면 좌우 집사가 찬반의 뚜껑을 열어놓는다. 다음으로 초헌례는 초헌관이 집사자의 도움을 받아 세 신위에 헌작하되 축관의 독축이 부가된다. 축문은 언제 어느 날 후손 아무개가 가유약, 가상, 가침 세 신위에게 감히 고한다는 내용으로 시작한다. 이어 본국이 쇠퇴해져 이 동방의 나라에 의탁해 추모를 베풀게 되어 감회를 억누를 수 없기에 삼가 맑은 술과 여러 제물로 공경을 다하오니 흠향하시길 바란다는 기원으로 끝을 맺는다.

> 숭정 모년 모월 모일에 후손 아무개는
> 병부낭중 겸 요동안찰사 부군,
> 조선 연병도사 겸 관참의군사 유격장군 부군,
> 병부종사관 부군 신위에게 감히 고합니다.
> 본국이 이미 쇠해져 이 동방의 나라에 의지한 채 옛일을 기리는 마음을 품으니 앙모하는 감회를 누를 수 없습니다.
> 삼가 맑은 술과 여러 제수를 갖추고 공경하는 제사를 올리오니 흠향하소서.
> [維崇禎幾年歲次某甲某月某朔某干支, 後孫某敢昭告于 顯先祖兵部郎中兼遼東按察使府君, 顯先祖朝鮮鍊兵都司兼管參議軍事遊擊將軍府君, 顯先祖兵部從事官府君, 宗國已替, 依此東邦, 懷舊追遠, 不勝感慕, 謹以淸酌庶羞, 敬伸歲事, 尙饗.](「숭의사 축문」)

'살아 삼배 죽어 삼배'라는 말이 있듯이 신령에게 세 잔, 즉 삼헌은 기본이다. 초헌례가 끝나면 세 신위에게 차례로 아헌례와 종헌례를 베푼다. 종헌례를 마치면 초헌관이 다시 술잔을 채워 올리는 첨작례(添酌禮)를 거행한다. 이렇게 헌작이 끝나고 집사자가 국을 물린 뒤에 차를 올리면 헌관 이하 제관들이 모두 사당 밖으로 나와 계단 아래로 내려가 대기한다. 이어 축관이 사당의 문을 닫고[闔門] 조금 있다가 다시 문을 여는데[啓門], 제물을 물리기 전에 신령으로 하여

금 흠향하도록 배려하는 것이다. 이후 헌관 이하 각 제관이 들어와서 자리를 잡고 신을 보내드리는[辭神] 재배를 올리고, 좌우 집사자가 세 신위의 독을 덮고 감실 문을 닫으면 모두가 사당에서 빠져나오는 것으로 의례가 마무리된다.

제사 음식에 대해선 문외한이지만 한 가지 흥미로웠던 점은 푸짐한 제수(祭需) 한쪽 구석에 빨간 김치가 놓여 있는 것이었다. 명나라에서 온 세 신령, 그것도 살아생전에 고추를 경험하지 못했을 테고 김치 맛에도 영 익숙하지 않았을 그들의 제상에 한국인의 매운맛, 김치가 오른 것이다. 곳곳에 명나라 마지막 황제의 연호인 '숭정'이 즐비하고, 더구나 축문의 간지에도 그 연호를 고집하는 사당에서 귀신도 꺼린다는 그 붉은 고추 맛을, 그것도 시뻘건 대낮에 대하고 있는 영혼들이야말로 한국인이 다 된 토착 신령 아니겠는가!

제례를 끝내고 동·서재 뜰로 내려왔다. 옹기종기 툇마루에 앉아 있는 가씨 원로들에게 몇 마디 여쭸다. 잠시 내려두었던 헌관 정주영의 문제를 재차 확인하고 싶었기 때문이다. 1979년 서산 방조제 작업이 개시될 무렵에 정주영 회장이 이곳 마을을 방문한 적이 있느냐고 여쭸다. 그들의 대답은 "아니요"였다. 혹시 그분을 숭의사의 초헌관으로 모신 적이 있느냐며 예의 망기를 보여드리기까지 했다. 그러나 그들은 역시 고개를 가로저었다. 그럴 리 없다는 의사가 분명했다. 가씨 집안 제사에 왜 타성바지를 초헌관으로 부르느냐는 반문은 정당했다. 분명히 이곳 숭의사는 철저히 소주 가씨가 지켜온 종중 사당이었고 1988년 지방문화재로 지정되기 이전엔 숭의사라는 이름도 없었다. 당연히 초헌관은 봉사손(奉祀孫)이 맡되 유고 시에 종손(從孫)이 대행하도록 되어 있는 것이 집안 제향의 규범이었다[奉祀

孫行之 而若有故 則宗孫代行]. 따라서 정주영은 올 수도 없었고 더구나 초헌관을 맡을 수도 없었다. 집안의 의례 규범도 그러려니와 자신들의 바닷가 터전을 일거에 둑으로 막아놓은 장본인을 그리 탐탁히 여길 리도 없었던 것이다.

제사를 본 마당에 떡이라도 뗄 수밖에. 소문난 제사에 먹을 것도 많았다. 사당 가까이에 사는 종친 댁에 상이 차려졌고 타방의 타성 바지에게도 극진한 대접이 이어졌다. 아산 정주영은 이곳에 오지 않았다. 그렇지만 그들에겐 기억할 만한 삶의 신화가 있고 의례 공동체를 지속할 권위가 굳건했다. 불천위 삼대뿐만 아니라 걸출한 공적을 남긴 선조들에 대한 얘기에서도 진한 자부심이 묻어났다. 음복연을 나누는 짧은 시간에도 14대 가행건(賈行健, 1798-1865)의 행적이 누누이 귓가에 부딪쳤다. 도대체 그는 또 누구인가?

(4) 집안의 기억을 살려낸 가행건

소주 가씨 족보에 따르면 가행건은 이문수(李文秀) 문하에서 배웠으며, 헌종 15년(1849) 선략장군 명정봉지관과 철종 2년(1851) 통정대부 용양위 부호군을 거쳐, 철종 3년(1852) 충청도 안흥양진 수군병마첨절제사로 태안에 부임했다. 그가 임직에서 물러날 때 안흥 주민들이 동(銅)과 석(石)으로 된 영세불망비 2기를 각각 세워 그를 기렸다고 한다. 그를 잊을 수 없게 만든 이야깃거리 중 하나는 그가 당시 서울로 진상해야 하는 지방 특산물인 전복과 해삼을 따느라 민초들이 엄동설한에 고생하는 것을 보다 못해 시정을 건의해 결국 민폐를 없앨 수 있었다는 애민담이었다. 애석하게도 1861년에 세워진 그의 영세불망비는 역설적이게도 영세불망하지 못하고 흔적을 잃고 자리를 잃었다. 전란과 병화를 견디고 풍상을 이겨내야 했건만 동비는 흔적 없이 사라졌으며, 석비는 성 밖 풀숲에 파묻혀 잊혀갔다.

다행히 1978년 서산 군수 이관현(李寬鉉)에 의해 영세불망비가 복원되어 동비를 대신하고 있으며, 간신히 풍상을 견뎌낸 석비가 수습되어 그 곁을 지키며 기억의 저장소 역할을 톡톡히 하고 있다. 민속학자 송석하 선생의 묘가 있는 태안군 근흥면 두야리를 지나쳐 서행하다 보면 태안군 근흥면 정죽리에 닿는다. 바닷물에 잠기기를 거부하며 봉곳 솟은 고지에 태국사(泰國寺)가 터 잡고 있다. 그 아래엔 서해 바닷길 요로를 호령하던 안흥진성(安興鎭城)의 서문 수홍루(垂虹樓)가 당당히 서 있다. 태국사가 굽어보이고 안흥진성의 서문이 내다보이는 길섶에 본래의 처소를 잃은 비석들이 옹기종기 모여 있다. 가행건의 그것도 열 지어 세워둔 비석군 속에 끼어 불망(不忘)을 조용히 부르짖고 있는 듯하다. 그나마 잊히고 말 비석들을 공들여 모아둔 당국에 대고 지청구하고 싶진 않지만 그 옛날 터 잡았던 본래의 자리를 잃고 낯선 곳에 줄줄이 서 있는 비석들을 볼 때마다 평생 때 묻은 자신들의 터전을 떠나 쓸쓸히 낯선 양로원에서 마지막 외로움을 견디고 있는 어르신들을 보는 것 같아 안쓰럽다. 제자리를 잃고 낯선 곳에 모여 있는 저 비석들이 언제가 자신만의 기억의 자리를 찾아 이산(離散)될 날이 있으려나.

이왕 족보를 펼친 김에 가행건의 위아래 항렬을 살펴보았다. 그의 조부 가세철(賈世喆)이 정유재란 때 원정 온 명나라의 마귀 제독의 후손인 마겸(麻縑) 등과 함께 선조의 명훈이 민몰되는 것을 안타까이 여기며 지나는 어가(御駕)에 호소했으나 뜻을 이루지 못한 바가 있었다고 한다. 당연히 집안의 명예와 자존심을 세우려는 원정 귀화인의 여망은 가행건에게도 이어졌을 게 분명하다. 그리고 그에겐 힘도 있었고, 지역의 여론도 든든했다. 그의 후손도 힘을 보탤 만큼 입신의 길을 가고 있었다. 그의 큰아들 가일영(賈日永)이 무과에 급제하여 활약했고, 차남인 가중영(賈中永)은 충량과에 급제하여 충청도 안흥양진 수군·병마절제사를 거친 뒤 가선대부에 오르기까지 했다.

드디어 신해년(1851) 3월 진사 정시달(鄭時達)을 비롯한 충청도 유생들이 가행건의 13대조 가유약과 그의 아들 가상 및 손자 가침의 충효의 삶이 묻히지 않도록 표창하고 기려달라는 상언을 전했다. 눈여겨볼 대목은 그들이 삼대의 포장을 청원하면서 동시대 동향인 유력자 가행건의 선조로서 가유약, 가상, 가침 삼대를 지칭했다는 점이다. 아무튼 동년 3월 19일 임금은 이 청원서를 받아들여 예조에 안을 상정했으며, 이듬해 2월 12일에 예조(판서 이학수)의 입안대로 정문의 포장을 결정하기에 이르렀고, 정문의 재목과 목수는 관례에 따라 충청도에서 지급하는 것으로 정리되었다.

충효 정문의 수립이 선조로 거슬러 올라가는 길이었다면 족보의 완성은 선조로부터 내려온 흩어진 종족을 거두는 일이었다. 1865년에 가행건이 『소주 가씨 기사보』의 완성을 4년 앞두고 세상을 떠났으나 족보의 완성은 가행건의 기나긴 노력이 뒷받침되었기에 가능했던 것으로 보인다. 족보가 발간되기 훨씬 이전에 미리 추사 김정희와 농서 이희장의 서를 받아냈던 것, 그리고 다름 아닌 그의 차남 가중영이 서를 작성하면서 부친의 유지를 언급했던 점을 보더라도 가히 짐작할 수 있다. 그를 통해 소주 가씨의 기억이 살아나고 공식화되고 지속되었던 것이다.

2) 화순 해망서원

(1) 숭의사를 찾아, 화순 해망서원으로

다시 아산 정주영의 발자취를 찾기 위해 애초에 정해놓은 길을 벗어나야만 했다. 또 다른 숭의사를 찾아 전남 화순군 춘양면 대신리로 향했다. 망기에서 비롯된 여정을 화순에서 아퀴 짓고 싶었다. 가는 길에 담양의 죽녹원과 소쇄원에 마음을 빼앗기고 가사 문학의 정취에 혼을 맡기는 잠깐의 호사를 누리고는 여도(旅途)를 수습해 해망서원(전남 문화재자료 제122호)이 있는 섶메마을에 당도했다.

위풍당당한 외삼문이 길손을 이끌며 현판 '제창문(濟滄門)'으로 과객의 시선을 모은다.* 대통령이 탄핵을 당하는 초유의 사태에 이르는 동안 정치에 대한 커다란 믿음을 잃어서일까, '제창'의 의미를 뭇 억조창생 건져내기를 하해와 같이 널리 한다는 뜻으로 새기고 싶어졌다. 외삼문 문턱을 넘어 뜰 안으로 걸음을 떼자 전방 좌우에 색채와 격조를 달리하는 두 건물이 동서를 이룬다. 붉은 기둥에 단청을 두른 왼편의 구인당(求仁堂)은 서원의 본 건물로서 정면 4칸에 측면 3칸의 겹처마 팔작지붕으로 지어진 반면, 세월의 때를 단청 없이 맨살 그대로 받아낸 오른편의 열락당(說樂堂)은 강당으로서 정면 4칸에 측면 1칸 반의 홑처마 팔작지붕으로 지어져 있어 묘한 대조를 이룬다. 마주보는 동서재가 아니다 보니 나란히 정면을 바라보며 각자의

---

* 외삼문은 단기 4287년(1954) 3월에 기둥을 세우고 보를 얹은 것으로 확인되며, 실제로 이보다 4개월 전에 작성된『해망사외삼문건축비수지부(海望祠外三門建築費收支簿)』(癸巳十一月十日)라는 수입지출 장부가 서원 내에 남아 있다.

해망서원 숭의사

자존심을 세우며 서 있는 모습이 독특하기만 하다.

구인당의 구인(求仁), 그것은 말이 필요 없는 유교의 핵심 중의 핵심이다. 회재(晦齋) 이언적(李彦迪) 선생이 유교의 근본과 진수를 담아 『구인록(求仁錄)』(1550)이라는 독립 저술을 낸 데에는 그만한 이유가 있었을 터였다. 공자도 백이와 숙제가 자신들에게 닥친 어처구니없는 세상을 원망하기보다는 인을 구하고 인을 얻는 일에 흔들림이 없었다는 데에 방점을 두고 그들을 평가하지 않았던가. 열락당의 열락(說樂), 그것은 무얼 기뻐하고 무얼 즐기라는 것일까. 『논어』 첫머리를 읊어본 사람이라면 대번에 답할 것이다. 때때로 배우고 익히는 게 기쁜 일이고, 멀리서 벗이 찾아오는 게 즐거운 일 아니겠냐고.

구인당과 열락당의 양 겨드랑이 사이로 들어서면 안쪽의 사당을 호위하며 막아선 내삼문이 기다린다. '이지문(二止門)'이라는 현판이

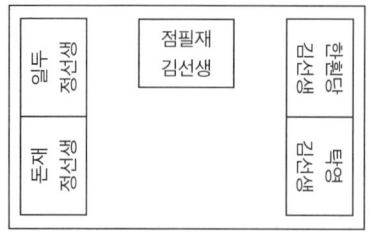

숭의사 신위 배치도

또렷하다. "산이 높아 우러르고 길이 넓어 따른다[高山仰止 景行行止]"는 『시경』의 구절에서 '이지(二止)'를 따온 것일까? 만인이 우러를 만한 높은 산의 덕행과 만인이 따를 만한 큰길의 학문이 저 안쪽에 깃들어 있는지도 모를 일이다. 과연 '숭의사'라는 현판이 보였다. 정면 3칸에 측면 1칸의 겹치마 맞배지붕이 정갈하고 반듯하다. 태안을 거쳐 온 탓일까, 숭의사를 보는 순간 낯섦이 반은 가셨다. 과연 여기 숭의사에 정주영이 초헌관으로 다녀간 것일까?

숭의사에는 5위의 신위가 봉안되어 있다. 그곳에는 놀랍게도 의리와 절의를 대표하는 조선 사림의 대표들이 자리하고 있다. 사당의 주벽(主壁)*에 봉안된 점필재(佔畢齋) 김종직(金宗直, 1431-1492)을 비롯해 그 좌우에 모셔진 그의 제자 한훤당(寒暄堂) 김굉필(金宏弼, 1454-1504)과 일두(一蠹) 정여창(鄭汝昌, 1450-1504), 그리고 또다시 좌우를 채운 탁영(濯纓) 김일손(金馹孫, 1464-1498)과 돈재(遯齋) 정여해(鄭汝諧, 1450-1530)가 예사롭지 않은 큰 인물들이어서 그런지 사당이 유난히 비좁게 느껴진다. 이 인물들은 여기 숭의사 외에도 자신들만의 사당과 서원을 갖고 있다. 더구나 한훤당과 일두 선생은 한국을 대표하는 18현에 당당히 속하며 성균관과 향교에 배향된 인물이며, 점필재

* 사당의 중앙 정면에 주향으로 모신 위패의 자리를 뜻하며 그 좌우에 배향하는 위패의 자리를 동·서벽이라 한다.

「해망서원기」

  선생은 그들을 길러낸 사림의 종장(宗匠)이 아니던가. 어떻게 조선 전기를 대표하는 의리의 화신들이 작은 시골 마을의 사당에 모여든 것일까?

  이야기는 조선 중종 3년(1508)으로 거슬러 올라간다. 해망서원 구인당 내벽에 걸려 있는 「해망서원기(海望書院記)」가 그간의 내력을 간략히 전하고 있다. 「해망서원기」는 경남 의령 출신으로서 면우 곽종석(郭鍾錫) 문하에서 수학하고 유림단 사건에도 연루되었던 김황(金榥, 1896-1978)이 1965년에 작성한 것으로 확인된다.* 「해망서원기」에 따르면 신병을 구실로 사직하고 능주 해망산 기슭에 내려와 은거하는 바람에 무시무시한 연산군 때의 사화를 모면했던 정여해가 사화의 직격탄을 맞은 스승 김종직과 동문 김굉필, 정여창의 신구(伸

---

* 「해망서원기」 말미에 "세을사중추하한후학문소김황근기(歲乙巳中秋下澣後學聞韶金榥謹記)"라고 적혀 있는 것으로 보아 김황이 을사년(1965) 음력 8월 하순에 기록했음을 알 수 있다.

2) 화순 해망서원 39

救)를 위한 상소를 도모하다 좌절을 맛본 뒤, 화순에 해망정(海望亭)을 짓고 종신토록 이들 3인의 사우(師友)를 기린 것이 사당의 뿌리였다고 한다. 주지하다시피「조의제문(弔義帝文)」으로 촉발된 무오사화(1498)를 거치며 이미 고인이 된 김종직은 부관참시의 화를 당했고, 그의 문하로 지목된 김굉필은 평북 희천으로, 정여창은 함경도 종성(鍾城)으로 각각 머나먼 유배를 당하고 말았다. 설상가상으로 6년 뒤에 다시 일어난 갑자사화(1504)로 인해 김굉필은 옮겨 온 유배지 순천에서 처형되었고, 영면한 지 얼마 지나지 않았던 정여창은 부관참시의 화를 입게 되었다. 스승과 벗들이 연이어 당한 슬픔을 시골에서 지켜볼 수밖에 없었던 정여해가 해망단의 의례를 통해 그들에 대한 기억을 이어가기 시작한 것이 아마도 중종 3년의 일이었을 것이다.

다시「해망서원기」를 따라가본다. 정여해 사후에 폐허로 잠든 해망단을 깨우고자 했던 각지 유현들의 노력이 서원 철폐령으로 좌절되고 말았다. 그러나 신미년에 이르러 정여해의 후손들과 지역의 유림들에 의해 해망단이 복설되기에 이르렀다. 여기에서 말하는 신미년은 대원군의 서원 철폐령이 맹위를 떨치던 1871년은 아닐 터이고 일제강점기인 1931년으로 보는 게 타당할 것이다. 한편 이듬해인 임신년(1932)에는 지방 사림의 공의(公議)를 거쳐 탁영 김일손과 돈재 정여해 두 분을 3위의 서쪽에 종배(從配)케 했다고 한다. 무오사화의 시발이 된 문제의 사초를 직접 다룬 역사의 장본인 탁영 김일손, 그리고 사화의 희생자인 옛 스승과 벗을 기린 의례화의 주체 돈재 정여해가 3위와 더불어 의례의 객체로 호명되기 시작한 것이다. 돈재가 역사에 희생된 사우(師友)를 잊지 않았듯이 그의 후손들은 역사

속에 묻힐 뻔한 돈재에 대한 기억을 잃지 않았던 것이다. 그로부터 이태 후인 갑술년(1934)에 드디어 사당을 건립하고 5위의 선생을 한결같이 향사할 수 있게 되었으며, 임인년(1962)에는 강당을 증설하여 동서재의 형태를 갖춤으로써 서원의 체모가 더욱 번듯해질 수 있었다. 김황이「해망서원기」를 작성한 1965년 당시에는 이미 사우(祠宇)의 이름이 해망사가 아닌, 우리가 찾던 바로 그 '숭의사'로 불리고 있었음이 확인된다.

정리해보자면 1508년에 정여해가 개시한 김종직, 김굉필, 정여창 등에 대한 의례는 1931년에 해망단이 복설되면서 오랜 침묵을 깨고 재점화되었고, 1932년에 김일손과 정여해의 종배가 추가되고 다시 1934년에 해망사가 건립되면서 5위의 사당 향사가 일반화되었다고 할 수 있다. 그리고 적어도 1960년대에는 현재의 사당명인 숭의사에서 5위의 제사가 이루어졌으리라 짐작된다. 결국 16세기 초 정여해가 의례화한 뒤 400여 년이 지난 일제강점기에 후손에 의해 재의례화가 활발하게 전개된 것이다. 구인당과 열락당 곳곳에 비치된 문서와 현판이 당시의 움직임을 말해주고 있었다.

구인당에는 몇몇 빛바랜 문서가 비치되어 있었다. 먼저『해망단복설시집(海望壇復設詩集)』(辛未九月日)이 눈에 띄었다. 거기엔 1931년 해망단을 복설하고 그것을 기념하며 후손과 각지 유림이 지었던 칠언절구 45편의 시가 필사되어 있었다. 책을 펼쳐 당시 조태영(曺兌永)이 남긴 시를 음미해본다.

  5현이 남긴 유적 오랜 세월 속에서도 광채를 드러낸다[五賢遺蹟輝千春]

사우에 퍼지는 울음소리 옛날에 대한 감회인가[祠宇鳴噪感舊耶]
된서리 내려 재앙을 뒤덮던 일, 어찌 차마 말하리오[木稼飾殃那忍說]
조정은 다시 사람 없이 텅 비어 적막하기만 했다[寥寥朝著更無人]

앞서 김황이 적은 「해망서원기」를 살피면서 1932년 김종직, 김굉필, 정여창 이외에 김일손과 정여해 2위를 종배하는 지역 유림의 결정이 내려졌다고 했는데, 그 이전에도 이미 2위를 포함한 5현에 대한 추념이 무르익고 있었음을 짐작할 수 있다. 사초로 빚어진 필화사건의 장본인 김일손, 그리고 그로 인해 죽임과 되죽임을 당해야 했던 사화의 희생자 3위, 그리고 화순의 작은 시골에서 평생 그들의 희생을 아파하며 기억했던 정여해는 후손과 유림의 찬미를 받으며 다시 기억되었다. 내친김에 본관이 능주인 구익모(具益謨)가 남긴 글을 더 음미해본다.

해망산은 천세토록 그 자리를 지켜왔다[望山千載有餘春]
술 석 잔 올리고 축을 고하니 신이 계신 듯하다[三盃獻祝神如在]
제단을 다시 쌓으니 하늘의 해가 새롭다[仍築復壇天日新]
눈물 머금은 서풍이 불어와 옛사람에게 곡을 올린다[含淚西風哭古人]

해망산 기슭에 머물며 안타깝게 희생당한 옛 스승과 벗을 기리던 정여해의 의례는 해망단의 복설로 다시 이어지게 되었고, 그에 대한 지역민의 감회도 남달랐다. 어질지 못한 군왕은 저들 충직하고 덕망 있는 신하를 눈엣가시로만 여기며 간사한 무리로 몰아가는 데 혈안이 되었을 뿐이다. 내 어릴 적 시골에서 흔히 듣던 개(dog) 이름 중 십에 여덟아홉은 영어 발음에 맞춰 독구 아니면 덕구였다. 주인에 따라 독구도 되고 덕구도 되었다. 역사 속 이야기로 들어가보자면 패역한 못난 주인 연산군은 저들 현신을 덕구(德狗)가 아니라 독구(毒狗)로만 부르며 간신 취급을 하더니 차마 인간으로서 할 수 없는 화를 그들에게 입히고야 말았다. 하지만 세월은 야속하지 않았고 세상은 무심하지 않아 감회가 웃돌고 의례가 푼더분해지기 시작했다. 수백 년 메마르지 않았던 그러나 감춰졌던 눈물이 비로소 봇물 터지듯 밀려와 모두를 목 놓아 울게 하였다.

또 다른 갑술년(1934) 문서인 『해망단계원명록(海望壇契員名錄)』(甲戌四月十五日)과 『해망사유계전수입부(海望祠儒契全收入簿)』(甲戌十一月十五日)도 눈에 띈다. 전자는 단순히 회원 목록이 아니라 속지에 '해망단유계수단기(海望壇儒契收單記)'라고 적혀 있듯이 해망단 계원의 회비 납부 상황을 적은 장부라 할 수 있다. 후자에는 해망사의 지역별 계원들의 모금 합계 및 차후 납부 약정금의 상황이 기록되어 있다. 이미 1931년에 해망단을 복설하고 1934년에 해망사를 건립하는 즈음에 지역 유림들 간의 네트워크와 자금 협조가 활발했음을 짐작할 수 있다.

무엇보다도 당시의 홀기(笏記)*가 눈에 띄었다. 일반적인 홀기처럼 병풍 모양을 한 수진본(袖珍本)으로서 의례 절차와 축문을 담고 있었다. 양단의 2면이 앞뒤 겉표지가 되고 8면이 내용을 담는 속지 역

---

* 의례의 절차와 행동 양식을 적어놓은 문서.

할을 하고 있었는데, 양단 겉표지에는 각각 '해망단향홀기(海望壇享笏記)'(辛未秋復設)와 '해망사채향홀기(海望祠菜享笏記)'(甲戌年建設)*라고 씌어 있었다. '해망단향홀기'는 1931년 가을 해망단을 복설한 후에 3위(점필재, 한훤당, 일두)에게 올리는 의례의 절차를 염두에 둔 제목이지만 실제로 속지에 수록된 홀기의 내용은 1934년 겨울 해망사를 건립한 후에 5위(문충공, 문경공, 문헌공, 문민공, 돈재공)에게 거행했던 의례 절차를 담고 있다.

홀기 뒤쪽 면에는 축문이 실려 있다. 「단향 축문(壇享祝文)」은 점필재 선생과 배향한 한훤당, 일두, 탁영, 돈재 선생에게 흠향을 바라는 축문의 형식을 취하고 있다. 특별히 눈길을 끄는 것은 「단향 축문」 옆에 기록된 두 고유문**이다. 해망단을 복설한 이듬해인 1932년(임신) 가을 돈재 정여해 선생을 배향하게 된 배경을 삼위에게 고유하는 「돈재정선생승향고유문(遯齋鄭先生昇享告由文)」과 단향을 설한 후에 돈재 정 선생에게 고유하는 「단향설위후고유우돈재정선생문(壇享設位後告由于遯齋鄭先生文)」이 그것이다. 두 고유문은 1932년 가을 9월 삭망일에 문재학(文載學)이 고유하는 형식의 기도문으로서 당시 유림들의 공론을 거쳐 기존 3위에 2위(탁영, 돈재)를 종배하게 된 맥락과 긴밀하게 연관된 자료이다.

구인당 옆 열락당에도 1930년대 활발했던 재건의 움직임을 엿볼

---

* '해망사채향홀기'에서 사용된 '채향(菜享)'이라는 말은 본래 석전제(釋奠祭)를 의미하는 '석채(釋菜)'에서 유래된 것으로 서원의 향사라는 뜻으로 이해하면 될 듯하다.
** 주요 사건이나 행사가 있을 때 그 내용을 신위에게 아뢰는 축문.

해망정 현판

수 있는 각종 현판과 주련(柱聯)*이 쌓여 있었다. 먼저 열락당 당호 옆에 '해망정기(海望亭記)'라는 현판이 아담하게 걸려 있다. '해망정기'는 1934년 중복절에 전 향산 군수 해평(海平) 윤영구(尹甯求)가 쓴 것으로서 화순군 춘양면 섶메[薪山] 아래에 자리 잡은 해망정의 의의를 되새기며 돈재 선생을 따르는 문하가 영원하길 바라는 염원을 짤막한 글 속에 진하게 담고 있다. 그런가 하면 세월의 먼지를 뒤집어쓴 채 한쪽에서 누워 잠자는 현판들도 다수였다. 그중에서도 아마추어의 눈에도 예사롭지 않은 멋들어진 서체가 돋보이는 '해망정(海望亭)'이라는 현판이 시선을 멎게 했다. 초서로 된 낙관을 더듬어 보니 서체의 주인공은 '역수헌거사(亦睡軒居士)' 윤용구(尹用求, 1853-1939)였다. 졸지 않는다는 호는 들어봤어도 졸고 또 존다는 호를 쓰다니!

* 기둥이나 벽에 걸어놓거나 붙여놓은 글귀.

『무수집(無睡集)』을 남긴 윤직(尹稙)이야 본래 잠도 적은 데다가 슬하의 자녀를 잃어 잠이 들 수 없었기에 '무수'라 했다지만 도대체 '역수'라니! 낯선 전서체의 인장을 살폈다. '역수헌거사' 아래 '윤용구인(尹用求印)'과 '역수헌'이라는 전각이 분명하다. 윤용구는 고종 때 문과에 급제하여 예조 및 이조판서를 지낸 문신이었지만 외세가 밀려온 조선 말 혼란기에 벼슬을 마다하고 서울 장위산에 은거하며 살았다고 전해지는 인물이다. 무엇보다 해서와 행서에 발군이었고, 그림에도 뛰어났다는 정평을 얻은 윤용구가 해망정의 현판에 손수 자신의 필체를 남긴 것이다. 현판을 더 들춰내다 보니 전판서 운정(雲汀) 민병한(閔丙漢)이 1934년 7월 16일에 작성한 「해망사표(海望祠表)」도 눈에 띄었다. 화순의 작은 마을에 해망단을 복설하고 다시 해망사를 건립하는 것도 모자라 한때 정계의 요직을 거친 인물들이 각종 현판에 글과 서체로 힘을 보탰던 것이다.

(2) 1979년, 정주영 회장이 숭의사에 오다

2017년 3월 28일 음력으로 삼월 초하루, 숭의사의 채향(菜享)이 열리는 날이다. 헌관과 제관을 맡은 원근의 유림들은 물론 조상에 대한 자부심이 넘치는 돈재의 후손들이 몰려들어 모처럼 서원에 활기가 돌았다. 구인당에선 서예에 일가견이 있는 두 어른이 축문을 작성하고 제관 분정기(祭官分定記)를 다듬는데, 붓놀림이 자못 진지하다. 향사 축문에는 제사를 흠향할 대상인 5위가 또렷이 명시되었고 제관 분정기에는 초헌관으로부터 찬인에 이르기까지 역할이 세세히 기록되었다. 나와 함께 숭의사를 찾아든 답사객 일행(구형찬, 심일종, 박병훈)

도 제관 분정기에 '학생(學生)'이라는 명목으로 이름을 올리는 영광을 얻었다. 정주영을 찾아왔다가 제관 분정기에 이름까지 올리다니!

제를 올리기 전, 틈을 보아 숭의사의 제향에 참예한 돈재의 후손들에게 1979년 봄의 기억을 의뢰했다. 드디어 족보 편찬에 해박한 집안의 한 원로로부터 그날의 기억을 빌릴 수 있었다. 숭의사를 중수한 1979년 그해의 향사에 정주영 회장이 초헌관으로 참석했다는 것이다. 초헌관 정주영을 모시고 왔던, 지금은 이미 고인이 되신 돈재 후손의 존함도 얻을 수 있었다. 숭의사는 특정 가문의 제사가 아니어서 타성의 초헌관도 가능했겠지만 그때만큼은 서원의 모태가 된 하동 정씨 돈재 정여해와 통하는 정주영이 제관 분정기에 초헌관으로 이름을 올렸던 게 분명하다.

비로소 망단자의 출처가 밝혀졌다. 기미년(1979) 3월 유학 정주영이 초헌관으로 추천된 곳은 바로 이곳 화순 춘양의 섶메마을에 자리 잡은 해망서원의 숭의사였다. 흔히 의례 구경꾼들은 성소에서 베풀어지는 의례의 시종에만 관심을 모으기 마련이지만 의례는 사실 성소에서 베풀어지기 이전에 이미 시작되고 그 이후에도 계속된다. 사당의 의례가 시작되기 이전에 이미 망지의 전달이 있었을 것이고, 요즘은 그것을 전달하는 과정을 전시하기도 한다.* 당시에 숭의사 초헌관으로의 초빙을 담은 망기가 정주영 회장에게 어떻게 전달되었는지는 알 수 없다. 그리고 정주영 회장이 수신했을 법한 망단자가 어떻게 시장을 거쳐 종교학 나그네의 손바닥에까지 들어오게 되었는지도

---

* 특히 지역의 정치인을 초헌관으로 초빙하기 위한 망기의 전달식이 종종 언론의 주목을 받기도 한다(http://www.iusm.co.kr/news/articleView.html?idxno=696509 참조).

모를 일이다. 나는 이 아담한 한지 한 장의 괴력에 이끌려 태안을 거쳐 화순에까지 이르렀다. 책상물림에 절어 곱낀 군살을 조금은 덜어내 만족스럽기만 하다. 편안한 마음으로 제물 단자를 점검하고 차례로 5현에 올리는 향사의 일체를 눈과 귀에 담았다. 그리고 향사 뒤 벌어진 푸짐한 대접으로 잠시 소외되었던 코와 입을 위로했다.

3) 5현을 찾아서

숭의사를 찾느라 소주 가씨네를 거쳐 하동 정씨네까지 이르렀다. 망기에 얽힌 사연이 풀리고 나니 새순 같은 의욕이 파릿파릿 돋아났다. 엎어진 김에 쉬어간다고, 화순 숭의사에 모셔진 5현의 의례적 본향을 차차 방문하고 싶어졌다. 돈재 선생이야 화순이 터전이라지만 나머지 4위의 사당을 찾아가기 위해서는 섬진강 너머 낙동강 물줄기를 더듬어 동방의 추로지향(鄒魯之鄕)을 누벼야 하므로 쉽사리 엄두가 나질 않았다. 그러나 언젠가는 질풍에도 흔들림 없던 굳센 풀이었고 세한(歲寒)에 도리어 더 푸르른 송백(松柏)이었던 그들을 모신 사당만이라도 눈에 담아보리라 다짐했다. 그리고 2017년 가을 세 갈래 길을 오간 끝에 5현의 방문을 마무리할 수 있었다.

(1) 예림서원

숭의사 주벽에 모셔진 점필재 김종직 선생의 고향을 찾아 경남 밀양에 닿았다. 읍내에서 그리 멀지 않은 부북면 후사포리에 자리 잡

예림서원 독서루

은 예림서원(禮林書院)은 그의 생가인 추원재(追遠齋)와도 멀지 않다. 밀양을 거쳐 부산을 오간 게 한두 번이 아니건만 밀양강을 굽어보는 최고의 누각 영남루에서 바람 쐬는 일에만 열심이었지, 그 숱한 영남 선비의 지조와 기개를 이끌던 선비의 문향을 쐬는 일에는 마음 씀씀이가 여간 박하지 않았던 게 미안스러울 뿐이었다.

예림서원은 명종 22년(1567)에 덕성서원(德城書院)으로 출발해, 인조 12년(1634)에 지금의 이름으로 개칭하고, 현종 10년(1669)에 국가로부터 사액(賜額)을 받았다. 그로부터 얼마 지나지 않은 숙종 6년(1680)에 화재로 전소되었다가, 30여 년 전에 와서야 복원의 손길을 받게 되었다. 늦게라도 번듯한 위용을 자랑하게 되었다니 다행스럽기 그지없다.

서원 앞엔 2층 누각 독서루(讀書樓)가 당당하게 서 있다. 태안과 화순의 두 숭의사에서는 볼 수 없던 위용 있는 풍모다. 2층 건물을 보

3) 5현을 찾아서

니 새삼 옛일이 떠오른다. 내가 2층 건물을 처음으로 밟아본 초등 3학년 때의 일이다. 멋쟁이 높은 빌딩 으스댄다는 노랫말도 들었었고, 글을 통해 이층집이라는 말도 알았지만 도대체 2층 건물이 어떻게 생겨 먹고 어떤 식으로 올라가는지 어린 마음에 자못 궁금했었다. 2층 누각이라면 누각이라 할 수 있는 포도밭 원두막에 사다리 계단 타고 올라 여름 한철 보냈던 게 고작이었으니 그럴 만도 했다. 그런데 주산을 배운 초짜가 시험이라 하기에도 뭣한 8급 시험을 치르러 인솔 선생님을 따라 긴장 속에 춘천 시내를 나갔었다. 시험장은 옛날 중앙극장이 있던 자리 건너편 건물의 2층이었을 것이다. 어둑한 계단을 올라 엉겁결에 2층에 도달했다. 생각보다 싱거웠지만 궁금했던 2층을 정복한 것이다. 그런데 그날따라 시험 장소가 바뀌는 바람에 후평동 고개 넘어 또 다른 2층 건물에 오르는 두 번의 호사를 누리고 돌아왔다. 그날은 시험 본 날이 아니라 2층을 오른 날로 기억된다.

　누각 아래 외삼문을 거쳐 반듯이 안으로 들어서면 서원 본 건물인 구영당(求盈堂)이 소박하지만 누추하지 않고, 정갈하기 그지없는 자태로 앉아 있다. 다시 내삼문인 정양문(正養門)을 거쳐 안쪽으로 들어서면 김종직을 모신 사당 육덕사(育德祠)가 동계와 서계를 반듯이 벌려 길손을 끌어안는다. 사당 안에는 신동으로 불리며 김종직의 촉망 받는 제자였다가 무오사화 때에 유배형을 당하고 다시 갑자사화에 목숨을 잃었던 우졸재(迂拙齋) 박한주(朴漢柱, 1459-1504)와, 점필재와 동향이며 남명 조식과도 교유가 깊던 송계(松溪) 신계성(申季誠, 1499-1562)이 배향되어 있다. 기도를 올리고 싶을 정도로 호젓하고 경건한 분위기이다. 왜란 때 힘을 다한 근왕(勤王)의 승려들은 저 건너 재약

산과 천황산 아래의 표충사에서 명복을 빌어주련만, 송전탑 건설로 절망에 절은 주민들은…. 그들을 위해, 그리고 그들을 찾아 지적인 사명을 다하려는 제자 심형준 박사를 위해 앙가슴에 손을 대고 슴벅 눈을 감았다 떴다.

야은(冶隱) 길재(吉再)에게서 배운 부친 김숙자(金叔滋, 1389-1456)를 본받아 후생들에게 사림의 맥을 이어준 점필재 김종직은 세조 5년 (1459)에 문과에 급제한 이후 여러 관직과 경연관을 두루 거치면서 학문과 문장으로 이름을 날리며 영남 사림의 종조(宗祖)로 발돋움했으나 기존 훈구 관료와의 반목은 피할 수 없었다. 특히 그가 함양 군수를 지낼 때 그곳 학사루(學士樓)에 걸려 있던, 시대의 중상모략꾼 유자광(柳子光)이 쓴 시의 현판을 과감하게 일소해버린 사건은 사림에겐 일대 쾌거였지만 속 좁고 무람없는 상대에겐 훗날 사화를 일으키게 하는 오랜 불씨였을 것이다. 뭐니 뭐니 해도 압권은 사화(士禍)의 시발이자 사화(史禍)의 빌미가 된 그의 「조의제문(弔義帝文)」이었다. 「조의제문」은 제문이야말로 문학의 한 장르가 될 수 있음을 여실히 보여주었다. 포악하디포악한 항우(項羽)에 의해 왕위에 옹립되었다가 다시 그의 손에 무참히 죽임을 당한 초나라 회왕(懷王) 의제 (義帝)를 꿈에서 본 뒤 의제에게 조의를 표하는 제문을 올리는 형식으로 구성한 이 글은 누가 봐도 세조와 단종의 피맺힌 역사를 연상케 하는 풍자이자 저항의 상징이었다. 이극돈의 손을 거치고 유자광의 머리를 거쳐 연산군의 방석에 이르는 동안 비밀스런 사초는 어느덧 사화(史禍)로 번졌고, 다시 반세기간의 사화(士禍)로 타오르면서 악화가 양화를 구축하는 악순환을 낳고 말았다.

생물학적인 죽음을 당하고 6년 후에 다시 부관참시라는 정치적인 죽음을 당한 그의 체백은 역사의 악폐를 몸으로 받아낸 불행 중의 불행이었다. 그러나 얼마 지나지 않아 그의 삶은 사기(士氣)의 표상으로 길이 기려졌고, 그의 죽음은 궁벽한 지경의 사람들에게도 의로운 곡(哭)을 자아내게 했다. 화순 해망산에 파묻혀 지내던 돈재 정여해가 그 선두에 있었고 숭의사는 그 역사를 어김없이 품고 있는 셈이다.

(2) 도동서원

숭의사에 배향된 한훤당 김굉필을 주벽에 모신 도동서원(道東書院)은 대구 달성군 구지면 도동리에 자리 잡고 있다. 거듭거듭 굽이돌다 다시 크게 굽이치기 직전에 막바지 한숨을 고르는 낙동강이 앞으로 펼쳐지고 뒤로는 야젓한 진등산이 버티고 서 있는 천혜의 보금자리다. 막바지 다람재 잔등에서 바라보는 낙동강이 시원하고, 바닥으로 내달리면 서원을 지키고 서 있는 400년의 세월을 머금은 크나큰 은행나무가 시원스럽다. 도동서원은 본래 1568년 쌍계서원(雙溪書院)으로 출발하여 5년 뒤 사액서원이 되었으나 임진왜란 때에 소실되어 1605년에 보로동서원(甫勞洞書院)으로 재건되었고, 2년 뒤 도동서원으로 사액을 받은 것으로 알려져 있다.

도동서원의 관문은 낙동의 강물을 조망하기에 더할 나위 없는 수월루(水月樓)가 지키고 서 있다. 강물과 누각이 이렇게 환상적인 조합을 이룰 수 있을까? 수월루라 했으니 낮이 아니라 당연히 밤의 강물 위에 드러누운 달빛을 관망하려 했던 게 분명하다. 강물 위에 떠 있는 달을 완상하며 월인천강(月印千江), 곧 우주의 본체인 천리[月]가 세상[江]에 두루 편재함을 곱씹었으려나. 좁다란 계단 길을 따라

도동서원 수월루

 올라 수월루 아래로 난 외삼문을 거쳐 들어서면 다시 좁다란 환주문(喚主門)이 보인다. 환주문을 들어서면 웅장한 도동서원의 강당, 중정당(中正堂)이 이름 그대로 정 가운데 자리 잡고 동재와 서재를 호령하고 있다. 강당 뒤쪽으로 좁다란 오르막 계단을 오르면 사당을 감싸고 있는 내삼문에 이른다. 사당에는 한훤당 김굉필과 더불어 그의 외현손인 한강(寒岡) 정구(鄭逑, 1543-1620)의 위패가 모셔져 있으나 안타깝게도 이날의 접근은 내삼문까지만 허락되었다.

 김굉필은 서흥이 본관이며 서울 태생이었다. 성종 11년(1480)에 사마시에 합격한 뒤 성종 25년(1494)에 이르러 관직 생활을 시작했으나 1498년 불어닥친 무오사화로 인해 평북 희천으로 유배를 당하고 말았다. 바로 그때 부친의 임지를 따라온 조광조가 김굉필로부터 학문을 배워 사림의 학맥을 잇는 계기가 되었지만 스승이 겪은 역사의 불행한 운명까지 이었던 것인지 제자는 훗날 기묘사화의 덫에서 벗어날 수 없게 되었다. 희천에서 다시 순천으로 이배되었다가 갑자사화(1504)에 사사되면서 소학 동자 김굉필의 삶도 마감되었다. 그러나 돈재 정여해에 의해 머나먼 화순에서 비밀스럽게 기억되었고, 중종 대에 우의정에 추증된 데 이어 광해군 대에는 동문 정여창 및 제자 조광조와 더불어 문묘에 배향되는 의례적 광영을 얻었으니 그나마 역사적 위로를 받았다고 해야 하려나.

(3) 남계서원

일두 정여창을 모신 남계서원(灆溪書院)은 경남 함양군 수동면 원평리에 자리 잡고 있다. 일두의 고택이 있는 물 건너 지곡면 개평리와 멀지 않다. 1552년에 건립된 남계서원은 1566년 소수서원에 이어 역대 두 번째로 사액서원에 이름을 올리게 되었다. 영주에 소수서원이 있다면 함양엔 남계서원이 있는 것이다. 남계서원은 정유재란 때 소실되었다가 1612년에 재건된 이래 흥선대원군의 서원 철폐령에도 건재했던 유서 깊은 서원이라 할 수 있다.

서원의 정문인 풍영루(風詠樓)가 남계를 바라보며 당당히 서 있다. '풍영'은 공자가 제자들에게 정치적 포부를 차례로 물었을 때 증석(曾晳)이 "어른 네댓에 어린아이 예닐곱과 더불어 기수에서 목욕하고 기우제 단에서 바람 쐰 뒤 노래하며 돌아오겠다[冠者五六人 童子六七人 浴乎沂 風乎舞雩 詠而歸]"고 대답한 『논어』「선진」의 일화에서 따온 것일 텐데 이 말에서 소박하고 자적한 학자의 풍취가 엿보인다. 풍영루 아래를 받치고 있는 외삼문을 들어서서 왼쪽의 묘정 비각을 지나치면 중앙 정면에 서원 강당인 명성당(明誠堂)이 중심을 반듯이 잡고

남계서원 풍영루

동재 양정재(養正齋)와 서재 보인재(輔仁齋)를 끌어안고 있다. 강당 뒤 가파르게 누워 있는 계단을 오르면 사당을 감싼 내삼문이 나온다. 남계서원은 예림서원과 도동서원과 마찬가지로 '누각-강당-사당'을 곧게 관통하는 전학후묘(前學後廟)의 배치를 하고 있다. 그러나 연대기에 따라 엄밀히 말한다면 뭇 서원들이 남계서원의 표준적인 구조를 따른 셈이다. 남계서원의 사당에는 일두 정여창을 필두로 해서 동계(桐溪) 정온(鄭蘊)과 개암(介庵) 강익(姜翼)이 배향되어 있다. 동계와 개암은 조카와 외삼촌 사이이며, 특히 개암은 지역 유림들과 함께 남계서원의 창건을 주도했던 인물이다.

본관이 하동인 정여창은 성종 14년(1483)에 진사시에 합격하고 1490년에 문과에 급제한 이래 세자시강원 설서와 고향인 함양 인근의 안음현(함양 안의면 일대) 현감을 역임하기도 했다. 안의의 송장 하나가 함양의 산 사람 열을 당한다고들 하는데, 함양 출신인 그가 안의 사람들을 어떻게 다루었을지 굳이 들여다보지 않아도 뻔히 알 만하다. 지리산의 은거 생활을 털고 난 그가 안음현에 부임하자 기대 섞인 축하를 보내는 이도 있었고,* 한 세대 뒤의 인물인 김안국은 일두 선생이 교화를 이룬 안음향교가 선생의 유풍을 돈독히 하고 소학에 더욱 매진해야 한다는 당부를 담아 칠언절구의 시로 남기기도 했다.** 그에게 거는 기대도 컸고 그가 이룬 성취에 대한 찬사도 남달랐던 걸 보면 안음현에서의 그의 생활이 어떠했을지 짐작할 만하다. 그러나 호시절도 잠깐이었고 그는 1498년 뜻하지 않게 찾아온 무오사화로 인해 함경도 종성으로 유배를 당하고, 결국 1504년 생을 마감한 뒤 곧이어 닥친 갑자사화로 인해 6년 전 스승 김종직이 당했던 부관참시의 화를 피할 수 없게 되었다.

정여창을 모신 남계서원을 찾은 김에 그 곁에 나란히 서서 남강 줄기가 일어주는 바람을 함께 완상하고 있는 청계서원(靑溪書院)을 들렀다. 청계서원은 바로 탁영 김일손을 모신 사당이다. 본래 김일손이 청계정사(靑溪精舍)를 지어 학문을 익히고 정신을 수양하던 곳이었으나 무오사화 이후 폐사되어오다 지역 유림이 재건을 발의하고 남계서원으로부터 대지를 기증받아 청계서원의 편액을 걸고 탁영의 위패를 봉안하게 된 것이 1921년의 일이었다. 청아하고 간결한 풍모가 살아생전 탁영의 삶과도 닮아 있어 인상적이다. 서원 앞에 홀로이 서 있는 청송은 노련한 훈구 대신들을 단신으로 맞섰던 기백에 찬 탁영의 모습 그대로이다.

---

* 『一蠹遺集』 권3, 詩章, 賀宰安陰(曹伸).
** 『一蠹遺集』 권3, 詩章, 安陰鄕校(金安國).

(4) 자계서원

이제 본격적으로 김일손의 사당을 만나보기 위해 경북으로 향한다. 탁영의 본관은 김해이며 고향은 경북 청도이다. 그를 모신 자계서원(紫溪書院)은 경북 청도군 이서면 서원리에 위치하고 있으며 스승인 점필재의 고향 밀양과 그를 모신 예림서원에서 멀지 않다. 자계서원의 시작은 1518년 김일손을 추모하기 위해 지역의 유림들이 공의를 거쳐 자계사(紫溪祠)라는 사당을 세웠던 때로 거슬러 올라간다. 이후 1576년 서원의 격을 갖춘 운계서원(雲溪書院)을 세웠으나 임진왜란으로 소실되었다가 1615년에 중건되었다. 1661년에 자계서원으로 사액되었지만 1871년 서원 철폐령의 철퇴를 맞고 훼철되는 운명을 맞은 뒤 1924년에 복원되어 현재에 이르고 있다. 전쟁과 서원 철폐령을 거치면서도 자계서원과 자계사의 명맥은 끊일 듯 끊이지 않고 꿋꿋이 이어져왔다. 무오사화 때 탁영이 흘린 붉은 빛 불행이 핏빛 시내[紫溪]가 되어 역사의 공포와 테러를 견디며 그 명맥이 흘러오게 한 것인가.

은행나무가 잎과 열매를 바닥에 한가득 털어놓고 감잎 떠난 가지에 황적색 감만이 처연히 매달려 있는 12월 초, 청도천을 거슬러 자계서원을 찾았다. 서원 정문인 외삼문이 당당하고 '유직문(惟直門)'이란 이름 또한 각별하다. 오직 곧음뿐이었던가. 1486년 생원시와 진사시에 동시 합격하고 그해 곧바로 문과에 갑과로 급제하여 언관과 사관의 길을 걷던 탁영 김일손은 '유직문'이라는 문호(門號)답게 오로지 곧음만을 생각했고 오직 직필(直筆)로만 역사와 씨름했다. 자신의 비리가 역사에 들통날 것을 염려해 비밀리에 찾아온 잘나가던 이

극돈을 단칼에 돌려보내고, 스승이 지은 「조의제문」을 그간 불의로 얼룩진 역사를 재평가하는 정론의 사초로 삼고자 했던 것도 그의 곧음 때문이었다. 그 곧음이 적폐로 물든 훈구 관료를 떨게도 했지만 부끄러워야 했을 그네들로 하여금 끝내 필화(筆禍)를 부추기게 하는 빌미를 제공하기도 했으니 안타까운 일이다. 정작 길손을 안타깝게 한 것은 오롯이 곧은 그 문이 꽁꽁 잠겨 있다는 사실이었다. 아, 여기까지 와서 발길을 돌려야 하나? 낮은 담장을 찾아 까치발을 하고 들여다볼 수밖에 없는 것일까. 쪽문, 곁문은 없을까 주위를 둘러보았으나 모두 허사였다.

    서원으로 이르는 길 한편에서 탈곡한 벼를 갈퀴로 정성껏 뒤적이며 햇살에 쬐이는 일에 열심인 농부에게 다가가 인기척을 냈다. 그러나 목청을 돋우어도 반응을 섭사리 얻을 수가 없었다. 지척으로 다가가 눈을 마주치자 비로소 말 없는 관심을 보인다. 손짓과 몸짓을 섞어 서원을 찾은 나그네 티를 보였더니 어딘가를 가리키다가 쉬이 알아듣지 못한 나를 답답해하며 하던 일을 멈추고 앞장을 선다. 서원 바깥 담장을 따라 돌아 작은 쪽문에 이르렀으나 자물쇠도 말없이 굳세게 잠겨 있다. 잠깐 난감해하더니 야트막한 담장 쪽을 가리키며 월장의 손짓을 건넸지만 이번에는 이쪽에서 그럴 수 없다며 난색을 표했다. 언젠가 양천향교 뒤편의 사당을 관람해보겠다는 일념으로 닫힌 내삼문 한쪽 좁은 문을 억지로 비집고 들어가 사당을 구경하다가 갑자기 출동한 보안 업체 직원에게 궁색한 변명을 늘어놓았던 씁쓸한 기억 때문이었다. 멈칫하는 사이에 그가 서원 옆의 어느 집을 가리킨다. 아마도 서원을 관리하는 집을 알리려는 것이라 판단하고 얼른 문 앞에 다가가 큰 목소리로 주인장을 불러댔다.

드디어 불편한 노구를 이끌고 할머니 한 분이 문밖으로 걸어 나오시며, 내가 찾는 그이가 시내에 볼일 보러 나갔다고 답하신다. 할 수 없다는 듯이 말 없는 농부가 다시 월장을 재촉하는 바람에 다시 난감해지기 시작했다. 다행히 할머니가 열쇠 꾸러미 한 다발을 어디선가 찾아내 내미시는 바람에 안도할 수 있었다. 말 없는 농부가 익숙한 손놀림으로 쪽문의 열쇠를 찾아내 열어주고는 황급히 자신의 일터로 복귀했다.

반갑고 들뜬 마음에 안쪽으로 들입다 발을 내디뎠다. 할머니가 열쇠 꾸러미를 들고 우리가 다시 나오기를 기다리며 문밖에 쪼그리고 앉아 계시니 발걸음이 자연 빨라진다. 외삼문인 유직문 안쪽에 영귀루(詠歸樓)가 우뚝 서 있다. 함양 남계서원의 풍영루와 다를 바 없는 뜻을 담고 있는 누각 이름이다. 어른들, 아이들과 함께 목욕하고 바람 쐬다 노래하며 돌아오는 평범한 일상의 낙을 누릴 겨를도 없이 역사는 잔인했고 탁영의 삶은 짧았다. 영귀루에서 동서재가 마주한 평지 뜰을 지나 층층 계단을 오르면 자계서원이라는 편액이 정겹게 걸려 있고, 정면 5칸 측면 2칸의 겹처마 팔작지붕으로 되어 있는 보인당(輔仁堂)이 나타난다. 가만, 남계서원의 서재도 보인재(輔仁齋)가 아니었던가. 보인(輔仁), 그것은 "군자는 글로써 벗과 만나고 벗으로써 어짊을 북돋운다[君子 以文會友 以友輔仁]"는 『논어』 「안연」의 구절에서 따온 말일 것이다. 서원이야말로 학문을 통해 벗을 모으고 벗을 통해 자신의 인덕을 키우는 곳이니 더할 나위 없는 작명이다. 일직선상의 전학후묘의 구조는 아니었다. 보인당 우측에 둘러진 담장 속에 사당이 안온하게 자리 잡고 있다.

유현문(幽賢門)을 들어서니 사당을 우러르라는 듯 존덕사(尊德祠)

자계서원 보인당

　가 석단 위에 우뚝 솟아 있다. 사당에는 김일손과 더불어 그의 조부인 김극일(金克一)과 조카인 김대유(金大有)를 함께 모시고 있다. 중종 16년(1514)에 편찬된 『속삼강행실도(續三綱行實圖)』에는 '극일순호(克一馴虎)', 즉 '범을 길들인 김극일'이라는 에피소드가 실려 있다. 김해 사람 김극일은 어머니의 종기 고름을 입으로 빨아내기도 하고 병든 아버지의 대변을 맛보기도 하면서 효성을 다했고, 어버이가 돌아가시자 여섯 해 동안 시묘살이를 하며 정성을 이어갔는데, 묘지 옆에서 호랑이가 새끼까지 치며 살 정도로 여막의 삶에 녹아들었으며, 부친의 두 첩도 부친 살아생전 때와 마찬가지로 정성으로 돌보다 기년상을 치러주었다고 한다. 벼슬도 마다하고 효행과 여막살이를 극진히 하다 정려(旌閭)*를 받은 김극일의 효성스런 생애담까지 더하

* 나라에서 모범이 될 만한 충신, 효자, 열녀 등을 기리기 위해 정문(旌門)을 세워

니 그렇잖아도 우뚝한 존덕사가 더욱 우뚝해 보인다. 사당문이 잠겨 있어 3칸 묘우를 본 것으로 만족하고 유현문을 빠져나왔다.

앞쪽 방향으로 김일손이 심었다는 은행나무와 탁영 김일손 선생 문학비, 김극일 정려비가 자리를 채우고 있고, 영귀루 좌우에도 서원 정비와 김일손 신도비, 그리고 자계서원 사적비와 탁영 선생 순절 오백 주년 추모비가 즐비하지만 자세히 뜯어보는 것은 다음을 기약해야 했다. 매년 2월과 8월 중정일(中丁日)에 향사가 있다고 하니 그때가 좋을 것이다. 다시 걸음을 재촉해 할머니가 기다리시는 출구로 빠져나왔다. 자물쇠를 걸어 잠근 뒤 열쇠 꾸러미를 건네고는 몇 번이고 고개 숙여 인사했다. 그리고 말이 아닌 마음으로 생면부지의 길손을 성심껏 도우려 무진 애를 쓴 말 없던 농부에게 값진 인사를 전해야 했지만 자취를 찾을 수 없어 마음이 무거웠다. 밀양강으로 흘러가는 청도천이 오후 햇살을 받으며 도도하게 자계서원 앞을 지나고 있다. 김일손의 호답게 갓끈을 씻을 만큼[濯纓] 맑은 시내였을 저 물이 탁영이 당한 역사적 불행을 애도하며 핏빛 시내[紫溪]가 되었다니 애처롭기만 하다.

(5) 악양정

돈재 정여해의 또 다른 의례의 흔적을 찾아 나선다. 1480년 사마시에 합격한 이래 사헌부 지평을 제수받았으나 곧 사양하고 화순 해망산에 깃들어 살다 사화를 당한 스승과 벗들을 위로하는 해망단 의례

주고 표창하던 일.

를 시작한 장본인을 추모하는 곳이 어딜까. 섬진강 건너 하동이란다. 산자락만 골라 돌다 지리산 발치에 부딪쳐 흐르는 섬진강, 홍수엔 물 머금어줄 땅뙈기 없어 불을 대로 불어나고, 가뭄엔 쟁여놨던 물 뱉어 줄 배후지 없어 줄 대로 줄어드는, 그야말로 하상계수가 전국 최고인 두꺼비[蟾] 나루[津] 강을 따라간다. 그를 주벽으로 모신 사당은 아니지만 그를 배향했다는 사당이 있어 반갑다. 정여해는 하동을 본관으로 하는 능주 출신 학자로서 일두 정여창과는 같은 해에 태어난 10촌 뻘 사종제(四從弟)였다. 정여창의 권면으로 그는 김종직의 문하에서 학문을 배우며 훗날 사화의 희생자들과 학연을 맺을 수 있었다. 그 인연이 16세기 해망단의 출발이 되었을 것이고, 그것을 잊지 못한 후손들에 의해 20세기 숭의사의 전통으로 이어졌을 것이며, 그 덕에 아산 정주영도 초헌관으로 초빙되었을 것이다. 그리고 생판 타성바지인 내게 세월 지난 망기가 날아들어 태안을 거쳐 화순에 이르고 그것도 모자라 다시 영남을 돌고 돌아 예까지 오게 한 것이다.

있어야 할 건 다 있고 없을 건 없다는 꽃피는 마을 화개의 장터에서 섬진강을 따라 잠시 걷다 보면 악양정(岳陽亭)이 있는 첫 마을 덕은리에 닿는다. 이곳은 정여창이 모친상을 마무리한 뒤 함양에서 이주해 와 지리산과 섬진강을 벗 삼아 은거하며 학문에 힘쓰던 곳이다. 그가 자신이 기거하던 악양(岳陽)을 노래한 시 한 편이 어렵게 전해지고 있다.

      산들바람에 못가에 떠 있는 부들 잎이 살랑이고[風蒲泛泛弄輕柔]
      사월 화개 마을 보리는 이미 다 영글었는데[四月花開麥已秋]
      두류산 첩첩 천만 봉을 다 돌아보고 나니[看盡頭流千萬疊]

또다시 외로운 배 하나 큰 강줄기 따라 내려가누나[孤舟又下大江流]*

  수초가 바람에 일렁이고 들녘에 보리가 무르익어가는 4월에 첩첩 산중 지리산과 도도한 섬진강이 여유를 더해주고 있다. 여유로운 섬진강 가녘 지리산 기슭의 삶도 잠깐이었다. 일두가 지리산을 떠나 관직에 발을 담그고 몇 해 지내다가 결국 함경도 종성에 유배되어 끝내 부관참시의 화를 입은 이후로 악양정은 몇백 년 동안 폐허지로 잠자고 있었다. 잠자던 폐허가 지역의 유림에 의해 다시 깨어난 것이 1901년이었다. 당시 최익현(崔益鉉)은 그간의 중수 과정을「악양정중건기(岳陽亭重建記)」**로 남겼다. 그에 따르면 기해년(1899)부터 지역의 공의(公議)가 일어 세 칸 규모의 악양정이 중수되기에 이르렀고, 대청에 '소학(小學)'이라는 편액을 걸고 좌실은 '주양(做樣)', 우실은 '사도(思道)'라 부르고 그 문은 '경신(敬信)'이라 칭했으며, 매년 춘추에 주자를 주벽에 모시고 한훤당과 일두 선생을 배향하는 석채례(釋菜禮)를 거행하게 되었다고 한다. 그 이후에 회덕에 기거하던 심석재(心石齋) 송병순(宋秉珣, 1839-1912)이 1902년에 영남을 유람하다 악양정에 들러 일두가 남긴「악양」에 차운하여 짤막한 칠언절구를 남긴 바 있다.

너른 물 장엄한 산이 나약한 마음을 일렁이네[水闊山雄激懦柔]
일두 선생의 풍운이 천년 뒤에도 떠오르겠네[先生風韻想千秋]

* 『一蠹遺集』권1, 詩, 岳陽.
** 『一蠹續集』권3, 附錄, 岳陽亭重建記.

의관을 갖추고 새 이엉 얹어 앙모의 땅 다시 갖추니[衣冠新葺羹墻地]

남쪽 땅 선량한 풍속을 능히 볼 만하구나[可覩南州善俗流]*

그 옛날 일두는 산들바람에 유약한 부들 잎이 살랑거린다고 읊었는데, 300년 남짓 지나 찾아온 심석재는 악양정을 둘러싼 산수가 유람객의 나약한 마음을 동하게 한다고 답한다. 그간 무정하게 폐허지로 남아 있던 곳이 새로이 단장되고 의례마저 갖춰져 선생의 풍모와 운치가 세월을 이겨내게 되었다. 시의 3행에서 표현된 '갱장(羹墻)'은 순임금이 선대의 요임금을 앙모한 나머지 밥 먹다가 국그릇[羹]에서도 뵙고 앉아 있다가 담벼락[墻]에서도 뵈었다는 고사에서 유래된 말이다. 남쪽 마을 선비들이 발 벗고 나선 덕에 그리도 사모하던 옛 선비(정여창)가 국그릇에도 비치고 담벼락에도 드러날 정도로 기억과 의례의 처소가 번듯하게 마련되었음을 뿌듯하게 노래한 것이다.

이윽고 세 칸짜리 솟을대문을 들어서니 홑처마 팔작지붕 아래 다섯 기둥 사이로 네 칸을 마련한 악양정이 반듯하게 일자로 펼쳐져

악양정 현판

* 『心石齋集』 권1, 七言絶句, 岳陽亭謹次一蠹先生韻.

있다. 무심코 현판을 들여다보니 놀라지 않을 수 없었다. 어디서 본 듯한 예사롭지 않은 필체인가 했더니, 역시 윤용구의 작품이었다. 화순 숭의사의 '해망정' 현판을 썼던 바로 그가 이번에는 해관(海觀)이란 호로 낙관을 삼고 '악양정' 현판을 남겨놓아 반가웠다.

측면 한 칸 반짜리 악양정을 돌아드니 뒤편에도 여닫이문이 나 있고 툇마루도 놓여 있다. 악양정에는 온돌방이 마련되어 있는지라 굴뚝도 우뚝하여 어느 궁궐의 뒤란을 보는 듯하다. 굴뚝을 보니 검은 기억이 떠오른다. 어릴 적 어느 추운 겨울날 부뚜막 아궁이 속 열기를 좇다 구들장 속에서 길을 잃고 생명을 걸고 낑낑거리며 목 놓아 울던 강아지가 생각난다. 뒤꼍 굴뚝 밑동 이음새 흙바닥을 걷어내고 검댕이로 변한 견공 도련님을 겨우 구출해냈었다. 세상 물정 모르는 경험 없는 하룻강아지에게는 아궁이에서 아랫목을 거쳐 윗방 윗목까지 난 갱도를 거쳤던 길이 흡사 암흑의 무저갱(無低坑)과 다름없었을 것이다. 하룻강아지 부뚜막에나 올라갈 것이지 거기가 어디라고. 그나저나 저 무저갱 같은 어둠의 300년을 뚫고 악양정이 다시 광명을 찾았다니 여간 다행스런 일이 아닐 수 없다.

악양정과 사당 사이를 가르며 줄지어 선 담벼락이 산뜻하고 정겹다. 순임금이 요임금을 지극히 경모(敬慕)하여 담벼락에서 선왕을 뵈었다는 그 말처럼 지역의 선비들도 악양정 툇마루에 앉아 저 담벼락을 바라보며 자신들이 앙모하던 일두 선생을 뵈었을 것이다. 이곳까지 먼 길을 찾아와 짧은 시 한 편에 예의 국그릇과 담벼락 얘기를 꺼내든 심석재 송병순 선생도 이 담벼락을 지나쳤으려나. 담벼락 한가운데 좁다랗게 나 있는 내문 사이로 사당 현판이 숨겼던 얼굴을 내민다. 세 칸짜리 덕은사(德隱祠)가 지리산 앞에 단아하게 앉아 있다.

악양정 하면 으레 일두 정여창 선생을 떠올리지만 이번만큼은 덕은사에 배향된 돈재 정여해를 확인하고 싶어 왔다. 그러나 사당문이 굳게 닫혀 있어서 덕은사 건물만 감상하는 것으로 족해야 했다. 화순의 해망서원 숭의사에 모셔진 5현 중 4현이 여기에 그대로 모셔져 있어 예사롭지 않다. 봄날에 다시 와 주벽에 모신 주자와 함께 한훤당, 일두, 탁영, 돈재 등의 배위에 올리는 석채례를 오감으로 느끼고 싶다. 그땐 꽃이 만발할 것이고 꽃을 따라 의례도 만발할 것이다.

숭의사에 모셔진 5현의 의례적 고향을 둘러보면서 대원군이 단행한 서원 철폐의 의미를 되새겨본다. 47개의 서원만이 철퇴를 피했을 뿐이고 나머지 수백에 달하는 서원들은 장소를 잃고, 기억을 잃고, 의례를 잃었다. 일찍이 중세에 성상 파괴령이 동서 교회를 분열시켰던 파장을 고려하면 아예 의례적 공간을 제거한 서원 철폐령이야말로 유교의 역사에 있어 의례적인 대사건이다. 비슷한 시기에 일본 메이지 정부가 벌인 신불판연(神佛判然)으로 인한 폐불훼석(廢佛毁釋)의 종교사와도 맞먹는다 할 수 있을까. 서원 철폐령은 정치경제적 논리에다 지역과 가문의 문화적 자존심이 결부된 문제였겠지만, 일거에 단절될 수 없는 의례적 관성을 강제적인 힘으로 누른 것이다. 그러나 구한말과 일제강점기에 접어들어 그 강제력이 힘없이 가벼워지고, 수십 년간 억눌려 잠재되어 있던 의례적 관성이 위치에너지에서 운동에너지로 전환되기 시작하면서 서원들이 우후죽순으로 생겨났다. 20세기 들어 유교의 정치는 문을 닫았지만 사당과 서원의 중건을 넘은 창건이 봇물을 이루면서 유교의 문화는 문을 열고 있는 듯하다. 조선의 개국 이래 불교문화가 여전했듯이 조선의 폐국 이후 유교문화도 여전할지 지켜볼 일이다.

평소 서원이나 향교를 다닐 때마다 종교학도로서 불만이 많았다. 배움의 전당일 뿐만 아니라 선철선현에게 제사하는 공간이라 늘 힘주어 자랑하면서도 사당의 문은 물론이고 그곳으로 통하는 내삼문마저 굳게 닫아두기 일쑤였기 때문이다. 신성하고 경건한 성소이니 범접을 허락하고 싶지 않았으려니 한다. 1년에 몇 번 의례가 있을 때만 개방하고 청소하는 것으로 족할 수도 있다. 그러나 사람 발길을 막아놓아 거미줄 천지이고 쥐똥과 먼지가 가득한 창고만도 못한 성소를 볼 때마다 왠지 유교문화의 폐쇄적인 현주소를 마주하는 것 같아 마음이 아팠다. 어느 유교 구신론자의 외침처럼 학동을 찾아 나서기는커녕 찾아오는 학동마저 막고서는 그저 아둔한 자물쇠통이나 외부 경비 시스템 업체에 의존하는 나약하디나약한 전통문화에 어떠한 자부심도 생겨날 리 없다고 생각한다. 물론 관리에 어려움이 많고 신경 쓸 일도 많을 터이다. 조선 말에 헐버트 선교사가 말했듯이 조선인들은 살아 있는 어린애 유괴당하는 것보다 죽은 조상의 신주 잃는 것을 더욱 끔찍이 두려워했다니, 그 후예들이 사당의 길을 막고 문을 걸어 잠글 만도 할 것이다. 그래도 불천위의 신주를 사당에 유폐시켜서는 곤란하다. 이웃 나라 일본의 수많은 신사는 출입을 막음으로써가 아니라 오히려 사람들을 드나들게 함으로써 늘 성스러움의 피가 돌게 하고 경건한 숨이 스며들게 하지 않는가. 사람을 막을 일이 아니라 오히려 사람의 때를 타게 함으로써 일상에서 경건함도 유지하고 문화재도 보호할 수 있는 길을 시급히 찾아야 할 것이다. 인적 끊긴 시골 빈집이 금세 폐가로 변하는 것을 보면 알 만할 것이다.

4) 왜군은 얼레빗, 명군은 참빗?

(1) 녹동서원

도동서원을 가는 길에 달성 가창면 우록리의 녹동서원(鹿洞書院)을 들렀다. 사슴을 벗 삼은 마을에 마지막 이를 악문 9월 초의 햇살이 강렬하다. 녹동서원의 녹동사(鹿洞祠)에는 임진왜란 때 조선에 귀화한 일본인 장수, 그러니까 재패니즈 코리안인 모하당(慕夏堂) 김충선(金忠善, 1571-1642)이 모셔져 있다. 정주영을 찾아 나섰다가 명나라에서 원정 왔던 소주 가씨를 만나게 되었고, 이제 일본에서 원정 왔던 사성(賜姓) 김해 김씨를 만날 차례이다.

선조 임금으로부터 본관과 이름을 하사받기 전 김충선의 일본 이름은 사야가(沙也可)였다. 임진왜란과 정유재란을 거치며 우리에게 지워지지 않을 악명 높은 적장으로 각인된 가토 기요마사(加藤淸正)를 기억할 것이다. 그는 오다 노부나가 사후에 도요토미 히데요시와 시바타 가쓰이에 사이에서 벌어진 후계자 다툼인 시즈가타케 전투에서 히데요시를 승리로 이끈 주역인 칠본창(七本槍) 중의 하나였고, 히데요시 사후엔 이시다 미쓰나리와 적대하고 동군 도쿠가와 이에야스를 도와 세키가하라 전투에서 승리를 거둔 뒤 구마모토의 번주가 되었다. 사야가는 바로 그 가토의 좌선봉장으로 조선에 왔다.

평소 유교의 예악과 조선의 고전 문물을 사모한 21살의 사야가는 일본에 칠 형제와 두 아내를 두고 떠나와 조선에 당도하자 곧 부하 병사들을 이끌고 경상도 병마절도사 박진(朴晋)에게 귀순했다. 그 뒤로 그는 조선군에게 조총 제작의 기술을 전수하는 데에 결정적인 역할을 했고, 실제로 왜란 당시 조명군과 긴밀하게 협조하여 동래-울산-경주를 잇는 전선에서 큰 공을 세움으로써 선조 임금으로부터 사성 김해 김씨 본관과 김충선이라는 이름을 하사받게 되었다. 뜻하지 않던 모래[沙]가 바다를 건너와 금(金) 노릇을 한 셈이니 김해는 금해(金海)라 해도 무방하지 않을까. 왜란이 끝난 뒤 이괄의 난과 병자호란에도 직접 나섰던 김충선은 영화에 얽매이지 않고 한가한 달성의 녹동

김충선 화상과 신주

에 들어와 강론과 교화에 힘쓰며 71년의 생을 마감했다. 다행히 그의 6대손 김한조(金漢祚)가 『모하당문집(慕夏堂文集)』(1798)을 간행하였는데, 그 문집 속에 김충선이 인생 말년에 자신의 내력과 소회를 읊은 자전적 가사 「모하당술회가」도 들어 있어 그의 인생 연대기를 엿볼 수 있게 되었다.

  김충선의 문집이 간행되던 1798년 즈음에 그를 기리기 위해 서원과 녹동사가 지역 유림의 발의에 의해 세워졌다. 그러나 여느 서원의 운명이 그러했듯이 녹동서원도 흥선대원군의 서원 철폐령을 피하지 못한 채 철거되었다가 1914년 중건되었고 1970년대 초부터 현재의 위치에 자리 잡게 되었다. 정면 3칸에 측면 1칸 홑처마 맞배지붕을 하고 있는 외삼문 향양문(向陽門)을 들어서면 '녹동서원' 현판이

반듯이 걸려 있는 서원의 강당이 나온다. 대청의 현판을 가만히 쳐다보니 숭의당(崇義堂)이라는 익숙하디익숙한 이름이 보인다. 태안, 화순을 거쳐 여기에서도 의를 드높이고 있다니.

서당 우측 뒤쪽으로 내삼문이 정면 3칸에 측면 1칸의 홑처마 맞배지붕을 하고 솟아 있다. 안을 들여다보고 싶은 햇살만큼 뜨거운 마음이 통했는지 사당 안에 들어갈 수 있다는 허락을 얻게 되었다. 녹동사 안에는 김충선의 화상과 신주를 덮은 주독이 가지런히 놓여 있었다. 위패에는 '모하김선생(慕夏金先生)'이라 씌어 있었다. 해마다 3월에 향림들의 제향이 있을 것이고, 이어 집안 종친네의 제사도 뒤따를 것이다.

일본인이 많이 찾는다는 서원 옆 한일 우호관에 들어섰다. 정돈된 전시물들은 그간 알려지지 않았던 김충선의 과거 행적을 알리느라 바빴고, 무심한 관람자들은 달성군과 자매결연을 맺은 일본의 와카야마현으로부터 건너온 이색의 전시물들에 눈길을 주느라 분주했다. 이왕 온 김에 사당 뒷산에 있는 김충선 묘지를 찾아보기로 했다. 사당 뒤로 난 가파른 길을 따라 올랐다. 소로를 따라 오르다 보니 축축한 음지 풀수펑*을 벗어나 모처럼 넋 놓고 오솔길 틈으로 내리쬐는 햇살을 받아먹던 뱀들이 놀라 느릿느릿 몸을 가눈다. 정작 오후 휴가를 훼방 놓은 길손은 그 모습에 더욱 놀라 소스라치다 이내 평정심을 되찾는다. 묘지는 한창 공사 중이었다. 한 달도 채 남지 않은 한가위를 제대로 맞으려면 마무리를 재촉해야 했을 것이다.

400여 년 전 일본은 넘쳐나는 조총을 들고 이 땅을 침략했고, 조

* 풀이 우거진 숲을 뜻하는 방언.

선은 얼마 안 되는 배로 그나마 버텨냈으며, 명나라는 머릿수를 믿고 전쟁을 뜸 들였다. 당연히 일본은 침략군이었고 명나라는 원군이었다. 그러나 전쟁은, 더구나 민중들이 겪어낸 전쟁은 그러한 구분을 흐릿하게 했고, 그런 구분에 역전이 일어나기 일쑤였다. 전쟁 물류가 원활하지 않을 때는 양민이 감당해야 할 희생이 더욱더 컸을 것이고 원칙도 명분도 무의미했을 것이다. 여북하면 "왜군은 얼레빗, 명군은 참빗"이라는 말까지 퍼졌겠는가. 성기게 털어 가는 일본군에 비해 촘촘하게 싹싹 걷어 가는 명군이 야속하다 못해 미웠을 것이다. 침략군이야 그러려니 했겠지만 믿었던 원군이 자행하는 횡포에는 박탈감이 더 컸을 게다. 어쨌거나 정치·경제·사회·문화뿐만 아니라 국제적으로도 크나큰 변동을 가져온 전쟁이 깊은 상흔을 남기고 끝났다. 이 땅에서 새로운 가족 나무를 그리고 족보를 써내려간 소주 가씨도, 사성 김해 김씨도 그 전쟁이 남긴 동아시아 디아스포라의 당사자들이었다. 그들의 서원과 사당은 그들의 역사를 몸으로 기억하는 최소한의, 실제로는 최적의 장소였다.

  낑낑대고 올랐던 오솔길을 저버리고 널찍하게 나 있는 산속의 굽이 길을 따라 김충선의 묘지를 떠나왔다. 내려오는 길 둔덕에는 가을을 목전에 둔 검푸른 감잎이 악착같이 햇살을 빨아들이며 마지막 성장에 힘을 보태는 데 여념이 없었다. 감잎에 빨린 한낮의 햇살은 부족분을 길손의 기력에서 앗으려는 듯 매섭게 머리 위를 볶아대고 있었다. 그나저나 손자 가침이 울산 서생진에서 착실히 챙겼다는 소주 가씨 시조 가유약과 가상의 묘는 어찌 되었을까?

(2) 서생포

정주영으로부터 시작된 여행을 정리할 때가 되었다. 소수 가씨에 서부터 시작했으니 그것에서 종결하고 싶었다. 두 달 뒤 울산 서생진 도독동 쪽으로 길머리를 잡았다. 서생포왜성에 이르기 전에 인근 서생포만호진성의 푯말을 찾아 인적이 없는 등성이를 올랐다. 이미 11월에 들어섰지만 남녘의 수풀은 여전히 성수기인 듯 길손을 거세게 막는다. 길을 내며 갈 수는 없는 노릇이라 성곽에 대한 설명을 담은 표지판 앞에서 멈추고는 축성의 흔적만을 매만지다 되돌아 내려왔다. 사진기만 들고 오르는 길이 이리 힘든데 총칼 들고 군장 멘 채 전쟁한다는 게 왠지 현실적이지 않아 보였다. 그렇지만 전쟁은 현실이었다.

이내 울주군 서생면 서생리의 서생포왜성에 당도했다. 평일이라 성은 한산하다 못해 고요했다. 생각보다 옛 성채가 많이 남아 있어 제법 성스러웠다. 진하해변을 내려다보는 해발 133미터의 산정을 중심으로 내성과 외성을 두 겹으로 두룬 채 바다 쪽으로 머리를 길게 내민 형국의 요새가 바로 서생포왜성이었다. 그 옛날 가토 기요마사가 진두지휘하며 쌓은 성이라서 그런지 예사롭지 않아 보인다. 그의 본성인 구마모토성이나 그가 맡아 쌓았다는 고산케(御三家) 중 하나인 오와리 도쿠가와 집안의 나고야성만 보아도 그렇듯이 그의 축성에는 개미 한 마리 허락하지 않는 치밀함과 견고함이 깃들어 있어 오싹하기만 하다. 더구나 나고야성을 축성할 때 그가 수레에 실려 운반되는 거석 위에 직접 올라타 작업의 기세를 끌어올렸다는 일화가 전해질 정도로 그는 속도전에도 능한 지독한 축성가였다.

쫓기는 주말 일정에 비하면 11월의 평일에는 그곳 해설사들도 한가해 보였다. 해설사 두 분이 아예 사무실을 걸어 잠그고 단출한 길손을 위해 복수의 독선생으로 나섰으니 배움에 충실할 수밖에 없었다. 산정을 오르며 갖가지 축성 기법과 성채 용어들을 한일 언어를 번갈아가며 익혔고, 터만 남은 자리에 그분들의 설명이 가공해내는 옛 건물을 쉴 새 없이 상상해댔다. 어느덧 이마에는 땀방울이 맺히고 등은 등대로 축축해졌지만 내성 석루에 올라 내려다보는 전망이 모든 걸 압도할 정도로 상쾌하다. 다시 되形 출구와 엇물린 성채를 거쳐 내성을 빠져나와 산 아래로 내려오는데 중턱에 걸쳐 있는 이름 없는 산신당이 반갑게 눈에 띄었다. 더 바닥으로 내달으면 왜란에 맞서 공로를 세웠던 분들을 기리기 위해 2016년 11월에 새로이 세웠다는 창표사(蒼表祠)가 테 나게 표표하다.

  내친김에 점심을 뒤로 미루고 마을 쪽으로 뻗은 성채를 따라 걸음을 이어갔다. 마을을 지나치는 중에 슬며시 가유약과 가상 및 가침의 옛이야기를 들려드리고 시조 부자의 무덤을 여쭸더니 금시초문이라신다. 그 대신 서생포에서 마귀 제독의 부장으로서 전공을 세운 유격장군 편갈송(片碣頌)이 본국으로 돌아가지 않고 금오산에 기거하다 절강 편씨의 시조가 되었다는 얘기를 들려주신다. 그리고 그의 기적비(記蹟碑)가 있는 곳을 거쳐 옛날 물이 드나들었을 암벽 위에 새겨진 편장군 승첩동 마애비로 안내하신다. 바위엔 '편장군 승첩동(片將軍勝捷洞)'이라는 글자가 완연하다. 햇살에 얼보이기는 해도 그 곁에 그의 11대손이 임진년 윤유월에 다녀갔음을 새긴 자국이 또렷하다. 11대손이니 1800년대쯤 될 터이고, 임진년이니 1832년 아니면 1892년 중의 하나겠지만 고맙게도 윤유월이 걸린 해라 했으니

1892년(고종 29년)이 맞아떨어진다.

보충사

마애비를 지나 서생포왜성의 외성 끄트머리에 2단 석축이 견고하게 남아 있는 모퉁이로 들어섰다. 건축 자재가 널려진 한구석에 마귀 제독을 기리는 한 칸짜리 작은 사당이 눈에 들어온다. 이름하여 보충사(報忠祠)이다. 뒤로는 서생포왜성이 버티고 있고 커다란 소나무 당목이 사당 지붕을 가르마 타듯 가지를 누이고 있다. 사당 안을 엿보니 마귀 제독의 화상이 정면에 걸려 있고 탁상 위에 '제독공(提督公)'이라 쓰인 검은 주독이 놓여 있다. 정월 대보름에 이곳에서 마을의 제사가 열린다고 한다. 이국 만 리에 원정대를 이끌고 와서 진퇴를 거듭한 끝에 왜군을 몰아내고 고대하던 울산왜성과 서생포왜성을 수복한 뒤 고국으로 돌아간 마귀 제독을 서생리 주민들은 400여 년이 지난 오늘날에도 의례적으로 생생히 기억하고 있다. 충청도 대흥현에서 소정방이 그랬듯, 경기도 적성현의 감악산에서 설인귀가 그랬듯 울산 서생포에선 마귀가 마을 주민들로부터 신의 이름으로 의례화되고 있다. 그들 무장이 남긴 역사적 위력이 컸다지만 그들의 힘을 종교적으로 전환시켜 소비했던 주민들의 포식성이 더욱 놀라울 뿐이다.

그야말로 성 위아래를 훑고 원점에 도달하니 점심이 한참 지고 말았다. 해설사들에게 고마움과 미안함을 전하고는 식음을 미룬 채 서생진에서 멀지 않은, 그 옛날 수운(水雲) 최제우(崔濟愚, 1824-1864)가 거처했던 울산의 여시바윗골 유허지를 찾아갔다. 한참을 둘러보다 정신이 퍼뜩 들었다. 아, 다음의 여로, 충청도 동학! 태안에서 동진하겠다던 여로를 팽개치고 호남을 지나 영남까지 헤매도 너무 헤맸다. 울산에 와서 소주 가씨의 흔적을 찾아보려던 순진한 생각은 일단 접어두고 올라갈 채비를 할 수밖에. 올라오는 길에 가토 기요마사가 갈증과 굶주림으로 버티다 초죽음 끝에 탈출했다는 울산왜성은 물론 그 건너편 학성산 구릉에 터 잡아 왜란에 희생된 울산의 의사와 무명용사들을 묵묵히 기리고 있는 충의사(忠義祠)를 둘러보고 충청도의 다음 여로를 다지며 길머리를 돌린다. 다음은 칠갑산이 있는 청양(青陽)이다.

3. 창명대: 동학의 잉걸불

1) 청양의 동학을 찾아가다

(1) 창명대

이제 다시 제 길로 들어섰다. 태안에서 동진하여 청양으로 갈 참이다. 형제처럼 나란히 놓여 있는 서산 방조제를 지나 남당항을 들른 뒤, 까마귀가 깃들어 살 듯한 억새 명산 오서산(烏棲山)을 우회하면 이내 청양이다. 청양은 금강의 물길이 닿는 곳이기도 하다. 발원지 장수에서 북진하며 무주와 영동을 차례로 거치며 초강천과 보청천을 끌어모아 몸집을 불린 뒤, 대청호에 들어앉아 늘어진 한숨을 돌리고는, 다시 둑을 빠져나와 갑천과 미호천을 차례로 부둥켜안더니 활모양의 굴곡을 갖춰가며 냅다 백제의 고도 공주와 부여를 연달아 적시고는, 남은 기력을 다해 강경을 훑어 군산과 장항의 앞바다에 서서히 몸을 풀어 섞으며 장장 400km를 휘돌아온 큰 반원(半圓)

을 완성하는 게 금강이다. 뿔난 풍수가들이 이런 자연지리를 인문지리에 접목시켜서 금강이 북쪽 서울을 향해 시위를 겨눈 불온한 활[反弓]의 형상이라며 떠들어내든지 말든지 강물은 주단의 감촉으로 사위를 감싸며 자연이 내어준 길로 말없이 흐를 뿐이다. 『탁류』의 작가 채만식은 금강의 물줄기 중에서도 강경을 지나 군산에 이르는, 비릿해지고 탁해지고 느려지고 무연해진 강물을 본디 금강이라 여기며 혼탁하고 부조리한 인간 삶의 무대로 자연스레 끌어들인 바 있지마는, 오늘은 탁류 이전의 윗물, 고리삭지 않은 푸르고 창창한 기백이 여전한 청양으로 거슬러 올라간다.

고대의 백제 문화가 충남 문화를 대변하는 게 오늘의 현실이다. 여기저기 고대의 영화를 살려내느라 여념이 없어 보인다. 청양은 고대의 두 거목 사이에 끼어 있다. 곰나루[熊津]의 물이 청양의 울을 적시며 소부리[泗沘]로 흘러가듯이 백제의 역사도 공주에서 부여로 옮겨 가며 칠갑산 동쪽 청양을 스쳐갔을 것이지만 고대의 찬란함도, 망국의 애잔함도 모두 이웃 도시의 것이었다. 사실 충남은 고대만큼 근대도 막강한 곳이다. 서로부터 몰래 금강을 거슬러 올라온 게 서학이었고, 남으로부터 대놓고 금강을 가로지르려 했던 게 동학이었다.

충남은 동학이라면 할 말이 많은 곳이다. 영남의 바다을 훑은 동학의 영성이 호남 들녘을 지나며 변혁의 불꽃으로 타오르다 진중한 호서의 형제들과 손잡고 결판을 냈던 곳이 충남의 고갯마루 아니었던가. 충청의 들녘에 모아진 큰 희망과 그러기에 더 크게 맛봐야 했을 산중의 좌절은 근대를 여는 통곡이었다. 부여가 낳은 시인 신동엽이 전봉준을 좇아 동학의 일생을 그려가며 근대의 역사적 모순과 좌절, 그리고 민족의 길을 모색하며 읊은 서사시를 굳이 충청의 젖줄 '금강'이라 명명한 것도 일리가 있었다. 갑오년 동학농민운동 이후 허탈하게 주저앉을 법도 했건만 또 다른 저력이 계룡산 신도안의 신앙을 일깨웠고, 1983년 국방부의 6.20 사업으로 내몰린 길 잃은 영성이 충남을 전전하며 때를 기다리고 있다. 이제 100여 년 전 19세기 말 들불처럼 번져간 동학의 작은 믿음의 불씨가 때를 대망하며 여전히 간직되고 있는 곳, 청양 낙지리(樂只里)를 찾아간다. 치켜들던 깃발엔 너덜너덜 부풀이 일고, 함성을 쏟아내던 입술은 부르터 말랐지만 맘속 깊은 한편에 개벽의 잉걸불을 간직한 채 힘겹게 세월과 싸우고 있는 그들을 만나러 간다.

말만 꺼내면 칠갑산이 겨를 없이 튀어나오는 청양, 그 땅을 처음 밟은 것은 2009년 6월이었다. 부랴부랴 학기를 끝내고 동학의 후예들을 좇는다며 청양 장평면 낙지리의 '창명대(彰明台)'에까지 닿았던 것이다. 칠갑산에 깃든 장곡사가 가깝고 별신제로 이름난 부여 은산이 멀지 않은 한적한 시골 마을이었다. 지금은 박사가 된 구형찬과 심형준, 동경 유학을 떠나 있는 박병도, 그리고 석사를 마친 뒤 자기만의 순례를 떠난 정재홍 등 당시 대학원생들이 동행했다. 길도 설고 낯도 설은 신종교를 탐방하는 초행길에 긴장감이 없지 않았으나 창명대의 아치형 관문에 다가서자 이내 마음이 풀렸다. 두 기둥이 가뿐히 이고 있는 기름한 아치형 현판에는 해월(海月) 최시형(崔時亨, 1827-1898)의 종교적 지론인 '사인여천(事人如天)'이 또렷이 쓰여 있었다. 사람을 하늘같이 섬기라 했으니 이보다 더한 안심거리가 어디 있으며, 이보다 푸근한 환영 인사가 어디 있으랴. 사인여천이 쓰여 있는 현판을 떠받든 양 기둥에는 '천진교(天眞敎)'와 '동학대종원(東學

大宗院)'이라 새겨진 현판이 걸려 있었다. 이것들이야말로 그들의 종교적 정체성을 담은 문패였다. 천진교와 동학대종원은 동학의 후예들이 새로 꾸려가는 교단의 새 이름이었고, 장명대는 그들이 터 삽은 외형적인 공간과 건물을 지칭한 것이었다.

청춘을 동학에 묻었던 팔순의 노인들이 낯선 초행자들을 경계심 없는 눈으로 밝게 맞아주셨다. 어느 시인의 말처럼 "가끔은 하느님도 외로워서 눈물을 흘리신다"는데,* 그들이 외진 시골을 지켜가며 눈물과 함께 삼켰을 가장 큰 고통은 아마도 외로움이었을 것이다. 수운 최제우가 내려준 잊힐 수 없는 동학의 실천 강령을 꼽으라면 '마음을 지키고 기를 바르게 하라'는 수심정기(守心正氣)일진대, 그들은 일상 속에서 수심(守心)을 간직하며 긴장의 끈을 놓지 않고, 외로운 동학의 미래를 염려하느라 수심(愁心)을 달고 살았을 것이다. 말벗이 그리웠을 그들이 들려주는 동학 얘기를 차곡차곡 들으면서 종교인의 한평생을 조금 이해하게 되었고, 동학에 대한 편협했던 시선을 교정하여 새로운 균형추를 마련하는 계기로 삼을 수 있었다.

언젠가 그런 생각을 한 적이 있다. 조선 시대에 민중을 위한 두 가지 문화적 창달이 있었다고. 하나는 조선이 개국된 지 50년쯤 지난 1443년에 창제된 훈민정음이고, 다른 하나는 조선의 망국을 50년 앞둔 1860년에 창도된 동학이다. 훈민정음이 사람들에게 어문의 소통을 가능하게 해주었다면, 동학은 사람들 사이에 영적 소통의 길을 열어주었다. 훈민정음이 새로운 서울(한양)에서 국가 왕실의 프로젝

---

* 정호승,「수선화에게」,『외로우니까 사람이다』, 열림원, 1998.

트로 진행된 것이라면, 동학은 옛 서울(경주)에서 순수 민간의 문화 자본으로부터 창발된 것이다. 훈민정음이 아래로 향한 것이라면, 동학은 아래로부터 나온 것이라 할 수 있다. 조선의 민중들은 훈민정음 덕에 '하늘'을 읽고 쓸 수 있었을 테고, 동학 덕에 '하느님'을 가슴에 품고 기도할 수 있었으리라.

지금 우리는 동학을 어떻게 기억하는가. 동학에 대한 일반의 기억은 경신년(1860) 수운의 신이한 깨우침보다는 갑오년(1894) 녹두장군의 떨쳐 일어남으로 대변된다. 동학의 해는 다름 아닌 갑오년이고 동학은 곧 농민전쟁이었다. 갑오년 동학이 세월에 묻히지 않고 역사와 문학과 예술의 관심을 받은 것이야 그나마 다행스러운 일이지만 농민들의 마음을 자각시키고 하나로 단단하게 묶어주며 새 시대를 대망하게 했던 경신년 동학이 외면받아서는 곤란하다. 그것이 혁명을 지체시킨 천덕꾸러기로, 혹은 합리성을 결여한 미신으로 치부되는 것은 더욱 곤란하다. 혁명이 어디 물리적인 폭력으로만 가능했겠는가? 그런 힘을 분출시키게끔 이념의 설득과 정서의 환기가 동학의 교리와 실천으로 뒷받침되지 않았다면 혁명은 밑천 없는 장사였을 게 뻔하다.

동학의 종교성에 주목한다 해도 균형과 보완이 필요하다. 우리는 늘 오늘의 동학보다는 옛날의 동학에 집착해왔다. 그리고 옛날의 동학에 대한 관심은 늘 19세기를 향했다. 사실 신종교에 대한 관심은 그것이 어떻게 출현하게 되었는지에 쏠리기 마련이다. 그렇기에 한국 신종교의 기원을 열었다고 평가받는 동학에 대해서도 발생론과 원형론에 관심이 집중되었던 것이다. 그러다 보니 동학을 창도한 수운과 그를 이은 해월과 같은 초기 동학의 영성과 카리스마가 종교

이해의 전부가 되었다 해도 과언이 아니다. 이제 19세기에 두었던 관심만큼 20세기 이후의 동학에도 시선을 모을 필요가 있다. 20세기 동학이 전에 없던 분열과 갈등, 그리고 혼선을 빚었던 건 사실이다. 그러다 보니 알게 모르게 잘난 19세기와 못난 20세기로 동학사가 그려지고 있다. 그러나 19세기 영적 천재에 의해 계발된 영성이 20세기 근대적 환경에서 어떻게 다양하게 해석되고 분파되었는지를 잘 헤아려보는 것이야말로 동학의 일생을 제대로 파악하는 길이다. 성장이 멈춘 올된 아이로만 동학사를 기억할 수는 없지 않겠는가.

나무든 숲이든 멀찌감치 떨어져 있을 때는 우듬지만이 눈에 띄듯이 역사의 주류만을 떠올리는 것이 우리네 인지상정이다. 정작 숲속에 들어가 나무 아래 앉게 되면 눈에 띄지 않던 줄기와 가지가 오감을 사로잡는데도 말이다. 동학에 대해서도 마찬가지다. 어쩌다 20세기 동학에 관심을 둔다 해도 어디까지나 그 시선은 주류 교단에 머무르는 게 현실이다. 주지하다시피 3.1운동을 주도했던 천도교가 20세기 동학의 헤게모니를 장악한 주류 교단임은 부정할 수 없는 명백한 사실이다. 당연히 20세기 동학을 천도교가 대표함으로써 일반의 인식 속에 '동학=천도교'라는 등식이 자리 잡게 되었다. 사실 조직과 인적 자원, 그리고 민족적 과업의 달성이라는 측면에서 동학 내에서 천도교가 차지하는 위상과 역할은 충분히 인정할 만하지만 그렇다고 '동학=천도교'라고 일방적으로 이해하거나 동일시하는 것은 적절하지 않다. 주류 교단뿐만 아니라 그간 학계와 일반으로부터 외면받아온 비주류 교단을 함께 고려한다면 20세기 동학이 지니고 있던 다양한 잠재력과 동력을 제대로 평가할 수 있을 것이다. 잘나가는 장자만을 내세우고 그와 서먹서먹하게 지냈던 평범한 아우들을 외면한다면 20세기 동학의 가족사가 성립될 리 없지 않겠는가.

　우리는 문헌으로 동학을 읽고 머리로 동학의 신학을 구성하는 데에 익숙하다. 19세기 동학이든 20세기 동학이든 우리의 관심은 주로 동학의 교리와 사상에 집중되어 있었다. 종교는 곧 세계관이라 할 정도로 세상을 보는 안목과 사고가 중시되지만 종교 공동체가 도그마나 이데올로기만으로 충분히 이해될 리 없다. 그간 동학은 의례와 실천이 결여된 채 머리 중심, 신학 중심으로 이해되어온 게 사실이다. 복잡다단한 종교인의 삶을 간명한 언어로 정리된 몇몇 종지(宗旨)로 대신하려 한 것이다. 사실 동학 공동체는 주문(呪文), 수행, 의식을 함께하는 의례 공동체이니 동학을 이해할 때는 당연히 몸짓을 고려해야 하고 의례학을 겸비할 필요가 있다. 언젠가 동학에 대한 작은 책을 쓰면서 '신학(theology)'과 '실천(practice)'을 잇댈 요량으로 동학의 '테오프락시(theopraxy)'란 제목을 거멀잡이로 삼아 한껏 객기를 부린 바 있지마는* 머리 따로 몸 따로 분열된 동학의 삶은 있을 수 없는 것이다.

　정리하자면 시기적으로는 초기 동학과 후기 동학이, 조직적으로는 주류 교단과 비주류 교단이, 내용적으로는 사상(신학)과 실천(의례학)이 보완 관계에 있지 못하고 어느 한쪽으로 치우쳐 있던 것이 지금까지 동학을 바라보는 시선이었다. 역사적으로는 수운과 해월로 대변되는 19세기의 초기 동학이 주목을 받았고, 사회적으로는 천도교가 주류 교단으로서 동학과 동일시되었으며, 종교적으로는 머릿속의 교리와 사상이 몸의 의례와 실천을 압도했다. 근대의 전환기

* 최종성, 『동학의 테오프락시』, 민속원, 2009.

인 20세기에 19세기의 영성 못지않게 새로운 길을 모색했던 후기 동학에, 그것도 유일무이한 길이 아닌 다양한 동학들에, 그러면서 동학의 몸짓을 모아보는 일에 각별한 주의가 필요하다고 본다. 우리가 찾은 청양의 천진교 동학대종원은 자신만의 도통론을 견지하면서 독특한 의례적 삶을 지속해온 살아 있는 후기 동학의 가족군을 이루는 일원이라 할 수 있다.

몇 년의 세월을 세속에 묻은 뒤 다시 창명대를 찾아간다. 디지털 방식으로 바뀌긴 했지만 관문에서 여전히 사인여천의 현판이 길손을 맞는다. 언제나 그렇듯이 천진교 관내는 깔끔하고 반듯하게 정돈되어 있다. 정면의 중앙 계단을 오르면 평평한 중단에 교조로부터 천진교의 종통을 이어받은 도통의 전수자들을 기념하는 석상과 비석이 육중하게 늘어서 있다. 다시 계단을 오르면 상단에 본관인 대성전(大成殿)이 널찍하게 서 있다.

대성전과 기념 석물들

대성전 천단

대성전 내부 정면에는 교단의 주요 의례가 대부분 행해지는 본전이라 할 수 있는 천단(天壇)이 꾸며져 있다. 닫집 벽면 정면에 태극 문양과 그것을 좌우에서 호위하는 황금색 영부(靈符)*가 그려져 있고, 그 앞으로 백색의 제상이 마련되어 있다. 제상은 삼단으로 구성되어 있으며 맨 위 단에는 옥 단지에 청수(淸水)가 봉안되어 있다. 천단은 본래 계룡산 신도안에서 종교촌을 이루던 시절에도 본전의 핵심을 이루던 곳이었다.

천단 좌우로 안치된 법상(法像)이 눈에 띈다. 오른쪽에는 제세주(濟世主)로 받들어지는 수운을 중앙으로 해서 우편에 2세 해월 대신

---

* 1860년 4월 종교체험의 과정에서 수운 최제우는 상제로부터 선약(仙藥)이라 불리는 영부를 받았다고 한다. 수운이 받은 영부는 태극(太極)과 궁궁(弓弓)의 형상을 한 신비한 힘을 지닌 부적으로 이해되었고, 특히 천진교는 영부를 정성껏 그려 모시는 수련 전통이 강했던 교단이었다.

사(大神師)와 좌편에 3세 구암(龜菴) 김연국(金演局, 1857-1944) 대법사(大法師)를 봉안하고 있다. 천도교와 비교하자면 1세 수운과 2세 해월은 공통되시만 그들을 이은 3세로서 의암(義菴) 손병희(孫秉熙, 1861-1922)가 아닌 구암 김연국을 내세우는 것이 눈에 띄는 점이다. 아울러 또 다른 큰 차이는 수운을 대신사로, 해월을 신사로 호칭하는 천도교와는 달리 천진교에서는 그들을 격상하여 수운을 초월적 구원자인 '제세주'로, 해월을 '대신사'로 받듦으로써 시천교(侍天敎) 계열의 전통을 잇는다는 것이다. 한편 천단의 왼쪽에는 구암 김연국의 직계 후손으로서 종통을 이은 4세 해심(海心) 김덕경(金德卿, 1907-1985) 대종사(大宗師)를 우편에, 5세 대원(大圓) 김진묵(金振默, 1929-2000) 대원사(大元師)를 좌편에 각각 모셔두었다. 천단을 둘러보는 것만으로 청양의 천진교가 '수운-해월-구암-해심-대원'으로 이어지는 5대의 종통을 표방한 동학계 교단임을 알 수 있다. 결국 청양의 천진교는 카리스마 넘치는 수운과 해월이 구축한 19세기에 굳건히 발을 딛고, 구암의 후손이 그럭저럭 꾸려온 20세기를 몸통으로 삼아 힘겹게 21세기에 얼굴을 내밀고 있는 것이다.

천단 우실에는 춘추전과 순령전이 자리 잡고 있다. 이곳은 환원(還元)*한 영우(靈友)의 위패뿐만 아니라 생전에 공을 세운 영우와 애국·순교 열사의 위패를 모신 영전이다. 영전 중앙 기둥 사이에 놓인 제상 위에는 혼령을 대표하는 '순교·애국 열사의 영좌(靈座)'와 '유공 영우·영령의 영좌'가 좌우로 배치되어 있다. 천진교에서는 동학혁명과 3.1운동을 거치며 순도·순국한 범동학계의 영위를 모시고

* 동학에서 사람의 죽음을 이르는 말로서 본래의 근원으로 되돌아감을 뜻한다.

있으며, 1년에 4회(3월 10일, 6월 2일, 8월 7일, 9월 20일)에 걸쳐 위령 대제를 올린다고 한다. 사실 천진교에서는 특별한 이름이나 공을 남기지 않은 무명 혼령을 달래는 일에도 각별함이 있다. 창명대 입구에 들어서면 보국안민(輔國安民)이라 새겨진 상돌을 갖춘 '무명 애국 순도 영우 위령비'가 말쑥하게 서 있어 의롭고도 외로웠던 영혼들을 기억의 장으로 불러 모으고 있다.

천단 좌실에는 대법석실과 사제실이 자리 잡고 있다. 지난 2000년 5세 종통 대원사가 타계한 뒤로는 교주의 자리가 비어 있는 터라 대법석실은 천진교의 교리 및 역사에 관한 서책들로 채워져 있다. 서울 가회동으로부터 계룡산 신도안으로 이주해 온 뒤 어언 60년간 터전을 다져왔건만 6.20 사업으로 내몰려 극심한 혼돈의 소용돌이를 겪으며 대전권을 전전하다 겨우 이곳 청양에 당도했으니 자료를 챙길 겨를이 없었을 것이다. 그래도 100여 년 전에 출간된 경전 및 동학사에 관한 자료들이 듬성듬성 눈에 띄었고, 종단을 이끌었던 교주들의 몇몇 일기 자료는 물론이고 당시 교인들의 기본 정보를 담은 교적 자료들이 세월의 더께를 이겨내고 있어 반갑기도 하고 안타깝기도 했다.

이미 1978년에『중앙일보』지면을 통해 천진교에서 소장했던 소위 '최보따리' 문서인『최선생문집도원기서(崔先生文集道源記書)』,『성훈(聖訓)』,『가어(家語)』등이 공개되면서 학계와 세간의 주목을 받은 바 있다. 이 문서들이야 수운과 해월의 초기 동학을 이해하는 데에 없어서는 안 될 귀중한 자료로 인정받고 있지만 아직 눈길을 받지 않은, 20세기의 후기 동학의 나날과 면모를 보여주는 자료들도 마땅히 주목받아야 할 것이다. 구암 김연국은 26년간 해월을 지근거리에서 수종한 그야말로 해월의 그림자 측근이자 영원한 비서로서 누구보다도 동학의 내력과 교리에 밝았으며, 가회동에 새로운 교단을 열면서 경전과 역사서의 출판과 간행에도 열심이었다. 그 당시 구암이 주도하며 내놓은 『시의경교(是儀經敎)』(1914), 『무극진경(无極眞經)』(1915), 『회상영적실기(繪像靈蹟實記)』(1915), 『시천교전(侍天敎典)』(1920), 『현각정요(玄覺正要)』(1920), 『시천교역사(侍天敎歷史)』(1920) 등은 어느덧 백 년의 시간을 넘나드는 책들이다. 종교의 계통이나 이념의 궤적을 따지기 전에 그것을 문화재로 바라보는 안목이 필요한 때가 되었다고 생각한다.

단층의 단출한 대성전을 둘러보고 밖으로 나서면 망월산(望月山)의 날렵한 비알(비탈)을 받아낸 사당구리들과 개울 건너 수랑들의 들판이 눈앞에 정겹다. 대성전 아랫단에 늘어선 수운의 석상과 종통을 이은 역대 교주들의 기념 석비도 망월산 아래 낙지리를 함께 굽어보고 있다. 계룡산 신도안에서 내몰린 이들이 대전의 향선대(向仙臺)를 거쳐 다시 터 잡은 망월산 아래 낙지리는 예사롭지 않은 희망의 땅으로 받아들여지고 있다.

   두루두루 작반하야 한동넘고 두동넘어
   좌우산천 둘러보니 월색은 삼경이요
   시절은 삼춘이라
   이곳지내 저곳지내 촌촌전진 하다가서
   한곳에 다다르니
   해수난 창창하고 청산은 둘러있네
   분분한 이세상에 유벽한 대내곳을

누굴위해 비였던고

아마도 생각하니 한울님의 조화로다

한울님의 조화로다 이곳에 당도하니

좋을시구 좋을시구 우리시운 좋을시구

풍진세상 소란한데 우리락지 안일런가

아무커나 아무커나 이곳에서 지내보세

우리낙지 사당골에 사당세우고

망월산 바라며 잠거포도 포덕하고

이대춘화 하오면서 시호시호 그시절을

그러그러 지내다가 억만장안 빈터되어

개벽지운 다하거든 새새상구경하소*

    천진교에서는 이 노래를 해월 선생이 지은 도성가라고 여기고 있는데, 내용상 마지막 5줄을 제외하고는 『임하유서(林下遺書)』의 「도성가(道成歌)」(상주 동학교 본부 소장본)와 대부분 일치한다. 마지막 5줄의 가사가 어떻게 창작·전승되었는지에 대해서는 별도의 이해가 필요하겠지만 개벽과 신세계를 대망하는 입지로서 낙지, 사당골, 망월산 등이 등장한다는 점에서 천진교 교우들이 반길 수밖에 없는 가사이다. 창명대에서 바라보이는 앞산이 망월산이고 창명대가 위치한 마을이 낙지리의 사당골이니 말이다. 아무튼 그들에겐 창명대가 자리잡은 청양 망월산 아래의 낙지리야말로 세상의 풍파를 견뎌낼 만한

---

* 천진교 내부에서 전승되고 있는 〈도성가〉의 일부 내용이다. 『東學의 門』, 동학대종원 정친회, 1994, 54쪽.

시운의 땅 낙지(樂地)가 아니었겠는가. 그러나저러나 이들이 이곳 낙지리의 창명대까지 달려온 내력과 입지가 자못 궁금하다.

(2) 천진교의 내력

수운 제세주: 새로운 주문의 언어, 시천주

천진교의 내력은 당시 민중들에게 의미심장한 새로운 주문을 던져 준 수운으로부터 시작한다. 창명대 천단에 모셔진 수운 제세주의 법상은 전신 좌상의 형태를 하고 있다. '제세주'라는 호칭은 1906년 수운 탄강일인 10월 28일 즈음에 동학 교조 수운 최제우를 추숭하면서 시작되었고, 이후 시천교 계열의 교단에서 지속적으로 사용되어왔다. 교조를 단순히 큰 스승의 이미지에 국한시키지 않고 세상을 구제하는 초월자로 간주한 것이다. 본래 제세주의 진영(眞影)은 1908년 심전(心田) 안중식(安中植, 1861-1919) 화백이 수운의 양사위인 정울산(鄭蔚山)의 진술과 검증을 거쳐 그린 바 있지만, 천진교의 천단에 봉안된 수운의 좌상은 구암 김연국이 순종의 어진을 그린 이당(以堂) 김

수운 제세주 법상(출전: 『김구암과 동학』)

은호(金殷鎬, 1892-1979) 화백에게 의뢰한 것이다. 당시 송병준(宋秉畯, 1858-1925, 송파 시천교)과 결별한 김연국(김파 시천교)은 가회동에 새 교당을 신축 중이었는데, 김은호에게 화실을 마련해줘 교조의 초상을 그리게 했고, 1913년 김은호가 작업을 마무리하자 그림에 대한 답례로 여덟 칸 규모의 초가집 한 채를 사주었다고 한다.*

1824년 경주에서 태어난 수운은 13살에 혼인한 이래 가정의 불행을 겪으며 힘겹게 생존을 꾸려야 하는 가장이면서도 구도의 탐색을 지속하다 1860년(경신년)에 드디어 하느님(하늘님)을 대면하며 득도를 이루었다. 그후 그는 이리저리 숨어 다니며 포교를 이어가다 1864년 대구에서 그릇된 도리로써 정도를 어지럽혔다는 좌도난정(左道亂正)의 죄목으로 참형을 당함으로써 40년의 짧은 인생을 마무리했다. 급작스레 마감된 그의 종교 인생에서 눈에 띄는 것은 다름 아닌 '시천주(侍天主)'라 할 수 있다. 흔히들 동학 하면 '사람이 곧 하늘'이라는 인내천(人乃天)을 떠올릴 것이다. 그러나 그것은 맥락상 시천주로부터 전개된 사상일 뿐이고 엄밀하게 말하자면 어디까지나 20세기의 언어로 의암 손병희 시대에 부각된 천도교의 종지이다. 동학계 종단에서 두루 수용하는 교리로서 특히 19세기 동학의 신관과 인간관을 관통하는 핵심어는 당연히 시천주, 즉 '하느님 모심'이었음을 기억할 필요가 있다.

1863년 경주의 최제우를 잡으러 조정으로부터 선전관으로 파견된 정운구(鄭雲龜)가 문경새재를 넘어 경주에 당도하는 400여 리의 여정 동안 귓등을 떠나지 않았던 말 중의 하나가 바로 시천주였다고 한

* 김은호, 『서화백년』, 중앙일보, 1977, 63-66쪽.

다. 그도 그럴 것이 동학도가 모이는 곳마다 동학의 주문이 끊이지 않았을 것이고, 주문의 핵심어가 바로 시천주였을 테니 말이다. 동학 이래 한국의 신종교들은 대개 주문의 전통을 귀히 여겨왔다. 종교 법인이 따로 없던 시절, 종교의 정체성은 당연히 종지를 담은 주문으로 드러나기 마련이었다. 새로운 종교는 새로운 주문을 표명했을 것이고, 새로운 주문을 들고 나오면 새로운 종교가 출현하는 셈이었다.

1860년 4월 하느님을 만난 수운은 하느님으로부터 영부와 주문을 받는다. 특히 하느님은 수운에게 주문을 부여하면서 세상 사람들이 자신(하느님)을 위하도록 가르치라 분부한다. 수운 역시 주문은 일반적인 주법의 언어가 아니라 하느님을 위하는 글이라는 점을 분명히 했다. 즉 주문의 '주(呪)'는 자신의 이익을 챙기는 주술이 아니라 하느님을 위해 빌고 기리는 '축(祝)'의 의미로 이해되었다. 수운을 찾은 문도들이 21자 주문의 의미에 대해 묻고 수운이 답하는 문답 장면이 『동경대전』「논학문」에 전해진다. 당시 수운이 하나하나 설명한 21자 주문은 강령(降靈) 주문 8자와 본 주문 13자로 구성되어 있었다.

강령 주문: 지극한 기운이 지금 여기에 이르도록 크게 내려주시길 바랍니다[至氣今至 願爲大降].
본 주문: 하느님을 모시면 세상의 조화가 이루어지고 영원토록 잊지 않고 모신다면 만사를 꿰뚫어 볼 것이다[侍天主 造化定 永世不忘 萬事知].

21자 주문을 차례차례 설명해나가던 수운은 드디어 주문의 핵심이라 할 수 있는 시천주 대목에 이른다. 그는 끝말 '주(主)'에 대해서는 존칭 접미사 '님'으로 이해하라고 지시한다. 그러니까 천주(天主)는 곧 하늘님이 된다. 불주(佛主)가 부처님이 되고 칠성주(七星主)가 칠성님이 되는 식으로 말이다. 그런데 수운은 중간 말 '천(天)'에 대해서는 어떠한 설명도 가하지 않은 채 첫말 '시(侍)'의 해설에 주력했다. 어차피 시천주의 관건은 '모심[侍]'에 있기 때문이었다. 수운은 긴 말 없이 모심을 세 가지로 압축하며 특유의 해설을 내놓는다.

> '시'라는 것은 안으로 신령이 있고[內有神靈], 밖으로 기화가 있어[外有氣化], 세상 사람이 모두 이를 깨달아 바꾸지 않는 것이다 [一世之人 各知不移者也].

　수운이 주목한 모심의 첫째 의미는 몸 안으로 신령이 깃드는 것[內有神靈]으로서 하느님의 강령과 신성의 내면화로 요약된다. 모신다는 것은 외재적인 타자를 숭배하는 것이 아니라 신성을 몸 안으로 모셔 들이는 것이다. 두 번째 의미는 몸 밖으로 기운의 조화가 드러나는 것[外有氣化]으로서 내적 신비와 조화가 외재화되는 것이다. 모심은 마음속의 일로 끝나는 것이 아니라 감화가 몸으로 표출되는 데까지 이른다는 것이다. 세 번째 의미는 세상 모든 사람이 모심의 의미를 깨닫고 결코 변치 않는 것[一世之人 各知不移者也]으로서 천인의 합일과 심신의 일치를 영속화하는 것이다. 결국 시천주는 하느님의 신령을 내면화하는 것이고 내적인 신비를 몸 밖으로 표출하는 것이며, 이러한 하느님과 인간의 합일이 일 회에 그치지 않도록 치열하게 수행을 지속하는 것이라 할 수 있다. 시부모든 하느님이든 모심은 간단치 않은 것이다.

수운이 시천주를 강조했고, 동학도라면 누구나가 이를 담은 주문을 수없이 되뇌었겠지만 시천주의 중의적인 묘미로 인해 동학사상의 독특한 면모가 드러났다고 할 수 있다. 먼저 시천주는 '하느님을 모시라'는 당위적 규범으로 독해될 수 있었다. 즉 불완전한 인간이 하느님을 모심으로써 완전한 신인의 합일로 다가가야 한다는 실천과제를 일깨운 것이다. 그런데 시천주는 이미 '하느님을 모신' 존재로도 읽히면서 위축될 수 없는 인간존재의 자존심을 환기시킬 가능성도 있었다. 즉 태생적으로 하느님의 신성과 미덕을 갖춘 인간존재의 가치와 존엄을 각성하는 것이 시천주의 과제였던 것이다. 전자는 불완전한 인간으로서 신인의 합덕(合德)을 위해 위대한 하느님을 모시라는 점에서 신 중심적이라 할 수 있다. 반면 후자는 아무리 하찮은 존재라도 이미 신인의 동덕(同德)을 갖춘, 다시 말해 하느님을 모시고 있는 위대한 존재임을 자각하라는 점에서 인간 중심적이라 할 수 있다.

수운이 제시한 '하느님 모심'은 실천적 당위성과 존재의 가치론을 이중적으로 함축하고 있었다. 그러나 당시 시대적인 모순과 사회적 병폐 속에서 방황하며 이기적인 욕망에 흔들리는 인간상을 목도했던 수운으로서는 정화되지 않은 나약한 인간들로 하여금 위대한 하느님을 모시도록 당부하고 싶은 심정이 컸을 것이다. 설사 수운이 하느님으로부터 '내 마음이 곧 네 마음이다[吾心卽汝心]'라고 들은 바 있다 하더라도 그것을 세상 모든 사람에게 곧이곧대로 확대할 수는 없었을 것이다. 모든 인간에게 천인동덕(天人同德)의 잠재력이 있을지라도, 아직 오염을 덜어내지 못한 미숙한 인간을 치유하고 구제해야 하는 그의 입장에선 하느님을 모시라는 실천적 당위성을 강조할 수밖에 없었을 것이다. 시천주를 내세우며 독특한 해설을 제시했던 수운이지만, '천주'라는 발음상의 동질성으로 인해 천주학의 거짓 주동자라는 혐의를 얻고 정도를 어지럽힌 이단으로 몰리며 짧은 종교적 삶을 마감하게 되었다. 그로 인해 그의 사상적 기미를 온전하게 알아챌 수 없게 되었지만 그의 후예들은 시천주의 원천을 자양 삼아 다종다양한 동학의 사상과 실천을 모색함으로써 동학의 면모를 완성해갔다.

해월 대신사: 사인여천과 향아설위

수운 법상에 나란히 봉안된 천단의 해월 대신사(앞에서 언급했듯이 천진교는 해월을 대신사로 호칭한다) 법상도 이당 김은호의 작품이다. 해월은 1827년에 경주에서 태어나 35세에 동학에 입도하여 돈독한 신앙과 성실한 수도를 이어가다 1863년에 수운으로부터 도통을 이어받으며 동학의 중심에 서게 된다. 당시 수운은 해월에게 "용담에서 흐르는 물이 사해의 근원이 되고, 검악의 사람에겐 변치 않는 굳은 마음이 있네[龍潭水流四海源 劍岳

해월 대신사 법상(출전: 『김구암과 동학』)

1) 청양의 동학을 찾아가다 95

人在一片心]"(『崔先生文集道源記書』)라는 강결(降訣)의 시를 전해주었다고 한다. 수운이 동학을 창도하고 포덕(布德)*을 펼친 교화의 중심지가 용담이라면 차후에 용담의 동학을 한결같이 지속시킬 만한 신앙과 수도의 중심지는 해월이 살던 검악(검곡)이었다는 것이다. 실제로 1864년 수운이 대구 관덕당 앞에서 참형된 이후 해월은 30여 년간 태백과 소백 산간으로 쫓겨 다니며 동학의 가르침과 전통을 이어가며 교세를 회복해나간다. 그야말로 보따리 하나 달랑 들쳐 메고 피신하기를 밥 먹듯 했던 걷기의 달인, 해월은 쫓기는 와중에도 동학의 가르침을 지속시킬 준거라 할 수 있는『동경대전(東經大全)』(1880)과『용담유사(龍潭遺詞)』(1881)를 간행하기에 이른다. 이후 늘어난 교세에 힘입어 교조의 신원 운동과 갑오년 동학농민혁명을 이끌었지만 뼈저린 실패를 맛본 뒤 피신을 거듭하다 1898년 원주에서 체포되어 서울로 압송되기에 이르렀고, 얼마 안 있어 교수형을 받고 72세의 생을 마감한다. 동학 2세 교조의 삶은 쫓김에서 시작되어 피체로 마감되었다.

고단했던 34년간의 쫓기는 삶에서 그가 내놓은 파격적인 메시지를 꼽으라면 단연 '사인여천(事人如天)'과 '향아설위(向我設位)'일 것이다. 사인여천은 전통적인 어법과 논리를 뒤집은 파격적인 말이다. 보통이라면 사천여인(事天如人)이 자연스럽다. 마치 수신(修身)한 연후에 제가(濟家)하는 것처럼 사람을 섬기듯이 하늘도 섬기라는 것이 점진적인 확장 윤리에도 마땅하다. 그런데 순서를 뒤집어 하늘을 섬

---

* 동학에서 하느님의 덕을 세상에 널리 유포하고 전한다는 뜻이며, 동학 경전인『동경대전』의 첫 번째 편명이기도 하다.

기듯이 사람을 섬기란다. 스승인 수운이 시천주를 통해 하느님 모심을 강조한 바 있는데, 해월의 사인여천은 이제 하느님을 모셨듯이 사람을 섬길 차례라는 것이다. 사실 사인여천이 가능해진 것은 시천주를 통해 인간이 존엄할 수밖에 없는 존재의 근거가 마련되었기 때문이다. 하느님을 외재적인 타자로서가 아니라 내면에 깃든 신성으로 모시다 보니 시천주의 주체인 인간도 더불어 존귀해진 것이다. 해월에게 인간은 하느님을 모시고 있는 귀한 존재이기에 천주를 귀히 여겼듯이 인간도 귀히 여기지 않을 수 없는 것이다. 동학에서는 당시에 차별받던 여성도 어린아이도 노비도 모두 하느님을 모신 주체로서 존엄하기 그지없는 존재로 여겼다. 따라서 그들을 존엄하게 대하지 않으면 안 되었고, 만약 그들을 구박하거나 때리기라도 한다면 그것은 곧 그들이 모시는 하느님을 그리 대하는 것이나 다름없는 것이었다. 동학은 시천주를 통해 신성을 재발견했던 것처럼 이제는 그것을 통해 인간성마저 확보하게 된 것이다. 수운이 일깨운 테오스(theos)로부터 동학 특유의 안트로포스(anthropos)가 완성될 수 있었다. 그것을 매개한 것은 시천주였고, 그것의 일차적인 완성은 사인여천이었다. 주문을 외우던 영성 공동체가 이제 인간의 존엄을 추구하는 변혁 공동체로 변모할 가능성이 무르익었다. 경신년의 동학에서 갑오년의 동학으로 가는 길이 멀지 않았던 것이다.

사인여천의 맥락은 인간에게서 멈추지 않았고 굳이 조어하자면 '사물여천(事物如天)'으로도 확대되었다. 사실 천주를 모시는 주체가 어디 인간뿐이겠는가. 하늘의 권능을 생각할 때 천하 만물 중 천주를 모시지 않는 것이 없을 테니 인간은 물론이려니와 온 우주 만물이 다 시천주의 주체가 될 수 있다. 시천주를 이렇게 이해한다면 경천(敬天)으로부터 경인(敬人)을 거쳐 경물(敬物)에까지 도달하게 되는 것이다. 해월에게는 여인네의 다듬이 소리도 시천주의 소리이고 새가 지저귀는 소리도 시천주의 소리이다. 만물에 신성이 편재해 있는 만큼 일체 만물이 공경의 대상이 되는 것이다. 이런 배경에서 해월의 '이천식천(以天食天)'의 논법도 가능해진다. 인간도 하늘을 모신 존재이고 음식물도 하늘을 모신 존재라는 점에서 사람의 한 끼 식사는 단순히 끼니를 때우는 것이 아니라 하늘이 하늘을 먹는 경건한 행위인 것이다.

해월의 사인여천은 의례 방식에서도 파격을 일으켰다. 이른바 자신을 향해 제사를 행하라는 '향아설위'가 그것이다. 향아설위는 기존의 향벽설위(向壁設位), 즉 벽을 향해 제사하던 방식을 부정하는 새로운 제사법이다. 가령 조상의 근원이 되는 하느님을 내 안에 모시고 있으니 벽이 아닌 내 안의 하느님을 향해 제상을 진설(陳設)하는* 것이 바람직하다는 것이다. 위패의 규례를 중히 여기는 유교의 입장에서는 향아설위가 그보다 한 세기 전인 1791년에 천주교 신자인 윤지충(尹持忠, 1759-1791), 권상연(權尙然, 1750-1791)이 조상의 위패를 불태우고 제사를 폐했던 진산사건(珍山事件)에 버금가는 용서할 수 없는 돌출 행위였겠지만 그때와는 달리 향아설위는 밖으로 노출되지 않은 채 동학의 숨은 전통으로 이어졌다. 천진교의 의례는 전통적인 제수를 받아들이면서도 해월의 향아설위법을 적용하고 있어 독특하다. 제수를 준비하는 것은 일반적인 제사와 다를 바 없지만 그것을

---

* 예제에 따라 음식이나 그릇을 상 위에 배치하는 것을 말하며, 여기에서는 제수(祭需)를 제상에 차려놓는 행위를 뜻한다.

배치하는 방식은 전혀 일반적이지 않다. 즉 위패를 소거하고 그 자리에 청수만을 봉안한 채 밥·탕·잔·수저 등을 제사 행위자와 가깝게 하고 과일과 포를 뒤쪽으로 배치한 것은 전통적인 향벽설위와 극명하게 상반되는 진설이다. 이것은 결국 벽이 아닌 제사 행위자를 중심으로 제수를 배치함으로써 제물을 흠향하는 주체가 다름 아닌 제사 행위자 자신임을 보여주는 향아설위의 전형이라 할 수 있다.

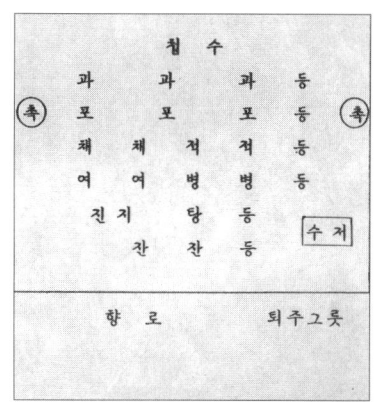

구암 대법사: 동학의 인생, 인제에서 계룡산까지

3세 종통 구암 김연국의 법상 또한 이당 김은호가 그린 채색 좌상이다. 구암은 1857년 강원도 인제군 남면 달리촌에서 태어났다. 본관은 강릉이며 매월당 김시습(金時習)의 12세 후손*이라

천진교 향아설위도 ▲▲
구암 김연국 법상(출전: 『김구암과 동학』) ▲

---

* 강릉 김씨 족보에 따르면 김시습은 23대이고 김연국은 35대이다.

한다. 그의 어린 시절에 대해서는 알려진 것이 별반 없지만 8세에 부친을 잃고 12세에 모친마저 여의면서 동학도인 숙부 김병내(金秉鼐) 집에 들어가 살게 되었고, 아마도 숙부의 권유로 14세쯤에 동학에 입도하게 되었을 것이라 짐작된다.* 1872년 해월이 인제에 있던 김병내 집을 방문하게 되면서 구암의 일생에 커다란 전기가 마련되었다. 당시 16세였던 구암은 해월을 따라 고향 인제를 떠나 장차 동학의 큰 인물로 성장하게 되는 것이다. 구암은 인제를 떠날 때로부터 1898년 해월이 교수형을 당할 때까지 무려 26년간 스승 해월을 그림자처럼 따르며 보좌했다. 해월에게는 흔히 3암으로 불리는 수제자가 있었는데 구암 김연국과 동갑내기인 송암(松菴) 손천민(孫天民, 1857-1900), 그리고 4살 아래인 의암 손병희가 그들이다. 해월의 서녀와 결혼한 구암은 해월의 사위였고, 누이동생을 해월의 셋째 부인으로 보낸 의암은 해월의 처남이었으며, 송암은 의암의 손위 조카였으니 3암은 해월을 중심으로 얽히고설킨 관계 속에 있었다. 그런 3암 중에 구암은 입도로 보나 해월을 지근거리에서 모신 경력으로 보나 나머지 둘을 10여 년 이상 앞서는 해월의 최측근이었다.

고향 인제를 떠나온 구암은 영춘군 남면 의풍리에 들어가 은신하다가 해월을 따라 다시 단양군 남면 절골[寺洞]로 거처를 옮겼다. 해월이 태백과 소백으로 둘러싸인 산골에 머물며 강원, 경상, 충청 지역의 신도들을 관리하며 비밀리에 동학의 세력을 키우는 동안 나이 어린 구암은 교조의 가정사를 돌보는 데 주력했다. 이후 절골 근처의 송두둑[松皐]으로 거처를 옮긴 뒤에는 해월을 수종하면서 설법제

---

* 김기선, 『김구암과 동학』, 정민사, 2010, 19-21쪽.

(設法祭)와 구성제(九星祭)에 동참하고 『동경대전』과 『용담유사』 등의 경서 간행 과정을 지켜보면서 교단 내의 중대사를 경험했다. 해월이 1882년 송두둑 근처의 장정리로 옮겨 거처하다가 1884년 상주 전성촌에 잠시 들른 뒤 다시 1885년 보은 장내리로 이주할 때에도 구암은 해월을 따르며 집안일을 극진히 돌보았다. 마곡사로 잠시 피신했던 해월이 보은으로 돌아와 다시 영천 화계동으로 몸을 숨길 때에도 구암은 그를 시봉했다. 화계동에서 상주 전성촌으로 은신했던 해월이 1887년 다시 보은 장내리의 옛집으로 이주해 왔다가 괴산을 거쳐 강원도 인제, 간성, 양구를 전전할 때에도 구암은 어김없이 스승과 동행했다. 1891년 해월이 옥천을 거쳐 태인, 부안, 전주 등을 순회할 때에도 예외가 아니었다.

해월의 서녀(김씨 부인 소생)와 혼인한 김연국은 보은에서 멀지 않은 청산 포전리에 별도의 거처를 마련했다. 동학혁명이 발화되기 직전에 주요한 비밀 모의와 향례가 포전리 구암의 처소에서 치러지기도 했다. 남접(南接)*을 중심으로 동학 교조의 신원 운동에 대한 요청이 거세지더니 혁명은 1892년 10월의 공주 집회와 11월의 삼례 집회를 거쳐, 1893년 2월에 광화문 앞 교조 신원 운동으로 전개되었다. 경복궁 앞에서 교조 신원 운동이 있은 뒤 수운의 순도일인 3월 10일에 포전리 김연국의 집에서 교조의 조난 예식을 거행하고는 해월을 비롯한 동학 지도부들이 곧 있을 보은 집회에 대한 결의를 나누었던 것으로 보인다. 보은 장내리에서 3월 대집회를 끝낸 뒤 해월은 김연

---

* 동학 조직 가운데 전봉준, 김개남, 손화중 등이 이끈 전라도 지역의 동학도를 이르던 말.

〈하몽전발도〉(『회상영적실기』)

국과 함께 칠곡 율림리로 가서 머물다가 그해 8월 가족을 이끌고 김연국의 집과 멀지 않은 청산의 문암리, 일명 문바윗골로 옮겨 와 거처했다.

1894년 1월 전라북도 고부에서 발발한 동학혁명은 청일전쟁이라는 국제전을 불러일으키기까지 하면서 주목을 끌었지만 그해가 다 가기 전에 소진되고 말았다. 1895년 1월에 해월은 인제 느릅정이[楡木洞]로 은신하며 김연국, 손천민, 손병희와 동행했다. 그리고 12월에 다시 이들과 함께 원주로 이주해 들어갔는데, 이러한 피신 생활 속에서 해월은 3암과 더불어 동학의 미래에 대한 절실한 고민을 나누었을 것이다. 드디어 1896년 정월에 해월은 의미심장한 강결의 시를 얻는다.

    교화하시며 의발*을 전해주신 은혜를 입었도다[荷蒙薰陶傳鉢恩]
    교화하시며 의발을 전해주신 은혜를 마음으로 지키도다[守心薰陶傳鉢恩]

---

* 의발(衣鉢)은 본래 스승이 사용하던 가사[衣]와 바리때[鉢]를 뜻하며 후계자에게 도법을 전수하는 증거물로 간주된다.

해월은 3암에게 뜻을 함께하며 동학의 도에 정진할 것을 당부했다고 한다. 그러나 천진교에서는 이 시를 손천민이 받아 적은 뒤 김연국에게 전해주었다고 하면서 구암의 종통 전수로 간주한다. 이후 해월은 충주, 음성, 청주, 상주를 거쳐 1897년 2월에 음죽에 당도했다가 8월에 원주로 거처를 옮겼다. 1898년으로 해를 넘기자 관의 감시와 추적이 날로 거세져 해월은 지평과 홍천 서면으로 전전하다 3월에 원주 서면 송동으로 옮겨 왔다. 그리고 4월 그곳에서 약 34년간 쫓겨 다닌 해월의 도망 생활이 마감되었다. 피체된 해월은 여주를 거쳐 서울로 압송된 후, 그 옛날 자신의 스승이 입었던 죄목 그대로 좌도난정률에 의거해 교수형을 당하며 72세의 생을 마감했다.

해월의 피체와 처형으로 카리스마를 잃은 3암의 생은 세 가지 길로 전개되었다. 1900년 송암 손천민은 피체되어 교수형을 받으며 스승의 순도를 따랐고, 1901년 의암은 일본으로 망명했다가 1906년에 귀국하여 구암과 합세하여 천도교를 열었으며, 김연국은 양구 사명산으로 옮겨 갔다가 1901년 6월 공주에서 체포되어 옥고를 치른 뒤 1904년 12월에 옥문을 나올 수 있었다. 이런 3암의 공백기에 이용구(李容九, 1868-1912)*는 일진회를 중심으로 동학을 친일적인 경향으로 이끌어나갔다. 그러자 망명 중이던 손병희는 1905년 12월 1일 동학으로부터 '천도교'로의 개신을 천명하는 광고를 언론에 공표하고는 1906년에 귀국하여 구암과 함께 천도교를 조직하면서 이용구

---

* 1890년 동학에 입도한 이용구는 호서의 동학군에 가담하다 옥고를 치르고 출옥한 뒤 진보회를 결성해 동학도를 이끌어가다 송병준과 결탁해 조직을 일진회로 통합한 뒤 친일적인 경향을 노골화하였다. 1906년 천도교로부터 출교를 당한 후 시천교를 세워 손병희와 대립하였다.

와 박형채(朴衡采)* 등을 출교시키기에 이른다. 출교당한 이용구는 1906년 12월 시천교를 세워 의암 및 구암이 이끄는 천도교와 대립했다. 1906년 이용구는 수운을 제세주로 추숭하고 1907년에는 교조의 신원을 성취한 뒤 수운의 묘지를 이장하고 수리하기도 했다. 한편 1907년 7월 천도교 대도주로 숭봉된 구암 김연국은 의암 손병희와 불화하다 그해 12월 끝내 대도주직을 사임하고 천도교를 떠나고 말았다. 그 뒤 얼마 안 있어 그는 시천교의 대례사로 영입되면서 천도교 시절 출교시켰던 친일파 이용구와 다시 한 배를 타는 역사의 아이러니에 휩싸이게 된다.

1912년 5월에 일본에서 요양 중이던 이용구가 세상을 떠나면서 시천교는 다시 혼돈에 빠진다. 1913년 드디어 송병준이 이끄는 견지동 시천교본부와 김연국이 이끄는 가회동 시천교총부가 분립되기에 이르렀다. 시천교총부의 대교주가 된 구암은 1915년 동학의 이치와 교리를 설명한 『무극진경』 및 『시의경교』와 수운과 해월의 이적담을 그림으로 설명한 『회상영적실기』 등을 발간하게 했다. 그리고 동학이 회갑을 맞은 1920년 경신년에 이르러는 『시천교전』, 『시천교역사』, 『현각정요』, 『정리대전(正理大全)』 등의 출간에 박차를 가했다. 한편 1922년에는 수운의 처형장이었던 대구 관덕당을 구입하여 수운 제세주의 영정을 봉안하기도 했다. 구암은 1924년 2월 시천교총부를 서울 가회동에서 계룡산 신도안으로 완전히 이주시키고, 이듬해인 1925년 교명을 상제교로 개칭한 뒤 교단의 최고직인 대법사의 자리에 앉았다. 이후 1935년에 아들인 해심 김덕경에게 종통을 전수

* 1912년 이용구 사망 이후 송병준의 조종을 받으며 시천교본부를 이끌었던 인물.

하고는 1944년 8월 88세의 일기로 영면에 들게 된다.

어쩌면 구암의 동학 인생은 두 가지로 요약될 수 있을 것이다. 하나는 관의 지목을 벗어나기 위해 끊임없이 방랑해야 하는 동학이었고, 다른 하나는 번듯한 종교로 정착하기 위해 실험을 모색해야 하는 동학이었다. 인생 전반부는 해월을 시봉하느라 걸핏하면 걸어야 하는 고단한 인생이었고, 인생 후반부는 순도한 스승으로부터 배운 신앙을 정주시키느라 천도교, 시천교, 상제교를 전전해야 하는 방황의 인생이었다. 그의 방랑과 실험이 지금의 천진교와 창명대를 있게 한 뿌리였다.

해심 대종사: 상제교에서 천진교로

구암 김연국에게는 세 부인이 있었다. 최시형의 서녀였던 곡강 배씨는 후손 없이 일찍이 세상을 떠났으며, 문화 유씨 부인과 김해 김씨 부인 슬하에서 구암의 후손이 이어졌다. 구암의 종통을 이은 해심 김덕경은 문화 유씨 부인의 소생으로서 1907년 1월 서울 사직동에서 구암의 차남으로 탄생했다. 그는 1922년 일본 유학길에 올랐으나 1923년 9월 관동대지진을 겪은 뒤 귀국하여 입산수도의 길을 다짐하게 되었다. 그는 새로운 터전 계룡산 신도안을 떠나 백두산 천지로부터 한라산 관음사에 이르는 팔도 명산의 기도처를 두루 편력하며 10년간 수련했다.

한편 김덕경이 입산수도하는 동안 그보다 한두 살 어린 배다른 동생 김문경(金文卿)은 경성제대에서 수학하고 있었다. 서울대학교 학적부를 확인해보니 그는 1908년 12월 사직동에서 태어나 1926년 4월에 예과에 입학한 뒤 경성제대 법문학부 철학과에 진입하여 1931년에 졸업한 것으로 되어 있었다. 흥미로운 것은 김문경의 보증인란에 적힌 부친 김연국의 직업이었다. 충남 논산군 두마면 용동리에 거주하는 부친의 직업은 놀랍게도 '농업'이라 적혀 있었다. 신도안의 중심에서 위세를 떨치며 동학의 새 출발을 알리던 상제교 대법사의 직업이 농업이라니. 서류 작성 당시 그에게는 잠시지만 고민이 있었을 것이다. 동학 교주라 적을 수도 없었을 것이고, 그렇다고 성직자로 적기도 난감했을 것이다. 그러고 보니 대학에 입학한 뒤 학과에 제출한 신입생 기록부에 희한한 족적을 남겼던 나의 과거가 괜스레 떠오른다. 당시 기록부에 부친의 직업과 직장을 적는 난이 있었다. 당연히 직업란에 '농업'이라고 적은 뒤 고민이 뒤따랐다. 직장을 어떻게 적을 것인가. 안 적어도 무방했을 것을 굳이 칸을 채워야 한다는 촌놈 특유의 강박감이 있었던 탓일까, 고민 끝에 '농토'라고 적고 말았다. 농부에겐 농토가 직장이니까. 지금은 안동대학교에서 민속학을 가르치시는 당시의 조교 선생님께서 그것을 고이 기억 속에 개켜 두었다가 1년 반이 지나 해인사 답삿길에 어리숙하고 진지했던 그때의 일을 요 깔 듯 풀어놓는 바람에 크게 웃으며 열없던 과거를 털어내고 만 적이 있었다.

입산수도를 마친 김덕경은 1935년 11월에 구암으로부터 종통을 이어받고 1941년에 통관(統管)에 임명되어 교무의 전반을 주재함으로써 구암을 대신하게 되었다. 집안의 장남은 도미하여 귀국에 뜻을 두지 않았고, 동생은 경성제대 졸업 후 요절했으니 구암의 종교적 유지는 준비된 김덕경이 짊어질 수밖에 없었다. 1944년 구암 사후에 비로소 김덕경은 4세 교주에 취임했다. 해방과 전쟁을 겪으면서도 기도와 수련을 강조하며 교단을 이끌던 그는 1960년 상제교를 천진교로 개명하고 연호를 동기(東紀)로 변경했다. 청양 창명대 관문에서 있던 현판 속의 천진교가 바로 여기에서 비롯된 것이다.

신도안의 터줏대감 천진교가 세상의 떠들썩한 관심을 받기에 이른 적도 있었다. 1977년에 구암 대부터 보관해오던 『최선생문집도원기서』를 비롯한 초기 동학의 귀중한 자료, 일명 '최보따리'의 알맹이가 학계에 공개되면서 『중앙일보』 1978년 4월 4일과 5일 자 지면을 통해 세상에 알려지게 된 것이다. 그러나 세상의 관심도 잠깐이었고, 1983년부터 시작된 삼군 사령부의 통합 이전 계획에 따라 60년간 지켜온 신도안 밖으로 내몰리게 되면서 천진교에 커다란 위기가 찾아왔다. 터전은 그만큼 중요한 것이다. 한때 풍수지리적으로 왕궁이 들어설 만한 왕토(王土)로 인정받기도 했던 신도안에 안정적으로 터 잡았던 교단은 우왕좌왕했고 내분은 걷잡을 수 없었다. 국가로부터 신도안의 대체지로 수령한 충북 영동군 심천면 기호리 일대로의 이전은 제대로 성사되지 못했고, 종교적 카리스마도 통일되지 못한 채 분열이 계속되었다. 육해공군 사령부는 신도안으로 이전하며 군사적 통일을 이루었겠지만 천진교는 신도안으로부터 이전하면서 전에 없던 종교적 분열의 홍역을 치른 셈이다. 대전권으로 내몰린 천진교는 이중 삼중으로 분열하여 교단의 깃발이 여기저기 흩어지고 말았다. 천진교의 깃발을 세워 올린 이후로 사반세기를 지나온 해심 김덕경은 숙환으로 1985년 장자인 김진묵의 처소인 대전 안영에서 무거운 눈을 감고 말았다.

대원 대원사: 향선대에서 창명대로

교단의 분열과 카리스마의 공백이 해소되지 않은 채 4세 해심 대종사가 환원하자 천진교의 앞날은 더욱 어두워지기만 했다. 대종사의 유지를 승계했다고 자처하는 이들을 따라 이합집산이 거듭될 수밖에 없었다. 혈연 계승에 의한 교주제의 폐지가 4세 해심 대종사의 진정한 유지라며 통관제를 주장한 주류 세력은 대전 동구 가양동에 실질적인 본부를 두었으나 논산 연산면 송정리로 이전한 이후로는 현재까지 교세의 흔적이 미미해진 상황이다. 한편 이들과 달리 대종사의 임종을 모신 그의 아들 대원 김진묵을 따르는 신도들은 1985년 11월에 그를 5세 종통으로 추대하고 교명을 동학대종원(東學大宗院)이라 칭했다. 청양 창명대 관문에 서 있던 또 하나의 현판이 여기에서 시작된 것이다. 당연히 혈연 계승은 대종사의 생전의 뜻을 거스르는 것이라며 부정하는 이들이 목소리를 높였고, 학계의 시선도 그들에게만 조명되어 이들 동학대종원의 자취는 한동안 감추어져 있었다.

김진묵이 이끄는 동학대종원은 대전시 서구 오동에 향선대를 세우고 4기사(기사년 기사월 기사일 기사시)에 맞춰 1989년 4월 5일에 5세 종통 취임 봉고제(奉告祭)를 거행하면서 기지개를 켜기 시작했다. 대원사는 취임식 당일 새벽에 태백산에서 온 노옹으로부터 수운의 용천검(龍天劍)을 전해 받았다고 한다. 목검(木劍)이라 단단한 쇠붙이는 아닐지라도 척양(斥洋)과 보국안민을 성취하고 새로운 개벽의 운수를 결연하게 맞이할 만한 보검으로 이해되는 용천검은 지금도 여전히 교단의 보물로 받들어지고 있다. 최제우는 목검을 들고 검가(劍歌)를 부르며 검무(劍舞)를 추면서 신성의 충일과 종교적 감흥을 표출하기도 했다고 한다. 후기 동학에 와서 수운의 검무 전통은 잊혔고, 예의 목검도 기억에서 지워지고 말았다. 그러나 다행스럽게도

용천검

국정 기록물인 『일성록(日省錄)』(고종 1년 2월 29일)에 당시 수운이 불렀다는 검가가 실려 있다.

> 때로구나, 때로구나, 이내 때로구나[時乎時乎是吾時乎]
> 용천검 예리한 칼 아니 쓰고 무엇하리[龍泉利劍不用何爲]
> 만년에 한 번 나올 장부요, 오만 년에 한 번 만날 때로구나[萬世一之丈夫 五萬年之時乎]
> 용천검 예리한 칼 아니 쓰고 무엇하리[龍泉利劍不用何爲]
> 무수장삼 치켜 입고 이 칼 저 칼 넌짓 집어[舞袖長衫拂著 此劍彼劍橫執]
> 호호망망 넓은 천지 한 몸으로 비켜서서[浩浩茫茫廣天地 一身倚立]
> 칼 노래 한 곡조를 부르노라[劍歌一曲]
> 때로구나, 때로구나 불러내니[時乎時乎唱出]
> 용천검 예리한 칼 일월을 희롱하고[龍泉利劍閃弄日月]

1) 청양의 동학을 찾아가다 109

늘어진 무수장삼 우주를 덮고 있네[懶袖長衫覆在宇宙]

만고의 명장들 다 어디 갔나[自古名將安在哉]

장부 앞에 당할 장사 뉘 있으랴[丈夫當前無壯士]

때로구나, 때로구나 좋을시구[時乎時乎好矣]

이내 때로구나 좋을시구[是吾時乎好矣]

이미 4세 해심 대종사 시절에 공개된『최선생문집도원기서』, 그리고 입도한 교인들이 늘 가슴에 품고 다니는 궁을(弓乙) 영부*와 더불어 보검 용천검은 천진교가 자부하는 삼보로 여겨진다. 암울했던 1980년대를 마감하면서 흩어지고 맥 빠진 대열을 수습하고, 새로이 도통의 맥을 세우려던 그들에게 용천검은 새로운 운수를 열 희망이었을 것이다.

1989년 칠월 칠석 지리산에 이어 1990년 9월 한라산에서 조국 평화통일 기원제를 거행한 5세 종통 대원사는 송주(誦呪) 백만 번 주문 수련을 권유하고 "영신영기 속속강림(靈神靈氣 速速降臨)"이라는 새로운 주문을 제시했다. 영험한 신과 기운이 속히 강림하라니, 이보다 강하고 확실한 강령 주문이 또 있을까. 오늘날 천진교의 주문 수련에서 대원사의 주문이 애용되고 있다.

대원사가 새로 터 잡은 향선대의 생활은 그리 오래가지 못했다. 대전 오동에 선양 소주 공장이 들어서면서 새로운 터전을 물색할 수밖에 없었고, 그때 입지로 선정된 곳이 바로 청양의 낙지리 88번지

* 궁을(弓乙)의 형태를 띤 천진교의 영부이다. 천진교도들은 교조 수운의 도통을 이었다고 자부하는 천진교의 교주로부터 하사받은 영부를 몸에 지니고 다닌다.

였다. 1994년 망월산이 굽어보는 낙지리로 이주하고 그 터전을 창명대라 이름하였다. 그러나 2000년에 5세 종통 김진묵 대원사가 갑작스레 타계하면서 교단은 힘겨운 21세기를 맞이할 수밖에 없었다. 대원사의 장남이자 치과 의사인 동산(東山) 김명기(金明起, 1950-) 선생을 비롯해 늘 대원사 곁을 지키며 교단을 지켰던 동학 원로들은 천진교의 명맥을 유지하며 동학의 시운을 대망하고 있다.

(3) 수도와 의례

활시위 당긴 김에 콧물도 닦는다고 청양 천진교에 연이 닿은 이상 그들의 의례 현장에 섞여들고 싶어졌다. 종교는 사물이 아니라 실천이다. 맬러리 나이(Malory Nye)도 그러지 않았던가, 명사 '종교(religion)'보다는 동사 '종교하기(religioning)'라고.* 종교라는 게 어디 머릿속에서 추상적으로 길어 온 것이라고만 할 수 있겠는가. 어쩌면 그것은 출렁이는 몸짓으로 흘러나오는 것인지도 모른다.

천진교의 의례는 자못 풍부하다. 무엇보다 매년 정해진 날에 정기적으로 치러지는 8대 기념일은 교단에서도 중시하는 의례 행사이다. 8대 기념일은 ① 2월 4일(양) 입춘 치성을 시작으로 ② 3월 10일(음) 수운 제세주 승천 기념 및 위령 대제 ③ 4월 5일(음) 시일(개교) 기념 ④ 6월 2일(음) 해월 대신사 향례 및 순도 영우 위령제 ⑤ 8월 7일(음) 구암 대법사 향례 및 환원 영우 위령제 ⑥ 10월 28일(음) 수운

---

* 종교문화에 대한 맬러리 나이의 기본 입장은 Malory Nye, *Religion: The Basic*, Routledge, 2008(2003)[맬러리 나이, 『문화로 본 종교학』, 유기쁨 옮김, 논형, 2013]를 참조하라.

제세주 성탄 및 대인등치성(추수감사제) ⑦ 12월 7일(음) 대원사 향례 ⑧ 12월 10일(음) 대사모님 향례 및 부인 영우 위령제 등으로 구성된다. 8대 기념일 이외에 축일(승통일, 다례일)도 있으며, 교단사의 주요 사건을 별도로 기리기도 한다.

천진교는 기념 의례뿐만 아니라 수도의 전통도 중시했다. 치성이 비는 의례라면 수련과 공부는 닦는 의례이다. 한때 계룡산 신도안의 주인이었던 그들은 수운이 강조했던 주문과 영부에 대한 수련과 공부의 전통을 오래도록 간직했던 교단으로도 유명했다.

주문

유년기엔 유난히 봄을 탔다. 가히 동동(冬童)이라 할 정도로 겨울을 활기차게 보내다가도 봄만 되면 비리비리해졌다. 겨우내 얼었던 땅이 봄기운에 녹아 질퍽해질라치면 어김없이 밥맛을 잃고 살갗은 거뭇해지고 손발은 갈라졌다. 저학년 때엔 전교에서 몇 등 하냐는 질문을 받으면 곧잘 싸움 등수를 얘기하던 완력 있는 소년이었건만 봄을 타며 나이를 먹어갈수록 공부 등수만을 힘없이 얘기하는 처지로 바뀌어갔다. 시골 소년이 어느덧 중학생이 되었다. 새벽 첫 버스를 타고 춘천 시내로 나가 다시 소양강을 건너가는 만원 버스를 갈아타야만 내가 다니던 소양중학교에 당도할 수 있었다. 그리고 하루 넉 대뿐인 버스 시간을 맞추면 다행이지만 그렇지 못하면 하차 후 십 리 걸음을 감내해야만 대룡산 아래 거두리에 위치한 우리 집에 돌아올 수 있었다. 봄을 타는 약골은 등굣길엔 버스 안 인파로 시달려야 했고, 하굣길엔 뜸한 버스 시간 맞춰 기다리느라 버스 밖에서 곯아야 했다.

아침저녁과 한낮의 기온 낙차가 여전했던 어느 봄날, 생전 겪어본

일 없던 심한 가려움증이 느닷없이 찾아왔다. 밤이 되면 가려움증이 더욱 심했다. 참다 못해 부위를 건드리면 기다렸다는 듯이 두드러기가 돋아나고 이내 붓기가 온몸으로 퍼져 빈 곳이 없을 정도였다. 사람의 몸이 이렇게 붉어질 수도 있고 이렇게 불어날 수도 있다니! 시골의 여느 어머니가 다 그렇듯이 집안의 치료사이자 가족 샤먼이시던 어머니는 새까맣게 봄을 탄 아들이 온몸 붉게 부어오르는 걸 보다 못하셨는지 나를 부엌으로 불러내셨다. 삼십 촉 백열등이 검게 그을린 천장 높은 부엌을 휑하게 얼비췄고 아궁이엔 화기가 여전해 벽난로 같은 아늑함을 주었다. 반질반질한 부뚜막엔 소금을 담아둔 스텐 주발이 놓여있었고, 한 움큼의 지푸라기로 만든 방망이가 어머니 오른손에 쥐어져 있었다. 정말이지 처음 보는 낯선 풍경이었다. 어머니는 내게 옷을 벗으라 하셨다. 어쩔 수 없이 홍당무 같은 알몸이 되어야 했다. 아무리 늦된 아이더라도 부끄러움을 아는 14살 머슴애였지만 사태도 엄중했고, 온몸에 퍼진 붓기도 창피함을 가려주는 듯했다. 짚 방망이에 소금을 찍어 묻힌 어머니께서 알 수 없는 주문을 되뇌시며 그것으로 내 몸을 냅다 두드리며 쓸어내리셨다. 어떤 치유의 염원을 담은 주문이었을 것이다. 아직 갈지 않은 충치 먹은 어금니가 격하게 성을 내면 도라지 뿌리를 끓는 기름에 담갔다 꺼내 앓는 이 부위에다 대어주신 적은 있지만 — 사실은 치통을 화상의 고통으로 전환시키는 것이었지만 — 주문 치료는 그때가 처음이었다.

그렇게 한밤의 소동을 겪고 난 뒤, 이튿날 어머니께서는 시내 중앙로에 있던 모 피부과에 들러 오라고 분부하셨다. 난생처음 가는 병원이었다. 병원에서 약과 연고를 받아들고 돌아온 그날 저녁, 어머니는 전날 소금 채질을 하시던 그 손으로 내 몸에 연고를 손수 발라주셨다.

소금의 주문 치료는 연고의 의약 치료로 바뀌었다. 그렇게 3일이 지나자 나의 피부는 평상을 되찾았다. 어머니에겐 치료의 계통이 중요하지 않았을 것이다. 중요한 것은 아들의 고통을 치유하여 일상의 질서를 되찾아주는 것이었을 테니까. 문제가 되는 것은 이념의 혼란이 아니라 일상의 흔들림이었을 것이다. 어머니의 기도도, 하루걸러 내려진 의사의 처방도 봄날의 일상을 되찾는 데에 합심했을 뿐이다.

봄을 타던 소년은 어느덧 계절의 변화에 적응할 정도로 성장하여 봄이 아닌 가을을 타는 남자가 되었다. 많은 세월이 흐른 뒤에 어머니에게 그때 부엌에서 무슨 언어의 마술을 부리셨냐고 여쭈었다. 교회 권사이신 어른은 주문에 대한 기억이 없다 하신다. 하긴 주문의 의미론적 해석이 무엇이 중하겠는가. 아마 어머니도 외할머니로부터 배운 대로 반벙어리 주문 외듯 알 수 없는 말의 더미를 읊으셨을 것이다. 중한 것은 주문의 의미가 아니라 발화 자체가 주는 힘이었을 테니 말이다.

겨울 한파가 극성을 부리던 2016년 1월 몇몇 동학(同學)과 함께 청양의 동학(東學)을 찾았다. 3일간 주문 수련을 위한 합숙에 동참해보기로 한 것이다. 그전에 요리조리 동학 주문의 의미를 따져본 적이야 있지만 몸소 입 밖으로 내뱉으며 리듬을 맞춰보는 일은 낯선 경험이었다. 평생 부지깽이 들고 군불만 지피다가 처음으로 연탄집게 들고 연탄불 갈아보는 격이니 당연히 서툴 수밖에 없었다. 신도안 시절을 겪고 향선대를 거쳐 창명대에 이른 교단의 원로들은 평생 끼니마다 집어 들었던 수저를 대하는 양 마디마디가 힘 있고 흐름이 유연했다. 일단 그들에게 묻어가며 적응해야 했다.

일찍이 수운이 경신년(1860) 4월 5일에 세상 사람으로 하여금 하느님을 위하도록 가르치라며 특별히 상제로부터 전해 받은 것이 주문이었다. 당시 수운이 뭇사람들에게 제시해주었던 몇몇 주문이 『동경대전』에 전해진다. 일단 주문은 크게 선생 주문과 제자 주문으로 구분되었다.

선생 주문
강령 주문: 지극한 기운이 지금 사월에 내리었다[至氣今至 四月來].
본 주문: 하느님을 모시면 내가 장생하고 무궁토록 모시면 만사를 깨닫게 될 것이다[侍天主 令我長生 无窮无窮 萬事知].

제자 주문
초학 주문: 하느님을 위하면 내 사정을 돌보아주시고 영원토록 하느님을 잊지 않으면 만사가 형통할 것이다[爲天主 顧我情 永世不忘 萬事宜].
강령 주문: 지극한 기운이 지금 여기에 이르도록 크게 내려주시길 바랍니다[至氣今至 願爲大降].
본 주문: 하느님을 모시면 세상의 조화가 이루어지고 하느님을 영원토록 잊지 않고 모신다면 만사를 꿰뚫어 볼 것이다[侍天主 造化定 永世不忘 萬事知].

흔히 동학계 교단에서 일반화되어 있는 '21자 주문'은 바로 제자 주문 중에 강령 주문 8자와 본 주문 13자를 합친 것이다. 천진교에는 마음을 정화하고 정신을 모으는 연성 수도(煉性修道)의 핵심으로서 주문 공부를 중시해온 전통이 있다. 주문 수도는 사기(邪氣)와 허령(虛靈)으로 실성(失性)된 상태를 지령(至靈)을 통해 도통으로 이끄는 단련으로서 만 권의 서책을 뛰어넘는 심학의 정수로 여겨졌다. 21자 기본 주문 이외에도 천진교 전통에서 공식화한 법제 주문(法制呪文)은 여럿이다. 초기 동학부터 익숙한 표현들이 조합의 묘를 이룬 것도 있고, 안민(安民), 수명활인(受命活人), 속속강림(速速降臨) 등과 같이 색다른 어구도 눈에 띈다.

장생 주문: 시천주 영아장생 무궁무궁 조화정 영세불망 만사지 (侍天主 令我長生 無窮無窮 造化定 永世不忘 萬事知).

수명활인 주문: 시천주 영아장생 무궁무궁 조화정 수명활인 만사지(侍天主 令我長生 無窮無窮 造化定 受命活人 萬事知).

시천주 조화정 수명활인 만사지(侍天主 造化定 受命活人 萬事知).

시천주 조화정 무궁무궁 만사지(侍天主 造化定 無窮無窮 萬事知).

제세안민 주문: 천강태을정 용출비공 제세안민지대원(天降太乙精 湧出飛空 濟世安民之大願).

강령 주문: 영신영기 속속강림(靈神靈氣 速速降臨).

안신양기 수명활인(安神養氣 受命活人).

초학 주문: 위천주 고아정 영세불망 만사의(爲天主 顧我情 永世不忘 萬事宜).

주문 수련은 이른 새벽부터 늦저녁까지 이어지는 빡빡한 일정으로 진행되었다. 뭐니 뭐니 해도 대략 100분간 진행되는 송주가 단연 압권이었다. 상여 메고 가다 귀청 후비는 격으로 쉴 새 없이 입을 놀리지만 생각은 딴청을 부리며 허공을 날기 일쑤였다. 낯선 주문도 그러려니와 장시간 무릎을 꿇고 버티는 게 고역 중의 고역이었다. 다독해야 묘미가 느껴지는 게 주문일 터이니 어쩔 수 없이 감내해야 했다. 일정하게 자신의 목청을 유지하며 전체와 조화된 리듬을 맞추는 것도 쉽지 않은 일이었다. 새벽 4시에 시작하는 송주 시간에는 무릎과도 싸워야 하고 졸음과도 씨름해야 했다. 정말이지 처음엔 백 분 송주가 백일기도 같기만 했다. 그래도 적응하는 수밖에 별도리가 없었다. 그래, 최대한 단순해지자! 주어진 '영신영기 속속강림' 8자의 뜻은 고사하고 그 리듬만이라도 놓치지 말아보자. 숨과 목청을 일정하게 유지하면서 발화의 흐름에 입을 맡겨보았다. 무릎의 고통도 일상이 되다 보니 조금은 자연스러워졌다. 눈을 감아도 갑갑하지 않고 오히려 편안해지는 느낌이 들기 시작했다. 신도들 마냥 마음을 말끔하게 정화한 것도 아니고, 영험한 신령을 원대하게 맞이한 것도 아니고, 송주의 묘미를 넘어 자각에 이른 것은 더더욱 아니지만 엄동설한에 입만을 활성화시킨 채 다른 모든 것을 단순화시키며 시간의 무게를 덜어냈던 체험만큼은 잠깐 깃든 나그네에겐 큰 수확이었다.

영부

개구지기만 했던 소년이 붓글씨를 쓰며 조금 차분해질 수 있었다. 6학년이 되면서 적당히 때울 요량으로 고른 특별활동이 인연이 되었다. 특별활동을 지도하실 선생들께서 운동장 연단 앞에 횡으로 줄지어 서 계시면 학생들이 각자 원하는 곳으로 찾아가 종으로 줄을 채워 선택이 마무리되는 식이었다. 나는 1학년 담임을 맡으신 여선생님이 계신 모필부(毛筆部)로 다가가 제일 앞에 섰다. 내 뒤로도 여남은 명이 인기 없는 모필부를 그럭저럭 채웠다. 모필부 주임 선생님께서 바짝 다가오시더니 다짜고짜 공부 잘하냐고 물으신다. 할 말을 찾지 못해 머뭇거렸더니 반장을 했느냐, 우등상을 받았느냐고 물어보신다. 연거푸 고개를 끄덕였더니 이내 혈액형을 물으신다. A형이라고 답했더니 선생님 얼굴에 환한 화색이 돌았다. 됐다고 하시며, 한두 명 더 물색하시더니 남으라고 하신다. 나를 비롯해 같은 반 친구 1명과 나이 어린 후배 1명, 모두 해서 3명이 선발되었다. 각각 A형, B형, O형의 혈액형 대표들이 선발된 셈이다. 1979년의 일이었으니 40년이 다 돼가지만 유난히 혈액형과 성격의 상관성에 집착하시던 선생님 덕에 그들의 혈액형이 여전히 기억에서 지워지지 않고 있다.

  선생님은 벼루와 먹 그리고 변변한 붓을 준비하라 하시고는 매일 방과 후 자신의 교실로 와서 연습해야 한다고 하셨다. 집에 돌아와 어른들께 자초지종을 말씀드렸다. 집안에 돌아다니는 손바닥만 한 벼루에다 잔 먹돌은 건졌지만 붓이 문제였다. 돈이 궁하던 봄엔 달리 길이 없었다. 다음 날 어머니는 쌀 한 말 머리에 이고 시내에 나가 파셔서 붓과 붓말이를 장만해 오셨다. 사실 당시엔 필체가 좋으면 배운 사람으로 통했고, 면서기 해 먹을 수 있는 재주로도 여겨졌으니 배움과 글이 한이 된 어른들은 지체 없이 결심했을 것이다.

  그렇게 해서 연습이 시작되었다. 춘천 시내에 사시며 통근하시던 선생님은 고은리에서 내려오는 저녁 버스로 퇴근하셨는데, 퇴근 전까지 우리들을 붙잡아놓고 악착같이 연습을 시키셨다. 먼저 먹을 갈아야 했다. 맷돌 갈 듯이 먹을 돌려 먹물을 만들고는 널따란 신문지에 내려 긋기부터 시작한다. 쌍구법(雙鉤法)으로 큰 붓을 감싸 잡고는 쿡 눌렀다가 이내 방향을 틀어 꺾어 내려오다가 붓을 살살 들어 끝을 뾰족하게 완성해야 한다. 시범을 보이는 선생님의 날렵한 붓의 길이 마냥 부러웠다. 하루 이틀 지나면서 그럭저럭 획 끝이 뾰족한 내려 긋기가 나오기 시작했다. 다음 단계는 옆으로 긋기. 붓을 옆으로 눌러 눕혔다가 횡으로 나가면서 힘을 빼다가 가운데를 지나면서 다시 힘을 가한 뒤 옆으로 눌렀다 감아올리며 뒤꼬리를 매끄럽게 다듬는 변화무쌍한 붓의 길이 매력이었다. 난 유난히 옆으로 긋기가 좋았고 점차 붓놀림도 과감해졌다. 뒤이어 자음과 받침을 하나하나 익혀나가기 시작했다. 그 사이 O형 후배가 떠나고 A형과 B형 둘만 남았다.

붓의 길을 익히는 데 제법 속도가 붙기 시작했다. 이제 신문지가 아닌 화선지가 붓의 밭이 되었다. 폐신문지와는 달리 화선지는 얇고 부드러워 민감했다. 먹물이 걸쭉하지 않으면 글자가 번지고, 바닥에 깔판을 깔지 않으면 배면에 먹물이 묻어나기 일쑤였다. 더 조심하고 더 신중해야 했다. 그런데 어느 날 선생님이 자리를 비운 사이, B형 친구와 다툼이 일었다. 싸움은 말로 끝나지 않았다. 우린 붓의 길을 배우는 학동답게 들었던 붓을 벼루에 찍었다가 상대방을 향해 휘두르며 진한 먹물을 뿌려댔다. 산지사방 먹물이 튄 것은 말할 것도 없고 새로 산 나의 샛노란 윗옷에도 먹물 세례가 지나가고 말았다. 나는 우리들 봄날의 격정을 또렷이 기록해둔 일기장 같은 먹물 밴 '노란 샤쓰'를 줄기차게 입고 다니며 그해 봄을 났다. 먹물을 뿌려대며 나와 맞섰던 그 친구는 불길을 잡기 위해 물을 뿜어내는 소방관이 되었다고 한다.

4월이 되어 첫 작품을 제출해야 했다. 두 달도 못 채운 경력으로는 어림없는 시도였지만 선생님의 권유가 작지 않았다. 1979년은 UN이 정한 '세계 아동의 해'였다. 그것을 기념하여 서예 작품을 바다 건너 일본으로 보내야 한다는 것이었다. 화선지에 "어린이는 나라의 꽃" 여덟 자를 세로 두 줄에 맞춰 연습하기를 반복했다. 선생님은 자신보다 낫다며 과찬을 하시다가도 13살 남자애가 화선지에 콩자반 같은 둥근 눈물을 떨구게 할 정도로 자근자근 다그치기도 하셨다. 그렇게 억지로 우려낸 초짜의 작품이 춘천 동쪽 귀퉁이 동내벌*을 벗어나 현해탄까지 넘어갔는지는 알 수 없다. 그러나 붓만 들면 수전증이 도지는 지금에 와서 어린 시절 겁 없이 휘둘렀던 그 만물이 그립기만 하다.

한 학년에 3반까지 있는 우리 학교는 당시 춘천 시내를 에워싼 춘성군에서 가장 큰 학교였다. 7월에 치러지는 군내 경연 대회에서 맏형인 학교의 위신을 세워야 한다며 선생님은 늘 자신의 학생이 1등을 해야 한다고 강조하셨다. 이태 전에 부임하여 서예 1등을 배출했지만 한 해 전엔 학교 선배가 아깝게 1등을 놓쳐서인지 늘 전사다운 비장감을 내게 비치곤 하셨다. 당연히 연습은 철저해야 했고, 연습 시간도 길어야 했다. 그러자니 하교 시간이 늦어질 수밖에 없었다. 해가 길지 않던 봄에는 속으로 남모를 걱정을 앓아야 했다. 연습이 끝날 무렵에야 아직 사위가 밝지만 한 시간 거리의 거두리 집까지 걷다 보면 중간에 해거름 녘이 닥쳐 어두운 산길을 걸어야 했다. 고학년 남자애에게도 밤길 산등성이를 넘는 것은 여간 부담이 아니었다. 소나무가 울창한 야트막한 야산이었지만 걱정만큼은 태산이었다. 산 초입에 몇 년째 비어 있는 폐가가 버티고 있는 데다 오래된 묘지 두어 기를 지나쳐야 하는 가파른 고개와 어둑한 구렁이 무서움을 더했다. 어린 시절 외증조할머니한테 들어왔던 산길 바윗돌에 얽힌 설화도 은근한 두려움을 자극했

* 현재 춘천 동내면 일대의 벌판을 일컫는 고유 지명.

다. 한낮에 장례가 치러진 줄도 모르고, 아침 등굣길에 보지 못했던 갓 태어난 봉분을 달밤 하굣길에 발견했던 어느 날 밤의 기억은 단연 최악이었다. 속 깊이 잠자던 두려움은 심장박동으로 깨어나고 소름을 돋우며 겉으로 튀어나왔다. 다급하면 무서운 쪽은 아예 쳐다보지도 않은 채 1년 전 5학년 때 돌아가신 외할아버지를 부르며 기도를 올리곤 했다. 이렇다 보니 저녁때만 되면 늘 기분이 유쾌하질 못했다. 육상부 연습이 비슷하게 끝나면 동네 후배들과 동행할 수 있어 천만다행이지만 선생님의 악착스러움에 그런 기대는 늘 엇나간 희망으로 끝났다.

그날도 연습은 늦게 끝났고 당연히 동행자도 구하지 못했다. 고은리 입구에서 왼쪽으로 신촌리 뒷골로 향하는 길로 접어들어 큰 개울 다리를 건너면 논밭이 한참 펼쳐진 평지 길이다. 거기까진 거칠 것 없다. 그러나 걱정도 태산인 산길에 접어들어야 한다. 해는 이미 함지(咸池)에 잠기고 어둠이 몰려들어 사방이 설핏하다. 폐가 쪽으로는 단 한 번 눈길도 주지 않고 숨소리 죽여가며 평소에 머릿속에 익혀둔 산길을 잰걸음으로 잘도 지나쳤다. 이제 커다란 소나무가 버티고 서 있는 가파른 고개를 넘을 차례다. 바닥엔 찰기 없는 모래가 서걱거려 무서운 착각을 일으키기 십상인 곳이다. 그런데 이상했다. 그날따라 소나무 아래에서 뭔가 희미한 기척이 느껴졌다. 분명하지는 않았지만 뭔가가 웅크려 있는 듯했다. 어두운 산길을 걸어본 사람은 사람이 제일 무섭다는 것을 알 것이다. 사람일까. 저쪽에서 언덕을 오르는 나를 지켜보며 기다리고 있었던 것일까. 오던 길을 되돌아갈 수도 없고 어찌 할 방법이 없었다. 아, 외할아버지 제발…. 어렴풋이 일어서는 움직임이 간파된다. 그리고 외마디, "쫑알로(어릴 적 나의 애칭)?" 아! 외할아버지가 나의 기도를 들으신 것일까? 밤길 두려워하는 당신의 외손자를 돕기 위해 당신의 큰딸, 우리 어머니에게 마중을 나가게 하신 것이다. 봄 농사에 쫓기고 식구들 저녁 챙기느라 쉼 없을 시간에 마중 나오실 생각을 하셨으니. 어머니는 땀 맺힌 아들의 등짝에서 가방을 벗겨내 드시고는 고개를 마저 넘으며 동행하셨다. 가방을 벗은 어깨가 가벼웠고 밤길 무서움을 가셔낸 심장이 가뿐했다.

그럭저럭 대회가 가까워오고 있었다. 선생님은 주중의 연습에 만족하지 못하고 당신의 집으로 나를 불러내 연습을 이어가게 하셨다. 드디어 여름방학이 시작되고 얼마 안 있어 샘밭(泉田)의 한 학교에서 대회가 열렸다. 우리 동내국민학교를 대표한 시골의 재주꾼들과 함께 소양강을 건너고 우두벌을 가로지르다 여우고개를 넘어 천전국민학교에 닿았다. 내게 주어진 과제는 16자로 된 구절을 화선지에 세로 두 줄로 담아내는 것이었다. 동행한 친구와 나는 각자 지정된 자리에서 먹을 갈며 구획을 가다듬었다. 그리고 신중하게 가로와 세로의 균형을 감안하며 한 자 한 자 써내려가기 시작했다. 이제 마지막 4글자 '나라사랑'이 남았다. 아뿔싸! 긴장한 탓일까, '나사라랑'이 되고 말았다. 어쩌면 좋을까? 어차피 서체로 승부하는 것이니 그냥 이대로 제출해도 무방하지 않을까? 아니다. 시간은 많지 않지만 그간 내게 기대한 바가 크신 선생님을 봐서라도 다시 하기로 했다. 손놀림이 빨라질 수밖에 없었다. 과감한 속도감에 간혹 먹물이 먹지 않은 결이 있어 붓이 달려간 흔적을 고스란히 남겨놓기도 했다. 평소엔 흉내 내려고 해도 잘 안 되던 필법이 다급하니까 나온 것이다. 마지막 글자까지 어순에 신경 쓰며 화선지에 16자를 수놓았다. 쫓기듯 감독관에게 작품을 제출하고 밖으로 나섰다.

맘이 후련하진 않았지만 어쨌든 몇 달을 끌어온 일이 마무리되었다.

이제 기다리던 최고의 식사, 짜장면을 점심으로 먹는 일만 남았다. 모든 걸 까맣게 잊을 만큼 검게 비벼진 면을 입 안 가득 모시는 일에 열중했다. 그럭저럭 심사 결과를 확인할 시간이 되었다. 내 작품에 붙어 있는 특선 표지를 가리키며 선생님이 어린애 같은 기쁨을 담은 얼굴로 나를 굽어보신다. 2년을 별러온 환희의 얼굴이었을 것이다.

4개월간 배운 햇병아리 붓의 길이라지만 그것마저 내려놓은 지 40년이 돼간다. 무형문화재 서암(書岩) 김진한(金鎭漢) 선생이 보령 돌로 다듬어 만든 벼루를 연구실에 구해놓고는 무료할 때마다 먹을 갈며 어릴 때를 떠올렸다. 대중소 호수에 맞춰 붓도 몇 자루 장만해놓고는 그 옛날 어머니가 쌀 한 말 이고 가서 사다주신 붓도 떠올렸다. 눈치 빠른 대학원생들이 김영란법 실시 이전의 마지막 스승의 날에 화선지 뭉치와 족자, 그리고 세필을 선물해주었다. 모든 게 갖춰졌지만 눈대중으로 줄을 맞췄던 눈매는 간데없고 힘 빠진 손에 들린 붓이 세차게 떨려올 뿐이다. 머릿속에 남아 있는 시를 옮겨보기도 하고 『용담유사』 한 구절을 담아보기도 했다. 그러나 건네받은 화선지도 다 물들이지 못한 채 안식년이 저물어가고 있다.

2016년의 무더위는 기억에 생생한 1994년의 무더위에 결코 뒤지지 않을 만큼 거셌었다. 한낮엔 40도에 가까이 육박하는 폭염이 기승을 부려 숨쉬기조차 어려웠고, 한밤엔 열대야로 잠을 들 수조차 없던 나날이 연속되었다. 그 한복판인 8월 3일부터 6일까지 우리는 창명대에서 마련한 영부 수련에 동참했다. 바캉스 절정 시즌이었지만 쉬이 접할 수 없는 기회라 여기며 붓과 벼루, 먹물과 화선지를 챙겨서 청양으로 향했다. 에어컨이 따로 없고 무지막지한 태양 복사열을 그대로 받아내는 단층의 평지붕 성전 안으로 들어가는 것 자체가 하나의 수련이었다. 새벽 4시부터 밤 10시까지 중간의 식사와 휴식을 제외하고는 4회(새벽, 오전, 오후, 저녁)에 걸친 빈틈없는 일정으로 채워질 터였다.

영부 수련은 주문 수련과 더불어 최고의 심성 수련법으로 여겨지며 천인합일(天人合一)의 지극한 경지에 도달하는 묘법으로 주목받아왔다. 영부 봉시(靈符奉侍)라는 말에서 알 수 있듯이 영부 수련은 영부를 모시는 일이기에 정성이 요구된다. 천진교에서는 21일간의 특별 수련을 통해 자필로 영부를 모시던 전통을 활발히 계승해오다 어느 순간부터 지난 수십 년간 전승해온 맥을 놓치고 말았다. 그러던 중에 약식이나마 3일간의 수련이 마련되었다. 이는 5세 대원사 시절 학생으로서 21일간의 영부 수련에 참여했던 분의 경험과 지도 덕분에 가능하게 된 것이었다. 미지에 대한 현지답사와 체험을 중시한 5명의 종교학도와 1명의 인류학도가 더위를 가벼이 여기기로 작정하고 수련에 뛰어들었다.

사실 동학 전통에서 영부는 수명(受命)과 도통 전수(傳授)의 핵심적인 표상이었다. 경신년(1860) 4월 5일 수운은 하느님으로부터 선약(仙藥)이라는 영부를 받고 세상 사람들의 질병을 구제하라는 하명을 받았다. 태극(太極)과 궁궁(弓弓)의 형상을 한 영부는 광제창생(廣濟蒼生)의 묘약이자 수명의 상징이었다. 그로부터 3년 뒤인 1863년 8월에 수운은 순도를 앞두고 해월에게 도를 전수하면서 '수심정기' 네 자와 함께 부도(符圖)*를 건네주었다고 한다. 영부 전통은 초기 동학에

---

* 우주의 이치를 그림 형태로 표현한 부적을 말한다.

 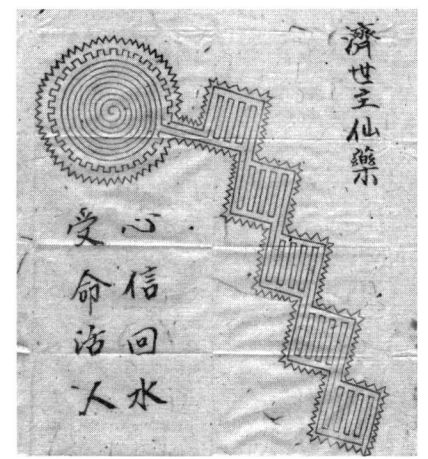

천진교 영부

서는 천명을 받고 도통을 전수하는 증표로 여겨졌으나 특유의 주술성으로 인해 근대 종교의 환경에서는 개신의 대상이 되면서 약화된 것으로 보인다. 그러나 구암이 이끌던 상제교 전통에서는 궁을 형상의 영부를 천명과 도통의 증거로 간주하며 동학의 핵심적 진리로 받들고 있고, 천진교에서는 자신들이 간직한 영부가 수운 제세주의 선약으로서 동학 유일의 영부라 자부하고 있다.

천진교에 입도한 신도들은 대종사나 대원사로부터 받은 영부를 늘 흉중에 간직한다. 비록 자필 영부 수련의 전승은 끊겼다지만 붉은 색 영부(우)를 고이 접어 내장하고 명함 크기의 제세주 진영(좌)으로 외장 코팅한 현대화된 영부를 모시고 있는 것이다. 겉면에 쓰인 "병에 쓰면 선약으로서 생명을 구제하고 살리는 이치가 있고, 가슴에 영부를 간직하면 고통과 재액을 능히 면할 수 있으리라[用病則仙藥 濟活生靈理 胸藏則靈符 能救免苦厄]"는 글귀는 초기 동학부터 절박했

1) 청양의 동학을 찾아가다

던 민중들의 심금을 울렸을 믿음과도 같은 것이었다.

극도의 위기 상황에서는 시봉한 영부를 태운 재를 물에 타서 복용하기도 한다. 물론 까다로운 기도와 정성의 절차가 수반된다. 일단 3일 전부터 매일 목욕재계한 뒤 청수를 모시고 강령주(지기금지 원위대강至氣今至 願爲大降)와 수명활인주(시천주 조화정 수명활인 만사지侍天主 造化定 受命活人 萬事知)를 105번 송주하며 축원한다. 부수(符水)*를 탄복(呑服)**한 뒤에는 곧바로 '심신회수 수명활인(心身回水 受命活人)'을 3회 묵독하고, 복용 후 3일에 걸쳐 '수명활인 만사지'를 일천 번 송주하며 마무리한다.

영부 수련에 참여한 우리는 붓을 들기 전에 치성과 송주를 거쳐야만 했다. 그런 뒤 먹을 갈기 시작했다. 세필에 먹물을 먹인 뒤 신문지에 일직선 긋는 연습부터 진행했다. 팔꿈치를 들고 가느다란 세필의 끝을 조정하며 일정한 가늘기를 유지하는 것은 결코 쉬운 일이 아니었다. 더구나 지면에서 붓을 멈추거나 떼지 않은 채 선을 고르게 이어나가는 것은 여간 어려운 일이 아니었다. 허공에 떠 있는 의지할 곳 없는 둔탁한 팔뚝의 무게감과 제어되지 않는 손끝의 수전증을 가느다란 붓끝이 어떻게 받아낼 수 있으랴. 형상을 갖추기 이전에 붓을 조절[調聿]하고 마음을 가다듬는[調心] 것이 우선이었다. 붓이 지나간 선들을 보니 더위도 잊을 만큼 한심한 생각이 들었다. 평생 서생으로 살아왔고, 한때 잠깐이나마 붓을 들어본 바도 있었지만 좀체 진전의 기미가 없었다. 그나마 동행한 대학원생들이 섬세하고 예리한 붓놀

---

* 부적을 태운 재를 물에 넣은 것으로서 예로부터 치료와 호신을 위한 주력이 있다고 여겨졌다.
** 입 안에 삼켜 복용한다는 뜻.

림으로 우리의 체면을 조금 살려주며 성큼성큼 앞으로 치고 나가는 것이 대견스러울 뿐이었다.

저녁을 들고 시골의 날벌레들과 싸워가며 다시 붓을 들었다. 이젠 옆으로 그어나가다가 붓을 떼지 않고 방향을 바꿔 ㄹ자 형태로 되돌아오는 연습을 이어갔다. 글씨를 쓸 때처럼 강약이나 완급이 있어서는 곤란했다. 그저 붓을 한결같이 유지하는 정성이 요구될 뿐이었다. 어느 것 하나 제대로 할 수 없는 영락없는 초보자였지만 그래도 붓끝에서 눈길을 떼지 않고 마음을 실어보려 애썼다. 연습지가 하나 둘 쌓여가고 먹물이 말라가면서 하룻강아지의 하루도 저물었다.

새벽 의식을 시작으로 이튿날의 일정이 시작되었다. 전날의 각진 선들을 한참 연습해보고는 소용돌이 형태의 곡선을 그려나가기 시작했다. 일정한 간격을 유지하면서 회전을 거듭하는 나선형 모양이었다. 첫날보다는 선도 홀쭉해졌고 속도도 제법 붙은 듯했다. 톱니 모양의 선형을 마저 연습한 뒤 오후부터는 영부의 전체 윤곽을 익히며 그려보기 시작했다. 영부는 형태상으로 나선형의 선와(旋渦), 직각 형태의 궁(弓), 그리고 톱니 모양의 을(乙) 등으로 구성된다. 위치상으로는 좌상(안쪽) 부분의 선와와 우측(바깥쪽)의 궁·을로 대별된다. 순서상으로는 선와에서 시작하

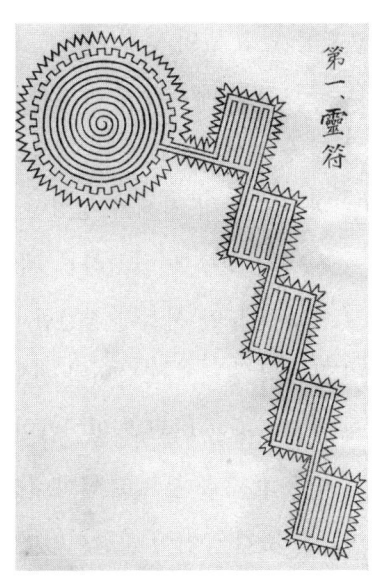

영부(『시의경교』)

여 궁을 거친 뒤 을로 마무리된다. 먼저 선와의 중심에서 시작하여 외곽으로 흘러나오며 곡선을 마무리 짓고, 바깥쪽으로 비스듬히 빠져나와 ㄹ자 모양의 궁을 그리며 우측으로 내려오면 내측의 궁이 완성된다. 하단부에서 다시 왼쪽 외곽을 씌워가며 오르다 선와 부분에 이르러 요철 모양으로 한 바퀴 두른 뒤 궁의 오른쪽 외곽을 덮어씌우며 하단부에 이르면 외측의 궁도 마무리된다. 곧이어 하단부 꼭짓점으로부터 톱니 모양의 을이 시작되는데, 궁의 왼쪽 외부를 감싸며 오른 뒤 선와를 한 바퀴 휘돌고 궁의 오른쪽 외곽마저 에우며 하단부에 닿으면 을이 완성된다. 가장 내부에 선와가 있고, 이를 이어받아 궁이 중간을 매개한 뒤 을로 전체 외곽을 뒤덮는 것이 영부의 구조인데, 모두가 하나의 선으로 연결되어 있어서 중단 없이 일필로 완성하는 것이 관건이다. 일심의 근원(선와)으로부터 만물의 형상(궁을)이 상호의존적 관계를 갖추고 있듯이 붓의 길도 이러한 순환적 조화를 단절 없이 일필로 지속하라는 뜻이 담겨 있으리라 생각된다.

어느 정도 배치와 순서, 각도와 크기를 고려하며 연습을 거듭한 뒤 실제 화선지에 영부를 모시기 시작했다. 신문지를 대하다 화선지로 바꾸고 보니 자세와 정성이 달라지기 시작했다. 한번 먹물을 묻혀 하나의 영부를 완성하는 데에 적잖은 시간과 정성이 들어갔다. 그 옛날 신도안 시절에 경건한 마음과 절박한 심정으로 영부를 모시며 몰아의 경지에 도달했던 신도들에게는 결코 미칠 수 없다 하더라도 무시무시한 더위를 잊어가며 영부에 응축된 우주의 조화와 활인의 염을 미숙한 붓으로 담아내겠다며 소박한 정성을 기울였던 체험만큼은 뜻깊은 참여 관찰이었다고 자부한다.

사흘째가 되니 영부를 그려내는 손놀림들이 눈에 띄게 달라졌다.

어제의 둔필(鈍筆)들이 일필로 영부 너덧 장을 그려내는 것이 아닌가. 예리함은 떨어져도 나의 붓에도 전에 없던 속도와 끈기가 실리기 시작했다. 어두워진 저녁, 다시 자세를 잡고 붓을 집어 들어 먹물을 먹였다. 먹물을 너무 많이 먹이면 굵기 조절이 어렵고 너무 적게 먹이면 오래가지 못한다. 붓을 가다듬고는 선와의 중심점을 찾아 그려나가기 시작했다. 한 붓으로 쉼 없이 영부 10장을 그려내고는 메마른 붓을 내려놓았다. 한두 시간 굳었던 몸의 저림을 달래고 무풍에 절었던 땀방울을 선풍기 바람에 털어냈다.

다음 날 새벽에 한 차례 영부 수련을 더 진행하고는 그간 그린 영부를 태우는 의식을 거행했다. 탄부를 복용하지는 않았지만 정성을 일단락 짓는 일이라 만감이 오갈 수밖에 없었다. 영부 수련을 무사히 마치고 천단에 예식을 올리는 것으로 우리의 일정은 마무리되었다. 낮에는 하늘의 태양이 짓누르고 밤에는 땅이 한낮에 머금은 열기를 내뱉는 바람에 더위에 주야가 따로 없던 사나흘이었다. 집 나서면 제때 씻는 것도 어려운 일이라 피부는 늘 끈적였고 날벌레의 좋은 표적이 되었다. 둘째 날인가, 저녁 6시가 되었는데도 기온이 36도를 넘길 정도로 체면 없는 무더위가 맹위를 떨치고 있었다. 잠깐의 휴식 시간에 주차해두었던 차에 올라 에어컨 바람을 마구 쐬려 했다. 곁을 지나던 얌전한 학생 둘이 에어컨 바람을 동냥하겠다며 승차하고서는 짧지만 진한 풍복(風福)을 누리는 것이 아닌가. 선생을 어렵게 여겼을 법도 했건만 꺾일 줄 모르는 그날의 더위가 얌전한 강아지들을 부뚜막 아닌 승용차에 오르게 한 것이다.

대인등치성

2017년 12월 15일 천진교의 8대 기념일 중에 커다란 행사로 손꼽히는 대인등치성에 다녀왔다. 대인등치성은 매년 음력 10월 28일에 거행되는데, 그날이 수운 제세주의 탄생일이기도 하여 성탄 의식도 함께 벌어진다. 대개 정오에 성탄제를 거행한 후 오후 6시에 대인등치성을 치른다. 소인등치성(음력 10월 15일)이 가정별로 이루어지는 것이라면 대인등치성은 교단 차원에서 성대하게 치르는 계절제 성격의 추수감사제라 할 수 있다. 치성이 시작되기 전에 대성전 앞 계단에 줄지어 밝혀놓은 등이 소박하지만 찬란하다.

대인등치성은 천단에 입장하여 좌정하는 것으로 시작한다. 타종에 이어 개식 심고(心告)*를 마치면 다 함께 21자 주문을 7회 송주한다. 이어 천단에 차려진 제상에서 삼헌례에 따라 헌폐와 헌작을 진행한다. 눈에 띄는 것은 초헌, 아헌, 종헌의 주요한 절차에 수정(여성신도)들이 적극적으로 참여한다는 점이며, 이날 삼헌례는 모두 수정들이 도맡았다. 적어도 치성에 관한 한 남녀는 동등했다.

대인등치성에서는 헌폐와 헌작을 마친 뒤 제상에 인등미(引燈米)를 봉헌하는 의식이 특별히 추가된다. 각 가정에서 소인등치성에 올렸던 백미를 교단에 납상하면 그것을 모아 대인등치성에 봉납하는 것이다. 백미 49되를 7개의 제기에 나누어 쌓아 올리되 원추형의 7층 탑이 되도록 모양을 잘 갖추어야 한다. 즉 맨 아래 제1단에 13되를, 제2단에 9되를, 제3단에 8되를, 제4단에 7되를, 제5단에 5되를, 제6단

---

* 문자적으로는 마음에 고한다는 뜻이지만 인간 마음속에 하느님을 모시고 있으므로 결국 신에게 아뢰는 것과 다르지 않다.

에 4되를, 제7단에 3되를 각각 채운 뒤에 상단 위의 작은 불을 밝히면 7층으로 된 인등미의 봉안이 완료된다.

헌폐, 헌작, 인등미 봉납 등이 마무리되면 축관이 축문과 기도문을 낭독하고, 모든 참여자가 심축 후 재배를 이어간다. 다시 송주 7회가 이어진 뒤 폐식 심고까지 마무리하면 곧 폐장의 절차가 진행된다. 폐장은 의식을 개시할 때 열어두었던 청수 뚜껑을 덮고, 밝혔던 촛불을 소화하는 의식이다. 일차적인 의식이 일단락되면 설법이 이어지는데 이날은 4세 대종사가 생전에 행한 설법을 녹음한 파일을 재생해 듣는 것으로 대체되었다. 설법에 이어 모두가 일어나 「궁을가」를 봉창하고 교단의 광고를 전해 들은 뒤 퇴석하는 것으로 모든 의식이 종료되었다.

의식을 마치고 성전 밖으로 나오니 가정별로 밝혀둔 등들이 동지를 앞둔 짙은 어둠을 태우고 있었다. 가족의 이름을 연서한 등에는 동학도라면 누구에게나 익숙한 "용담에서 흐르는 물이 사해의 근원이 되고 구미산에 봄이 오면 온 세상에 꽃이 핀다[龍潭水流四海源 龜岳春回一世花]"는 구절(『동경대전』「절구」)도 함께 쓰여 있었다. 본래 칠언절구의 이 시구는 수운이 각성하고 가르침을 폈던 곳인 용담이 세상 도의 근원이며, 용담정을 품고 있는 구미산이 우주의 순환과 교화를 여는 중심임을 밝힌 것으로 이해된다. 그러나 구암의 전통을 따르는 천진교도들은 의미심장한 해석의 전유를 통해 신앙의 자존감을 드높이는 표현으로 옮겨놓았다. "제세주님의 도가 세상의 근본이니 구암 종통 밝혀지면 온 세상이 포덕되리라"고. 용담을 수운의 근원적인 도로 이해한 것은 전통적인 해석과 다르지 않으나 구악(龜岳)을 경주의 자연환경으로서의 구미산(龜尾山)이 아니라 구암(龜菴) 김연국의 문화적인 정통성으로 받아들이는 면이 색다르고 흥미로웠다. 등불이 밤을 잠식하는 사이, 허전했던 배가 음복연에 베풀어진 음식들을 흥겹게 축내는 데 바빴다. 늦은 밤 돌아가는 길엔 갖가지 제물로 소담하게 꾸려진 봉송 보따리가 건네져 손이 허전하지 않았다.

2) 천진교의 옛 자취를 돌아보다

(1) 향선대

천진교의 옛 자취를 돌아보기 위해 교단이 청양 창명대로 옮겨 오기 이전에 몸담았던 향선대를 찾아보기로 했다. 1989년 4기사에 맞춰 5세 대원사의 취임 봉고제를 거행했던 의미 있는 곳이다. 1983년 계룡산 신도안에서 내몰린 이후 천진교의 교명이 여럿으로 쪼개지는 혼돈의 상황에서 어렵사리 자리 잡은 남다른 터전이었다. 5세 대원사와 동갑내기이면서 교주를 힘써 보필했던 교단의 원로 박병만(朴炳萬) 선생의 동생에게 빌린 대지에 성전을 짓고 향선대라 이름했던 곳이다.

향선대 옛 주소지(대전시 서구 오동 340-2번지)를 들고 길을 더듬어 간다. 장태산이 가까이에 있고, 대둔산에서 발원한 갑천이 곁에서 감아주는 곳이다. 금강을 향해 북진하는 갑천의 흐름을 따라 조금만 하류로 내려가면 옛 터전 신도안에서 내려온 두계천이 합류하는 곳이니 본향과도 멀지 않아 좋았을 것이다. 흑석리역에서 논산 벌곡으로 향하다 보면 오리올로 접어드는 길이 나오고, 거기서 조금 더 지나치면 영골로 접어드는 한길이 나온다. 입구에는 영골[靈谷]이라 새긴 돌기둥이 눈에 띈다. 한길을 따라 곧장 들어가다 보면 오른쪽으로 주택과 공장 건물이 들어찬 영골 마을이 나온다. 길을 따라 더 깊숙이 들어가다 보면 오른쪽 언덕에 상이용사 주택단지가 눈에 들어온다. 거기에서 맥키스컴퍼니(선양주조) 공장 입구로 길을 잡아 40-50미터 올라가면 향선대의 옛 터전이 있던 곳이다.

옛 흔적은 남아 있지 않았다. 아마도 옛 터전은 흙더미에 묻혔을 것이고, 그 위로 숱하게 술을 실어 나르는 차들이 오갔을 것이다. 양조장은 드넓었다. 공장 입구에는 지하 암반수에서 끌어올린 우물이 세워져 있어 이따금씩 물 길으러 온 시민들을 맞이하고 있었다. 우물엔 이름도 달려 있다. 거기에서 생산해내는 소주의 이름(O2린潾)답게 '인정(潾井)'이란다. 말 그대로 지하 암반에서 올라온 맑은 물이다. 소주 맛은 물맛이라 했으니 최고의 물맛을 찾아냈을 것이다. 예전에는 향선대의 천단에 올리는 청수로 쓰였을 이 좋은 물이 지금은 소주의 맛을 결정하고 있는 것이다. 청수가 소주로 변하는 기적이 일어나는 사이 천진교는 얄궂고도 버거운 두 번째의 운명을 감내해야 했다. 국방부 계획에 의해 신도안에서 떠밀려 방황하다 가까스로 터 잡은 지 10여 년밖에 지나지 않았는데 이번에는 선양주조의 양조장 건설 계획에 의해 보금자리인 줄 알았던 향선대에서 다시 나앉게 될 판이 되었으니 말이다. 요즘 소주 맛이 날로 부드럽고 산뜻해지고 있는데 앞으로 린 소주 한 잔 할 때마다 저들의 쓰디썼던 지난날의 운명을 생각하며 쓰게 마실지도 모르겠다.

(2) 계룡산 신도안

향선대가 있던 자리에서 그 옛날 천진교 본원과 교당이 있던 신도안 석계리와 용동리까지는 15킬로미터 남짓에 불과하다. 신도안은 2003년 계룡시로 승격되기 전까지는 논산군 두마면에 속해 있었지만 지금은 계룡시 신도안면의 관할 지역이다. 그러나 신도안은 민간인이 자유로이 드나들 수 없는 곳이다. 국방부 6.20 사업으로 육해공군 사령부가 들어선 군사 지역이기 때문이다. 한때 가장 주목받는 예언의 땅이자 한국 신종교의 수도였던 곳이 한국 국방의 수도가 된 것이다. 60년 터전을 잃고 방황하기 전까지 상제교와 그를 이은 천진교는 신도안의 중심이자 주인이었다. 이곳에서 구암 김연국은 가회동의 시천교총부 시대를 마감하고 1924년 새로운 종교촌을 열었고, 이듬해 새 공간에 어울리는 새 이름을 찾아 상제교의 출발을 천명했다. 또한 황천상제, 수운 제세주, 해월 대신사 등을 받드는 천단을 갖추고, 차세대 교육을 위한 학교(신도유신학교) 시설도 마련했다.

1893년 경복궁 교조 신원 운동을 물밑에서 주도하고 보은 집회 이후 동학 지도부의 지휘소 역할을 도맡았을 뿐만 아니라 동학군 2차 봉기 때에 직접 거병(擧兵)까지 했던 구암이지만 그는 본래 정치적으로는 온건하고 종교적으로는 신실했다는 점에서 해월을 가장 닮은 제자였다. 쫓기던 해월을 그림자 보필하며 계룡산을 지나가다 예사롭지 않은, 그러나 여전히 방치되고 있던 신도안을 종교의 도읍지로 눈여겨뒀을 것이다. 그러나 교단을 대거 이전한다는 것은 대단한 결심을 요하는 모험이었을 테니, 아무리 예전부터 다듬어온 계획이라지만 고뇌에 찬 결의를 다지는 일에 신력을 다하지 않을 수 없

상제교 교당

었을 것이다. 1922년 구암이 65년 전 수운이 49일간 기도하며 수도했던 경남 양산의 내원암을 찾은 것도 그 때문이었을 것이다. 당시 입산수도에 열중하던 구암은 상제로부터 홍서(紅書)*를 받고 커다란 각성을 얻었다고 하는데, 이때 분명히 신도안 이전 계획에 대해서도 확신을 얻었을 것이다.

26년간 해월을 모시다 스승을 떠나보낸 뒤 4년에 가까운 기간 동안 옥고를 치르기도 했고, 손병희와 함께 천도교를 창건했다가 이탈하여 시천교에 가담하기도 했으며, 다시 친일 세력으로부터 분립한 뒤 신도안에 상제교를 개창하기도 했던 구암이야말로 한 몸으로 굴곡진 동학사를 살아낸 장본인이다. 그는 천지인의 논법에 따라 자신

* 수운 최제우가 하늘에 기도했던 양산 천성산을 찾은 구암 김연국이 기도 수련 중에 상제에게 접령하고 그로부터 전해 받았다는 도법이 담긴 책이다.

이 거쳐온 동학의 시대를 구분하고, 자신이 연 신도안의 종교가 천기(天期)의 천도교를 지나 지기(地期)의 시천교를 거친 뒤 인기(人期)의 상제교로 수렴되는 동학사의 최종 귀착지라고 간주하며 자신의 동학 인생을 자부했을 것이다. 그러나 1944년 구암 사후 그 뒤를 이은 아들 해심 김덕경이 상제교를 이끌다 1960년 교명을 천진교로 바꾸면서 상제교라는 이름도 기억의 심연으로 가라앉고 말았다.

1983년 신도안에서 내몰린 천진교는 한마디로 갈팡질팡이었다. 구암이 신도안으로 이전할 때는 일사불란했으나 해심이 신도안을 떠날 때는 사분오열이었다. 대체지로 수령한 영동군 심천면 기호리 일대로의 이전이 시도되긴 했으나 그것을 성사시킬 종교적 권위가 규합되지 못한 채 1985년 해심 대종사가 세상을 떠나고 말았다. 해심의 장남인 대원사를 추대하는 이들이 대전 서구 오동에 천진교(동학대종원)를 세웠지만 수적으로 소수파였고, 교주제의 폐지를 주장하며 통관제를 내세운 주류가 대전 동구 가양동에 또 다른 천진교를 세우기도 했다. 대원사의 향선대는 1994년 창명대로 자리를 옮겨 명맥을 유지하고 있지만, 대전권을 전전하다 신도안에서 가까운 계룡(연산)으로 자리를 옮겨 가며 천진교의 불씨를 이어가려 했던 몇몇 공동체의 자취는 이제 사그라지고 말았다. 발생에 익숙한 신종교 연구라지만 명멸을 목도하는 것은 씁쓸하다. 제네시스(genesis)가 아닌 타나토스(thanatos)라니. 그러나 구암 종통을 이어온 청양의 창명대가 간직하고 있는 동학의 잉걸불을 주목하지 않을 수 없다. 아직 밝혀내야 할 가려진 동학사가 많기 때문이다.

군 복무 시절 한두 번 계룡대를 드나든 적이 있었는데 그걸로 끝이었나 보다. 천진교의 흔적을 찾기 위해 결국 계룡시까지 왔건만 민간인 접근 불가라 신도안 바닥 용동리와 석계리는 밟아보지 못한 채 계룡산봉만 바라본다. 갑사, 동학사, 신원사의 세 절로 나뉘어 흘러내리는 계룡산 자락을 바라보니 신원사로 답사를 떠났던 옛 기억이 떠오른다. 학과 조교를 맡고 있던 1998년 4월이었던가. 신원사 일대에서 계룡산 산신제가 열린다고 하여 서울에서 시외버스를 타고 공주에 닿은 뒤 다시 시내버스를 타고 신원사 앞에 당도했다. 안면도에서 초대된 법사들이 한창 산신제를 진행하고 있었는데, 서울의 강신무만 눈에 익었던 터라 충청도의 설위설경(設位說經)*이 눈길을 끌었다. 독경 식의 굿에 적응하려던 차에 뒤에서 갑자기 누군가 내 이름을 불렀다. 뒤를 돌아보니 멀찌감치 정진홍 교수님이 앉아 계신 게 아닌가. 순간 놀라긴 했지만 공주가 고향인 선생님께서 계룡산 산신제 현장에 계시는 게 하등 이상할 건 없었다.

다음 날 신원사 중악단에서 열리는 의례도 관람할 참이어서 저녁엔 공주 시내로 나가 잠자리를 구하려 했다. 그러나 선생님께선 신원사 앞 아늑한 계곡에 민박집을 얻어놓으셨다며 동숙을 권하셨다. 다감한 분이시지만 그래도 선생님은 늘 어려운 법인데…. 산신굿이 마무리된 뒤 가죽나무가 우뚝한 소로를 따라 정갈한 민박집으로 들어갔다. 선생님과 나는 저녁 손님상에 낼 나물을 다듬고 계신 주인장을 거들며 도란도란 이야기꽃을 피웠다. 시골 밥상의 밥맛도 꿀맛이었다.

평소 학교에서 나누지 못했던 이야기를 나누다가 고단한 몸을 뉘일

---

* 제단에 한지로 신령을 상징하는 신체(神体)를 만들어 설치하고 무경(巫經)을 읽는 충청도 지역의 의례 행위를 말한다.

시간이 되었다. 그런데 옆방에 유숙하는 학생들의 술기운이 더해가고 목청도 따라 드세지는 게 불안거리였다. 불을 끄고 말없이 버텨보았지만 잠들기는 불가능했고 쉰 한숨만 새어 나왔다. 선생님께서도 마찬가지셨다. 워낙 점잖은 충청도 양반이시지만 도를 넘은 학생들에게 단단히 화가 나셨을 게 분명했다. 이윽고 선생님께서 문을 열고 나가신다. 그리고 학생들의 방으로 다가가시는 모양이었다. 평소에 화내시는 모습을 본 적이 없던 터라 긴장도 되고 어떻게 하실지 조금은 궁금하기도 했다. 아니나 다를까, 선생님은 과연 선생님이셨다! "제발, 옆방에 누가 있다는 사실을 기억해주기 바란다"는 밤을 가르는 짤막한 멘트였다. 아, 화를 저렇게 정제된 말로도 뱉어낼 수 있구나!

그런데 학생들도 역시 학생들이었다. 주변에서 그러거나 말거나 그들은 밤새 자신들의 주도(酒道)와 화법(話法)을 흔들림 없이 끌고 나갔다. 어차피 잠자기는 글렀다고 생각했다. 집 밖으로 나와 찬 기운과 어둠이 내려앉은 4월의 새벽 계룡산을 여기저기 어슬렁거렸다. 선생님은 선생님대로 나는 나대로 각자의 길로. 생각보다 새벽은 길었다. 미명이 걷히기 전엔 빗방울도 후두둑 떨어졌다. 아침밥을 먹고 신원사 중악단의 산신 법회에 참여했다. 다행스럽게도 스님들의 유연한 몸짓과 주지 스님의 호방한 설법이 밤새 개운하지 않던 몸의 그늘을 활짝 펴주었다. 선생님의 얼굴에도 미소가 흘렀다. 20년이 지난 일이지만 그 소란한 어둔 밤에 피어난 격조 있는 성냄의 언어는 여전히 또렷하다. 오늘날 종교인들도 명심하면 좋을 듯하다. "제발, 이웃에 다른 종교도 있다는 사실을 기억해주기 바란다."

(3) 영동 기호리

영동군 심천면 기호리는 무주와 금산을 거쳐 내려온 금강 줄기가 어류산 자락을 따라 굽이치는 곳에 위치한 강변 마을이다. 강변에서 개절리골을 따라 들어가다 어류산 자락 외진 숲속으로 난 소로를 따라 오르다 보면 천진교의 옛 건물이 눈에 띈다. 신도안의 교당 건물을 헐고 그 재료를 그대로 활용해 지은 건물이었다. 한때 신도안을 떠나는 대가로 보상받은 이 땅에 새로이 교당을 단장하고 작으나마 종교촌을 꾸리려 했으나 교주의 환원과 이어진 교단의 갈등으로 인해 애초의 계획은 사그라지고 드넓었던 땅도 소진한 것으로 보인다. 실질적인 종교의 중심을 대전에 두고 이곳은 그저 명목상의 본부였을 뿐이니 영락(零落)은 당연한 결과였다.

2016년 1월에 처음 이곳을 찾아왔을 때, 이미 이태 전에 건물의 임자가 일반인으로 바뀌어 있었다. 창명대를 이끌었던 김진묵 대원사

영동 기호리 옛 천진교당 건물

의 동생 김진택의 소유로 남아 있다가 우여곡절 끝에 소유주가 변경된 모양이었다. 현재의 건물주인 한 모 씨가 오래된 건물을 다시 수리하여 기거하는 중이라 했다. 소유주에게 옛 자취가 남아 있는지 물었더니, 건물을 수리하기 위해 여기저기 쌓여 있던 옛 경전과 서책들을 고물상에 대량 처분하고 나머지 오래된 문서나 의복들을 소각해버렸다는 것이다. 아, 한발 늦고 말았다. 그나저나 2015년 초에 수원의 어느 고서점을 찾아가 그간 구하지 못했던 시천교총부의 옛 경전을 한꺼번에 구한 적이 있었는데, 그것이 가능했던 이유를 알 만했다. 한숨을 쉬고 있는 사이, 집주인이 나를 위로할 요량이었는지 보수 과정에서 발견한 책자와 사진을 보따리에 싸서 보관 중이라고 말했다. 반가운 마음에 허락을 얻고 보따리를 풀어보았다. 천진교에서 사용하던 경전, 가사, 영부, 신도안 시절의 사진 등이 있었다. 그리고 건물 주변을 살피다 '민족종교 대동학연구원'과 '민족종교 천진교총본부'라 쓰인 옛 현판이 구석에 방치되어 있는 것을 발견했다. 현판의 자구는 또렷하지만 그것이 담고 있는 옛 종교의 정체성은 자취를 감춘 지 오래였다. 잠시 뒤 주인이 나를 건물 위쪽 숲으로 안내해주었다. 무성한 잡목에 흰 눈이 덮여 있었지만 제법 너른 평지임을 알아볼 수 있었다. 아마도 본격적인 신축을 준비하려다 끝내 진행을 보지 못하고 방치되었던 것으로 보였다.

    2년여 시간이 흐른 뒤 다시 기호리를 찾았다. 아침나절 신선하고 경건한 봄의 금강을 거슬러 올라 기호리에 닿았다. 금강 인근에 살았던 어느 시인은 그리운 금강이지만 낯설고 두려운 마음에 가까이 갈 수 없었다고 했는데,* 말라비틀어진 무시래기같이 무딜 대로 무딘 외지의 길손에게조차도 강물의 경이로움이 느껴지는 듯했다. 2년

구암(중)과 해심(우)

전에 봤던 보따리 속 자료를 기록해두기 위해 제자 박병훈과 함께 스캐너를 챙겨 들고 어류산 자락으로 접어들었다. 자료도 자료지만 이날은 알려지지 않은 구암의 묘지를 수소문해 찾아보겠다는 기대도 안고 왔다. 1944년 환원한 뒤 신도안에서 영면하던 구암도 교단의 운명을 따라 이곳 영동 기호리로 이장되어 모셔졌다고 들었기 때문이다.

  산중의 건물에 도착하자마자 주인과 2년여 동안 묵혀두었던 인사를 나누고서는 곧장 예의 보따리 얘기로 파고들었다. 어느새 마루에

---

* 안홍렬, 「금강」, 『아름다운 객지』, 대교출판, 1990.

2) 천진교의 옛 자취를 돌아보다

걸터앉아 보따리 속 자료를 선별해가며 스캐닝하는 박 군의 손이 재게 움직인다. 그 속에는 구암 김연국과 그의 후계자인 해심 김덕경의 생전 모습과 신도안 시절의 집회 현장을 담은 사진도 들어 있어 마음이 들떠 있었다. 틈을 봐서 주인장에게 구암 김연국의 묏자리에 대해 물었으나 들어보지도 목도한 적도 없다고 하는 바람에 난감하기만 했다. 그러나 실망도 잠깐이었다. 놀랍게도 외딴 곳 유일한 이웃인 아랫집 식당의 주인장이 다름 아닌 대원사(김진묵)의 동생이라는 것이 아닌가. 해심 대종사의 자제이자 구암의 손자가 이곳 가까이에 살고 있었던 것이다. 당연히 조부의 묘를 모를 리 없을 터, 신세 진 주인에게 점심을 대접할 요량으로 아래 식당에다 닭도리탕을 예약해달라고 부탁했다.

  스캐닝 작업을 끝내고 주인과 함께 집 아래 식당으로 향했다. 널찍한 야외 마루에 차려진 상으로 다가가 앉으며 일흔에 접어든 바깥어른에게 동석을 권했다. 그는 과연 해심 대종사(김덕경)의 넷째 아들이었다. 대종사는 슬하에 이미 세상을 떠난 진묵(장남)과 진택(차남) 형제와 배가 다른 진강(3남), 진웅(4남), 진우(5남) 형제 등 5남을 두었다. 닭 요리를 어떻게 먹었는지도 모르게 주인이 들려주는 한숨 섞인 동학의 옛이야기를 듣느라 가슴이 저렸다. 교단이 갈리면서 형제 사이에도 깊은 강이 흐른 것이다. 신도안을 떠나며 거세진 교단의 분열은 가족의 아픔과도 맥을 같이하는 것이었다. 그 옛날 동학의 큰 인물이자 그들의 조상인 구암이 다시 오지 않고서는 돌이킬 수 없는 노릇이니 어찌하랴.

  밥상을 뒤로 미루고 이내 산비알로 올랐다. 그간 구암의 묘지를 보듬어온 손자가 앞장을 섰다. 산잔등에 올라서니 길은 이내 잔잔해

구암 김연국 묘지

진다. 조금 진행하다 왼쪽으로 비켜 오르니 또 다른 등줄기가 머무는 막바지에 두 기의 뫼똥이 위아래로 잔뜩 웅크리고 있었다. 위쪽이 구암의 묘지이고 아래쪽이 구암의 부인 묘지라 했다. 14세에 동학에 입도한 뒤 16세부터 26년간 해월을 지근거리에서 모시며 초기 동학의 역사와 내력을 지켜보았고, 교조 신원 운동과 동학혁명의 지휘소 역할을 감당하면서 해월의 수제자 3암의 입지를 다졌으며, 천도교의 대도주와 시천교의 대례사를 차례로 지내다 자신만의 시천교총부를 세운 뒤 계룡산 신도안에 상제교를 열었던 그가 묘비와 상석도 없이 초라하게 잠들어 있는 것이다. 경주 가정리의 수운의 묘, 여주 주록리의 해월의 묘, 서울 우이동의 의암의 묘를 떠올리면 안타깝고 암담할 뿐이다. 그나마 풀수평에 잠기지 않고 조촐하게나마 세월을 이겨내도록 가꿔낸 손길이 있어서 다행이라고 여겨야 할 판이었다. 신발을 벗고 마음을 가다듬어 조용히 절을 올렸다.

구암의 묘를 뒤로하고 다시 길을 되돌려 산잔등으로 나섰다. 너른

등성을 따라 내려오다 보니 멀지 않은 곳에 해심 대종사와 두 부인이 나란히 누워 있는 수수한 묘역이 눈에 들어왔다. 1985년 환원한 해심 김덕경은 해심이라는 호 그대로 화장한 뒤 서해에 뿌려졌다고 하니 가운데 대종사의 묘는 영정만을 안장한 허묘였다. 어쨌든 간에 좌우에 함께 잠든 영령의 봉분에 푸른 떼가 무성해질 때면 이생에 남겨진 자손들의 갈라진 가슴도 푸르러질 수 있을는지…. 산등성에서 한숨을 토해낸 뒤 옆구리 비탈길을 따라 내려왔다. 기호리 옛 교당 건물을 찾아왔다가 이웃한 구암의 손자를 만나보고 구암이 잠든 동산까지 둘러볼 수 있었다. 손자가 일군 한적한 산중의 밭뙈기 이랑 위에 당당히 얼굴을 내민 진초록의 감자 싹과, 화려한 봄꽃 사이에 주눅 들지 않고 흐드러진 연록의 돌나물이 대견스러웠다.

3) 구암의 흔적을 쫓다

(1) 청산 포전리

구암이 누워 있는 충북 영동군 심천면 기호리에서 80리 떨어진 청산의 포전리에 구암의 옛집이 있었다. 그곳은 단순히 기거하던 집이 아니라 한때 동학의 대도소(大都所)* 역할을 대신했던 명실공히 동학의 센터였다. 당시의 지명은 청산군 포전리였으나 후에 청산군이 옥천군에 통합되고, 1914년 행정구역 개편 과정에서 거흠리(巨欠里)와

---

* 동학 교도를 지휘·통솔하는 지휘 본부.

포전리(浦田里)가 합쳐지면서 충북 옥천군 청성면 거포리가 되었다.

본래 포전리는 '개밭골'을 한자로 표기한 것인데, 개천 또는 개천가를 뜻하는 포(浦)와 밭을 의미하는 전(田)에다 마을을 가리키는 리(里)가 결합된 것이다. 흔히 갯골이 포리(浦里)나 포동(浦洞)으로 불리는 이치와 같다. 개밭골은 웃개밭골(상포)과 아랫개밭골(하포)로 나뉘는데, 지금도 거포리에서는 상포와 하포라는 지명이 통용되고 있다. 웃개밭골에 있었다고 전해지는 김연국의 집을 찾아 일단 청성면 거포리로 향했다. 특별히 무엇을 기대한 것도 아니고 그저 마을이라도 눈으로 확인하고픈 생각뿐이었다. 굽이치며 영동을 헤쳐나간 금강이 북진하다 보면 속리산 자락과 보은의 뜰을 적시고 달려온 보청천이 옛 청산 땅을 적시며 금강으로 빨려 들어간다. 개밭골이라는 지명을 낳게 한 포전마을의 개천도 상포와 하포를 차례로 적시고는 금강을 대망하며 거세게 달려가는 보청천으로 스며들어 물발에 힘을 보탠다.

듣던 대로 흘러가는 개울이 내려앉으려는 양옆의 산세를 막아 세우고는 그 언저리에 농사지을 만한 평평한 땅뙈기를 선사한다. 마을 중간에 뒷산 자락이 개울 앞까지 길게 휘달려 내려와 자연스레 상포와 하포를 갈라놓았다. 개울가에 연한 도로를 따라가다 상포 마을로 접어드니 10호 정도의 농가들이 마을 회관을 호위하며 산자락에 기대어 옹기종기 정겹게 모여 있다. 아무리 작은 마을이라 하더라도 마을 회관 사랑방엔 옛이야기 쏠쏠한 어르신들이 계시리라 기대하고 들어갔으나 한바탕 마실을 마치고 떠나신 모양인지 적막하기만 하다. 어쩔 수 없이 이집 저집 돌며 옛 기억 구걸하는 탁발승이 되는 수밖에 없었다. 다행히 동네에서 오래 사신 노인 한 분을 뵙고 마을에 대해 여쭙고 동학에다 해월이며 구암의 집터 얘기까지 건네보았으나 들어 아는 바 없다 하신다. 팔십 노인들에게도 감춰지고 잊힌 130년의 동학사는 무리였을 것이다.

초기 동학서들이 한결같이 1893년 3월 10일(수운 순도일)에 구암 김연국의 청산군 포전리 자택에서 있었던 조난 예식과 시국 회담을 기록하고 있건만, 정작 현장은 그런 기억을 거두고 만 것이다. 그날 김연국의 집으로 해월과 의암을 비롯한 동학의 지도자들이 대거 참여하여 교조의 순도 기념 예식을 엄수하고 곧 있을 보은 집회를 결정하는 중대한 회의를 진행했다. 사실 그즈음 동학은 긴박한 나날을 보내야만 했다. 공주 집회(1892년 10월), 삼례 집회(1892년 11월), 광화문 교조 신원 운동(1893년 2월)을 숨 가쁘게 거치면서 교도들의 기대는 꺾여만 가고 원통함은 커갈 뿐이었다. 결국 그날 밤 인내와 절제의 해월도 보은 장안(장내리)의 대집회를 결정하기에 이른다. 호남의 동학 열기가 뜨겁고 호서의 교세가 맹위를 떨치던 즈음에 청산 포전리의 구암 집은 동학의 지휘소이자 총본부였고, 구암은 그것을 도맡은 책임자였다. 그러나 구암의 흔적과 기억은 개발에 덮인 채 역사의 뒤안길을 서성이니 안타까울 뿐이다.

(2) 청산 문암리

청산 포전리에서 가까운 문바윗골을 찾아가보기로 했다. 보은 장내리의 대집회를 마친 해월은 1893년 8월 구암의 집이 있던 청산 포전리에서 10여 킬로미터 떨어진 문바윗골, 즉 청산 문암리 김성원(金聖元)의 집으로 거처를 옮겨 왔다. 여기에서 해월은 동학의 최고 권위라 할 수 있는 법헌(法軒)으로 불리는 영광을 얻었지만 김씨 부인의 소생인 맏아들 양봉(陽鳳) 최덕기(崔德基)를 잃는 아픔을 겪기도 했다. 해월은 늘어난 교세를 정비하는 차원에서 각지에 포소(包所)의 책임자를 임명했는데, 구암은 최측근답게 해월이 거하는 청산 문암리의 포소를 맡게 되었다.

문바윗골은 옥천군 청산면 한곡리 소재의 한곡저수지 둑 아래에 자리 잡은 아담한 마을이다. 보청천 건너에 포전리가 있다면 강 이쪽에 문암리가 있는 셈이니, 여전히 금강 자락이다. 거대한 저수지 둑을 병풍 삼아 집채만 한 바위들이 늘어서 있다. 그 앞에 푸른 소나무가 운치를 더한다. 사람의 이름이 새겨져 있기도 한 바위들의 행렬이 끝나는 둔덕 위엔 동학혁명을 기리는 작은 공원이 꾸며져 있고, 한가운데 동학농민혁명 기념비가 마침맞게 우뚝하다.

문바윗골 인근 해월의 가족이 기거했던 옛터를 찾았더니 박승재 씨 댁이 그 자리를 지키고 있었다. 묻고 싶은 것이 많았으나 집안에 애사(哀事)를 당한 터라 자제하고 해월의 맏아들이 잠들어 있는 묘를 찾아보기로 했다. 해월은 1875년 단양 소백산 도솔봉 아래 절골에서 새로 맞이한 김씨 부인으로부터 맏아들 양봉을 얻었다. 열세 살에 이른 양봉은 모친이 사망하기 한 달 전인 1877년에 청주의 음선장(陰善長)의 둘째딸과 혼인했다. 이미 자신의 이름에 양기를 듬뿍 품고 있는 데다가 음씨 성을 가진 여인과 혼인했으니 그 이상의 음양조화가 따로 없을 터였다. 그러나 양봉도 쫓기는 해월을 보좌하는 김연국, 장세원과 동행하여 괴산, 인제, 간성 등을 돌아보고, 또 호남 각지의 교도들을 순회하는 원로에 동참하다 보니 몸이 상했던 것이 분명하다. 결국 그는 1893년 8월 이곳 청산 문암리로 이거해 온 지

채 두 달을 넘기지 못하고 18세의 짧은 인생을 마감하게 되었다.

장대한 둑에 담긴 한곡저수지 끝자락을 돌아드니 산등성 둘레로 비석으로 치장된 뫼뚱이 여럿이다. 이 잔등 저 잔등을 오르내리며 몇 번이고 빠짐없이 살펴보았건만 봄기운을 받아 푸석푸석해진 흙덩이만 연실 발끝에 채일 뿐이었다. 분명히 비석이 있다고 했는데, 발은 무거워지고 입에선 단내가 나고 눈에는 빗나간 비석만이 들락거릴 뿐이었다. 대충 두세 봉을 훑은 셈인데도 보이지 않았다. 싹둑 단념하지 못한 채 엉거주춤한 걸음으로 초입으로 되돌아 나올 수밖에 없었다. 그래도 마지막이라는 심정으로 다시 발길을 돌려 애초에 후보에서 제외해두었던 밭뙈기 근처의 소박한 무덤을 반신반의하며 더듬어 가보기로 했다. 그런데 이게 웬일인가. 무덤을 지키고 서 있는 비석에는 '경주 최 공 봉주(鳳柱)의 묘'라 새긴 명문이 또렷했다. 묘라는 게 한 해만 걸러도 몰라보게 자연으로 변하는 법인데, 120여 년 이상 묘역을 기억해온 주민들의 마음씨가 갸륵하고 2013년 묘비를 세워 기억의 표지로 삼게 해준 전국동학농민혁명유족회 옥천지부의 정성이 고마울 뿐이었다. 신발 속에 괴었던 흙을 털어내고 저수지 굴곡을 따라 돌아 나오는 길. 어느새 발걸음은 가벼워지고 입안을 메웠던 단내는 가시고 눈 속에는 잊혔던 동학의 기억이 새록새록 동터올 것만 같았다.

(3) 단양 절골, 송두둑, 샘골

구암의 자취를 좀 더 쫓아보기로 했다. 이제 금강의 손아귀에서 벗어나 한강 수역으로 접어들어야 한다. 오늘은 구암이 11년을 보낸 곳인 단양으로 찾아간다. 1871년 이필제의 난 이후 태백과 소백의 양백(兩白) 사이 험로를 힘겹게 전전하면서도 수운의 가족을 챙겨가며 동학의 의례와 경전, 그리고 교단의 조직을 일으켜 세우는 데 여념이 없던 스승 해월을 가까이에서 보필하며 이곳 단양에서 다사다난한 10여 년을 보냈으니 구암에게 뜻깊은 곳이었다. 더구나 그는 이곳에서 해월의 서녀를 아내로 맞이해 스승의 사위가 되면서 힘겹지만 꽃다운 산중의 삶을 보냈을 것이다.

충주댐으로 물골이 드넓어진 구단양 바닥을 거쳐 소백산 쪽으로 거슬러 오르다 보면 이내 단양군 대강면이다. 찾아갈 절골, 송두둑, 샘골은 단양군 남면에 속했었지만 지금은 대강면으로 바뀌었다. 예천으로 넘어가는 927번 도로를 달리다 미노리 삼거리에서 소백산에서 흘러내리는 남조천을 역류하며 오르다 보면 두 물길이 합류하는 봉긋한 언덕 위에 기품 있는 소나무를 옆에 끼고 자리 잡은 장정분교가 나온다. 도솔봉과 묘적봉의 물을 받아 갈내골을 거쳐 내려오는 사동천이 뒤를 감고, 남조리와 남천리 물을 거둬 내려오다 무수내의 물까지 받아낸 남조천이 앞을 안위하다 이내 합류하니 흡사 봉황이 둥지로 삼을 만한 곳이다. 이런 터에 자리 잡은 장정분교라지만 입학생이 끊기는 바람에 지난 2017년에 폐교되고 말았다고 한다.

장정리는 보은 장내로 이전하기 직전에 해월이 거처했던 곳이다. 그가 그 이전 7년 동안 기거하던 소나무 길게 늘어진 언덕이라는 뜻의 송두둑도 이 인근이었는데 이후에 장정리에 편입되었다. 장정리는 해월이 영춘 의풍리에서 이주한 이후의 터전인 절골과도 가깝고 최초로 『용담유사』를 찍어냈던 샘골[泉洞]도 지근거리에 있다. 먼저 절골을 찾아보기로 했다.

절골은 장정분교 뒤로 흐르는 사동천을 따라 도솔봉 아래로 거슬러 올라가야 한다. 장정분교에서 사동천을 건너면 절골의 초입이다. 우뚝 속은 삿갓봉 아래 집들이 아담하다. 식구들과 함께 앞뜰의 엄나무 상수리에서 개두릅을 따시는 토박이 어르신에게 다가가 동네의 지명과 산봉우리에 대해 여쭸더니 이 얘기 저 얘기 한창 하시다가, 해월과 구암 등의 동학 얘기를 꺼내자 말끝을 잇지 못하고 잠잠해지신다. 단지 샘골의 『용담유사』 발간 유허지에 대해서만 짧게 말씀하실 뿐이다. 해월과 구암이 이 지역에서 10여 년을 지냈는데도 유허지 표지가 있는 샘골만이 어르신 기억의 전부일 뿐이다. 어쨌든 절골 깊숙이 들어가보는 수밖에 없었다.

사동천과 나란한 사동 계곡로를 따라 들어가다 보니 절골을 알리는 표석이 서 있다. 풍기로 넘어가는 묘적령 가는 길에 묘적사라는 절이 있어 절골이라 불렸다는데 일제강점기에 이르러 사동리라는 한자식 마을명을 얻었다고 한다. 표석을 지나 절골로 진행하다가 길 왼쪽 둔덕에 번듯하게 서 있는 마을 제당을 만났다. 정월 초에 마을 제사를 지내는 곳이라고 한다. 동학이 나름 조직과 제도를 갖춘 한국 신종교의 비조였는데도 민간신앙이나 무속에 비해 손에 잡히는 흔적은 적기만 하다. 도처에서 쉽게 확인되는 민간신앙이 제도 종교 같다는 착각이 들면서 새삼 그 저력과 생명력을 실감한다. 고봉을 이뤘던 동학은 지금 흔적이 가물가물한데 이름난 고봉 없는 나지막한 동네 뒷산에 불과한 민간신앙이 여기저기서 손에 잡히고 있는 것이다.

사당을 지나 올라가다 보니 야영장과 공원을 갖춘 사동유원지가 소백산 계곡 틈바구니에 자리 잡고 있다. 그 위로는 민가가 끊겼다.

제철이 아니다 보니 유원지에는 적막감만이 감돌았다. 길에서 만난 어르신에게 절골의 옛 동학에 대한 기억을 추궁해보았지만 허사였다. 계곡의 막침까지 올라가보니 도솔봉 아래 갈내골에 이르렀다. 굽이굽이 임도(林道)를 따라 넘으면 남천리 샘골로 이어지겠지만 길을 멈추고 다시 절골로 내려와 송두둑으로 향하기로 했다.

16세의 어린 나이에 스승을 따라 인제를 떠난 구암이 영춘의 의풍리 장건지에서 1874년 2월 18세의 나이로 이곳 도솔봉 아래 절골로 들어와 해월을 지근거리에서 시봉하며 지냈다는데 흔적은커녕 저장된 기억조차 없다. 이곳에 온 지 한 달 만에 해월은 소식이 끊긴 손씨 부인을 대신해 김씨 부인을 새로 맞이했고, 이듬해에 맏아들 양봉을 얻는 경사를 맞았다. 문암리의 한곡저수지가 내려다보이는 무덤에 잠들어 있는 이가 바로 절골에서 태어난 양봉이다. 김씨 부인이 절골로 들어올 때 함께 데려온 딸, 즉 훗날 구암의 첫째 부인이 되는 곡강 배씨(1864-1995)를 구암이 처음 대면했던 곳도 이곳 절골이었다. 알 수 없는 허전함을 안고 절골을 내려오는 길에 내내 눈에 들어온 것이 하얀 꽃을 활짝 피운 사과나무 밭이었다. 절골이 어느덧 사과골이 되었고, 템플(temple)이 이제는 애플(apple)로 변한 것이다.

다시 장정분교에 이르렀다. 절골로 이사 오기 이태 전에 수운의 첫째 아들 세정이 인제 귀둔리에서 피체된 뒤 양양 관아에서 장살되었고, 절골로 이사 오기 직전에 쫓기던 수운의 박씨 부인이 49세의 나이로 정선 싸내[米川]에서 생을 마감하는 불상사를 당하면서 자연 해월에게로 동학도의 이목이 집중되고 교단의 권위가 수렴되기 시작했을 것이다. 그러면서 절골은 경상, 강원, 충청의 교도가 오가는 도량이 되었고, 해월의 가족은 1년 만에 부득이 별도의 거처를 송두둑으로 옮겨 왔다. 1876년 이필제의 난 이후 소식이 끊겼던 해월의 첫째 부인 손씨가 찾아와 6년 만의 상봉이 이루어진 곳도 송두둑이었다. 또 1878년 정주현의 처이자 동요 작곡가 정순철의 모친이 되는 해월의 딸 최윤이 태어난 곳도 송두둑이었다. 잃었던 가족을 되찾고 새로이 가족을 맞이하며 상대적으로 평화로운 8년의 시절을 보낸 해월의 삶이 녹아 있는 곳이자, 교단 일로 바쁜 스승 해월을 대신해 십 대 말부터 이십 대 중반까지 그의 집안일을 손수 거둔 구암의 땀이 스민 곳이 이곳 송두둑이었다.

앞뒤의 남조천과 사동천과 나란하게 장정분교 인근까지 길게 누운 산등성에 소나무가 창창하다. 이름 그대로 소나무 언덕이다. 그런데 어디가 구암이 꾸렸던 해월의 집터가 있던 곳인가. 마땅히 여쭐 만한 동네 분을 만나기도 힘들었다. 그나마 일주일 전에 성강현 박사가 인터넷 신문인 『울산저널 i』에 기고하면서 함께 올린 송두둑의 전경을 담은 사진 한 장을 건질 수 있어 다행이었다. 그 사진을 휴대폰 화면에 띄워 들고 그곳의 실제 장소가 어디인지 동네 어르신들에게 여쭸지만 대답이 제각각이었다. "사진에 보이는 송두둑의 뒷산이 묘적봉이다"라고 부가된 설명에 그럴 리 없다는 반응들이었다. 묘적봉이라면 풍기를 넘어가는 높은 곳이라 절골에서도 깊숙이 들어가야 하므로 그렇게 마을에서 쉽사리 보일 수 없다는 것이다. 어쩔 수 없이 장정분교 근처의 소나무 동산을 본 것으로 위안을 삼으며 마음을 접고는 다음 목적지인 샘골로 향했다.

그래도 여운이 남아 샘골로 향하는 길과 나란히 누운 산등성을

▲ 송두둑 전경
◀ 『울산저널 i』에 실린 송두둑 전경

예의 주시하며 나아갔다. 그런데 이게 웬일인가. 정말이지 등잔 밑이 어두웠다. 얼마 발걸음을 떼지 않은 가까운 곳에서 뭔가 걸려들었다. 조금 전에 화면상으로 보았던 송두둑의 모습이 눈앞에 펼쳐져 있는 것이 아닌가! 머뭇거림도 없이 얼른 셔터를 눌러댔다. 내가 찍은 사진과 저널에 실린 이미지의 구도가 확연히 닮아 있었다. 성강현 박사의 설명에 따르면 사과밭 끝자락 위의 큰 나무 옆이 해월의 생가 터였으니 묘지 오른쪽에 솟은 나무 근처일 거라 짐작이 되었다. 뒤쪽으로 보이는 산등성이는 묘적봉이 아니라 흰봉산에서 절골로 흘러내린 자락일 가능성이 높았다. 저곳에서 해월은 손씨 부인을

3) 구암의 흔적을 쫓다 153

다시 만났고, 절골에서 태어난 양봉을 저곳으로 데려와 키우다 그의 여동생 윤도 얻었을 것이다. 구성제를 구상하고 『동경대전』과 『용담유사』의 간행을 계획하는 일로 바빴을 해월이지만 그에게는 손발을 척척 맞춰온 믿음직스런 젊은이 구암이 있어 가정사가 든든했을 것이다. 이젠 동학의 흔적이 오간 데 없고 인근에는 서학의 후발 주자 격인 장정감리교회가 소나무 언덕을 지키고 있을 뿐이다.

해월은 8년간의 송두둑 생활을 마감하고 1882년 6월 장정리로 옮겨 갔다. 『시천교종역사』(1915)에는 송고(送皐, 송두둑의 한자명)에서 정선군 갈래면(葛來面) 장정리로 이사 간 것으로 기록하고 있으나 단양의 갈내[葛川] 장정리를 혼동한 것으로 여겨진다. 장정리는 갈천의 중심 마을이었다. 아마도 송두둑에서 보다 마을 안쪽으로 이주했을 테지만 현재로선 정확한 장소를 확인할 길이 없다. 해월과 구암은 장정리에서 3년을 지내다 산중 생활을 마감하고 호서의 교도들이 기다리고 있는 보은 장내로 옮겨 가 갑오년의 동학을 대비했을 것이다.

발길을 재촉하여 샘골이라 불리는 남천리로 올라갔다. 마을 입구 당집이 있던 자리에 남천리 기념비가 장엄하다. 남천리는 남면의 '남'과 천동의 '천'을 합친 이름이다. 1917년 행정 개편 과정에서 대흥면과 금강면이 통합될 때 금강면의 천동(현재 단양읍)과 구분하기 위해 그렇게 한 것이라 한다. 남천리 표석 왼쪽으로 오르다 보면 길 왼편으로 천도교에서 세운 '『용담유사』 간행지'를 알리는 유허비가 눈에 띈다. 1898년 원주 송골에서 피체된 뒤 서울로 압송되어 교수형에 처해진 해월 최시형의 순도 100주년인 1998년 천도교에서 이곳에 유허비를 세운 것이다. 해월은 1880년에 인제 갑둔리에서 『동경대전』을 발행하고 1881년에 이곳 샘골의 여규덕(呂圭德)* 가내에서 『용담유사』를 간행해 전국으로 배포했다. 『동경대전』과 『용담유사』가 간행·배포되면서 동학의 포덕은 더욱 가속되었을 것이 분명하다. 『동경대전』 때와 마찬가지로 『용담유사』의 발행 비용도 구암의 신앙적 모태인 인제접(麟蹄接)**에서 부담했다고 하니 초기 동학의 힘은 강원도의 힘이기도 했다.

샘골에도 온통 사과꽃이 만발했다. 하얀 달빛이 소백산 자락 사과꽃 마을을 환히 비치면 소금을 뿌려놓은 듯 숨 막히게 피었다던 봉평의 메밀밭만 하지 않을까 싶었다. 오늘이 삼월 아흐레니 엿새 뒤 보름엔 그럴 만도 할 것이다. 그러고 보니 하루 지나면 154년 전 수운이 대구 관덕당 앞에서 처형된 순도일이 아닌가. 그 옛날 해월과 구암도 수운의 조난 기념일을 준비하느라 저 아래 장정리에서 바쁜 시간을 보냈을 것이다.

남조천의 흐름을 따라 장정리로 내려와 장정분교 옆에 자리 잡은 마을 회관 경로당을 찾았다. 점심을 거르고 절골, 송두둑, 샘골을 오가다 보니 어느덧 오후 4시가 다 되었다. 경로당엔 여든셋의 토박이 어른을 비롯해 동네의 원로들이 계셔서 이것저것 동네 유래와 지명, 그리고 해월과 구암의 동학에 대해 여쭈었다. 그러나 이분들에게도 동학의 기억은 없었다. 아, 30-40년 늦었다는 생각이 들었다. 지금

* 여규덕은 해방 후 건국준비위원회 위원장을 지낸 독립운동가 몽양(夢陽) 여운형(呂運亨)의 종조부이기도 하다.
** 인제 지역의 동학교도 조직을 말한다. 초기 동학의 조직은 포(包)와 접(接)으로 구성되어 있었고 각각의 조직을 관장하는 우두머리를 포주와 접주라 칭했다. 포가 접의 상위 조직이어서 포는 지역 단위의 여러 접을 아우르는 것이 보통이었다.

마을을 지키는 최고의 원로들에게도 동학은 아득하기만 했다. 마실 나온 할머니들이 김이 모락모락 나는 삶은 감자를 한 양재기 담아 내오셨다. 그 옛날 양백의 험로를 쫓겨 다니며 허기질 대로 허기졌을 해월과 구암을 생각하며 감자 그릇을 다 비우고 돌아왔다.

(4) 영춘 의풍리 장건지

다시 구암이 살아온 길을 거슬러 그가 1874년 2월 단양 절골로 옮겨 가기 이전까지 대략 2년간을 지냈던 영춘 의풍리를 찾아간다. 1872년 3월 해월을 따라 인제군 무의매리(舞依梅里)를 떠나온 구암 일행이 처음으로 정주한 곳이 바로 의풍리 마을이다. 수운의 유족도 정선군 싸내(미천)로 옮겨 가기 전에 이곳에 살았기에 세청(수운의 차남)의 처족이던 구암의 가족도 그 인근에 자연스레 정착했을 것이다. 정선과 영월을 오가며 교단의 앞날을 모색하느라 바빴던 해월도 구암이 있는 의풍에 간간이 우거하며 힘을 비축했을 것이다.

『해월선생문집』(1906)에 따르면 당시 구암의 가족은 인제 무의매리를 떠나 의풍에 당도하기까지 홍천, 횡성, 원주, 제천을 지나왔을 것으로 추정된다. 구암 일행이 의풍에 와서 맨 처음 머문 곳으로 지목되는 곳이 장건지 마을이다.『시천교종역사』를 비롯한 몇몇 문헌들은 당시 수운의 박씨 부인이 머물던 곳이 영춘 장건지리(長建地里)라고 기록하고 있다. 일단 단양군 영춘면 의풍리 장건지 마을을 목표로 길을 나섰다. 언젠가 동학의 사적지를 몸소 찾아다니시며 그간 잊혔던 동학사를 밝혀오신 표영삼 선생께서『시천교종역사』에서 거론한 영춘의 '장건지리'라는 지명이 아예 없다며, 그것은 영월의 노루목[獐項]과 영춘의 노루너미[獐峴] 사이, 즉 노루와 노루 사이에 있는 땅을 의미하는 장간지(獐間地)를 장건지리로 오기한 기록상의 오류라고 지적하신 바 있다.* 일리 있는 말씀이라 여기며 노루를 염두에 두고 의풍리로 향해 갔다.

서강과 동강이 합수하면서 비로소 남한강의 풍모가 더해진 물줄기가 단양 쪽으로 조금 남진하다 고씨동굴을 지나치면 영월 상동과 중동의 물을 몰아온 옥동천을 빨아들이며 세를 불린다. 오늘은 강물을 단양으로 흘려보내고 옥동천을 거슬러 올라갈 것이다. 합수 지역인 대야리에서 옥동천 물길을 따라 오르다 보면 곧 와석리가 나온다. 이번에는 옥동천으로 합수되는 오른쪽의 김삿갓계곡을 따라 접어든다. 계곡물을 따라 길을 한참 가다 보면 드디어 영월(김삿갓면 와석리)과 경계를 이루고 있는 단양 의풍리가 나온다. 의풍리로 넘어서자 나지막한 고개가 비스듬히 바깥쪽 개천 쪽으로 굽어 있다. 한눈에 봐도 노루의 등과 목덜미의 형상을 하고 있다. 고개를 넘으면 평탄한 길이 곧게 나 있어 잠시 숨을 고를 수 있다. 그러다가 산자락이 개울물을 밀어낸 모양대로 바깥쪽으로 크게 휘어진 오르막 고갯길을 다시 넘는다. 두 번의 노루목 지형을 지나치는 와중에 산자락이 들락날락하고 개울물도 그 장단에 맞춰 흐르는 멋스런 곳이다. 두 고개를 넘어서면 의풍리 마을이 펼쳐진다.

먼저 의풍리에 들러 고개 지명에 대해 알아보았으나 대답들이 시원스레 일치하지 않았다. 다만 고개 사이에 장건지골이 있다는 말은 분명히 얻었다. 『시천교종역사』에서 언급한 장건지리라는 지명

---

* 표영삼, 『표영삼의 동학이야기』, 모시는사람들, 2014, 211쪽.

장건지골 산밭

은 장건지골로 여전히 살아 있었던 것이다. 다시 길을 되돌려 고개와 고개 사이에 있다는 장건지골로 향해 갔다. 과연 두 고갯길 사이에 좁은 소로가 하나 있었다. 얼핏 보면 계곡이 보이지 않으나 휘어진 좁은 입구를 지나 소로를 따라 오르다 보니 널찍한 산밭이 나왔다. 40-50년 전만 해도 장건지골에 화전민들이 10여 호 이상 살았다지만 지금은 펜션만이 홀로 적막한 골을 지키고 있을 뿐이다.

다시 장건지골을 빠져나와 애초에 넘어왔던 작은 고개를 마저 넘어갔다. 영춘과 영월의 경계 지역이다. 개울 건너는 영월 땅 와석리다. 노루목교를 따라 개울을 넘자 노루목상회가 눈에 띈다. 노부부가 모처럼의 손님을 치러내느라 손이 바빠 보였다. 주인 할머니는 평생 이곳 영월에서 산 토박이셨다. 일단 노루에 관한 지명을 여쭸는데, 의문을 말끔히 털어낼 만큼 명쾌한 답을 주셨다. 먼저 의풍리로 접어드는 첫 고개가 '작은노루목고개', 두 번째 고개가 '큰노루목고개', 고개와 고개 사이 평평하고 밋밋한 곳이 '샛노루목'이다. 그리고 샛노루목에서 접어들며 나타나는 마을이 장건지골이다. 그렇다면 영월 쪽의 '노루목'으로부터 영춘 의풍리의 '작은노루목고개'-'샛노루목'-'큰노루목고개'로 이어지는 것이다. 일찍이 표영삼 선생은 장간지가 노루목과 노루너미 사이에 있는 땅을 의미하는 것이라 짐작하셨는데, 실제로 샛노루목(사이노루목)이라는 명칭이 또렷이 존재하고 있었다. 샛노루목의 한자식 표현인 '장간(獐間)'이 장건으로 와전되어 정착된 것이 아니었을까.

열여섯 살의 구암이 의풍리 장건지골에 들어와 밭을 일구어 살면서 평생의 스승 해월을 가까이에서 모시며 동학에 대해 배워나갔을 것이고, 말로만 듣던 수운 사모님도 뵙고 그의 아들 세청과도 짧게나마 친분을 나누었을 것이다. 그러나 수운의 장남 세정이 장살되고, 수운 사모님이 세상을 떠나고, 수운의 차남 세청마저 병사하는 연이은 사가(師家)의 불행을 곁에서 지켜봐야 했을 것이다. 이제 동학은 해월의 손에 의존할 수밖에 없었고, 그만큼 해월을 모시는 구암의 삶도 바빠질 수밖에 없었다. 이곳 장건지골은 구암이 그러한 종교적 인생의 전환을 모색하던 때에 2년을 보낸 곳이다. 장건지골이야말로 강원도 사람을 받아내 점차 충청도 동학의 인물로 키워낸 입회지라 할 수 있다.

(5) 인제 달리촌

구암이 나고 자란 강원도 인제로 향한다. 같은 한강이라지만 남한강역의 단양과 북한강역의 인제는 450리가 넘게 떨어져 있다. 구암은 1857년 2월 13일에 인제군 남면 달리촌에서 부친 김병두(金秉斗)

와 밀양 박씨 부인 사이에서 태어났다고 알려져 있다. 구암의 어린 시절에 대한 정보는 많지 않지만 어린 나이에 조실부모하는 바람에 인제군 남면 무의매리에 있는 숙부 김병내가 그를 거두어 키웠다고 알려져 있다. 부모를 언제 잃었는지에 대해서는 의견이 분분하나 어찌 되었든 간에 그가 무의매리로 옮겨 가 더부살이하기 전까지 나고 자란 곳이 달리촌이라는 데는 혼선이 없다.

사실 인제군 지역 대부분은 해방과 더불어 38선 이북으로 편입되는 바람에 남면 일부만이 신남이라는 이름으로 홍천군에 속했다가 한국전쟁 후에 다시 인제군 남면으로 복귀되었다. 지금도 인제군 남면의 중심 소재지는 신남이며, 홍천, 양구, 인제로 가는 세 갈래 길목이 교차하는 교통의 요지이다. 신남을 중심으로 인제군 남면의 달리촌을 찾아보았으나 100년 전의 지명으로 개편과 통폐합을 거듭한 마을명을 찾기란 쉬운 일이 아니었다. 옛날 춘천 지역의 고등학교로 진학하기 위해 인제군 신남에서 유학 나온 친구가 떠올라 연락해보았다. 그에게 오랜만에 전화를 걸어 지금까지의 자초지종을 설명하면서 『동경대전』이 최초로 발행된 곳인 갑둔리와 구암의 고향인 달리촌을 둘러보려 한다고 밝혔다. 그랬더니 친구는 자신의 고향이 갑둔리인데, 그곳에 지금은 육군 과학화전투훈련단이 들어서서 마을을 비우고 나올 수밖에 없었다고 했다. 그나저나 자신의 고향이 그 정도로 동학과 얽힌 곳인지는 몰랐다며 신기해했다. 문제는 달리촌이었다. 친구는 고향의 어른들께 옛 지명에 대해 수소문해보더니 달리촌이 지금의 인제군 남면 신월리로 생각된다며, 인제군의 지명 유래에 관한 자료와 인제의 향토사학자의 글을 메시지로 곁들여 보내왔다. 그러면서 그곳에 마침 자신의 외가댁이 있어 어릴 적 몇 번 가보았다고 하는 것이다. 아, 『동경대전』을 간행한 갑둔리에 친가를 두고 구암의 고향 달리촌에 외가를 둔 친구였다니! 동학은 이렇게 우리들 사이를 비껴가며 가까이에서 묻혀가고 있었던 것인가!

신월리(新月里)는 1916년 행정구역 개편에 따라 신촌리(新村里)와 건달리(建達里)를 병합한 지명이었다. 1973년 소양강댐이 완공되면서 바닥에 있던 신촌리는 대부분 수몰되고 건달리 지역이 남아 있는 모양이었다. 건달리는 고지대인 월산(月山) 자락에 있다 보니 저지대에 소양강을 두고도 농수를 하늘에 의존해야 했는지 건답리(乾畓里)로도 불렸다고 한다. 그렇다면 건답리가 건달리가 되고, 다시 건달리가 달리촌이 되었다는 말인가? 『조선지지자료』(1918)에서는 한자로 '內達里(내달리)', '外達里(외달리)'로 표기하고는 한글로 '안건달리', '밧건달리'로 각각 부기하고 있어, 당시 '달리'(한자)와 '건달리'(한글)가 통용되었음을 알 수 있었다. 어쩌면 월산 아래 동네라 달리[月里] 또는 달리촌으로 불렸을 수도 있다. 1916년 신월리로 통합·개편하면서 신촌리의 '신(新)'과 건달리의 '건(建)' 또는 달리의 '달(達)'을 결합해 '신건리(新建里)' 또는 '신달리(新達里)'라 하지 않고 굳이 달[月]을 끄집어들여 '신월리'라 했다면 신촌리의 '신'과 달리의 '월(달)'을 염두에 둔 것일 수도 있겠다는 생각이 들었다. 이래저래 달리촌과 신월리는 무관하지 않았다.

드디어 신남에 당도했다. 중학교 2학년 수학여행 때 강릉 경포대에 가서 난생처음 바닷물을 접하고(지금도 바닷물과의 첫 대면일인 1981년 6월 3일을 잊지 않고 있다!) 다음 날 한계령을 넘어 귀환하다 지나쳤던 곳이 신남이었다. 고3 때인가는 대입 시험을 치르고 인제 원통에서 군 복무를 하던 형에게 면회 가는 길에도 신남을 들렀었다.

그리고 1992년 춘천에서 결혼식을 마치고 설악산으로 소박한 신혼여행을 떠날 때에도 잠시 정차했던 직행버스 차창 밖으로 가을비 내리는 신남터미널을 바라보며 옆자리 귀인에게 미안해했던 기억이 있다. 그러고 보니 봄날의 신남은 이번이 처음이었다. 이곳에서 양구 쪽으로 가는 길도 처음이었다.

신남에서 신월리까지는 거의 40리 길이다. 신남에서 양구로 넘어가는 46번 도로에 오르자마자 가파른 기세에 놀란다. 고개를 넘어 몇 굽이 지나치면 산골 틈까지 수평을 맞춰 밀어닥친 봄의 소양에 다시 놀란다. 상수내리와 하수내리 사이를 가르고 있는 소양호의 허리를 가로지르는 양구대교를 넘어서면 38선이 나온다. 구암의 달리촌도 38선 이북에 자리 잡고 있다. 양구군 남면 원리에 접어들자마자 우측 신월리로 접어드는 산 고갯길 입구가 나온다. '달 뜨는 마을 신월리'를 알리는 관문이 길손을 맞는다. 물론 고갯길은 예사롭지 않다. 누가 이 너머에 마을이 있을 거라 상상이나 했겠는가. 수몰 전에야 관대리나 부평리로 통하는 길이 있어 인제읍이나 신남을 오갔겠지만 지금은 이 간무봉의 고개를 통하지 않고서는 물과 산으로 섬이 돼버린 오지 중의 오지에 닿을 수 없다.

고갯마루에 올라서자 산 아래 신월리가 한눈에 보인다. 바닥에는 소양호가 들이닥쳐 있고 집들은 산비탈에 바짝 달라붙어 있어 물에 갇힌 산촌 풍경 그대로이다. 마을로 내려서면 곧바로 건달리 안쪽 마을(내건리), 즉 내촌이다. 마을 가운데에 있는 신월분교를 기점으로 바깥쪽이 외건리(외촌)다. 신월분교로 향하는 소담한 언덕을 따라 올랐다. 구암과 인연이 닿았을 리 없는 교정이지만 잠깐이나마 어린 시절을 이곳 신월리에서 보냈을 구암이 또래와 어울려 가댁질을 하

신월리 전경

며 뛰놀던 상상을 해본다. 다시 언덕을 내려오니 눈앞에 논물 그득한 논다랑이 시원스레 들어온다. 건답리라더니 그것도 옛말이 되었나 보다! 신월분교를 지나 외촌으로 넘어가는 길가엔 매혹적으로 피어난 복숭아꽃과 꽃 사태가 시작된 벚꽃이 버무려져 흡사 영화의 한 장면 같다. 며칠간 계속되었던 갑작스런 봄 더위 탓일까. 산촌에 봄이 한꺼번에 몰아닥친 모양이다. 벚꽃과 복숭아꽃의 시간차가 무시되고, 거기에 키 작은 조팝나무와 바닥에 깔린 지면패랭이꽃이 한데 어우러져 꽃 잔치가 한창이다. 그야말로 구암의 달리촌은 꽃 대궐이 차려진 고향의 봄 그대로였다.

내촌과 외촌을 둘러보고 인적을 찾아볼 요량으로 경로당이 있는 내촌의 마을 회관을 찾았다. 가는 날이 장날이라고 동네 노인들이 다들 외지로 단체 봄 여행을 떠나신 모양이다. 하는 수 없이 회관과 이웃하고 있는 집을 찾았다. 방금 따온 수북한 두릅을 손질하시는

3) 구암의 흔적을 쫓다

바깥어른께 다가가 인사를 건넸다. 수몰 이후 신월리에 들어오셔서 땅을 일구며 근 45년을 지내오신 모양이다. 예전의 토박이들은 수몰 당시 보상을 받고 대부분 마을을 떠났고 그 이후 외지에서 들어온 이들이 마을 주민의 대부분이라고 하신다. 그래도 달리촌의 지명에 대해 얘기를 나누고는 동학의 지도자였던 구암 김연국에 대해서도 여쭤보았지만 대답은 예상대로 신통치 않았다. 당연했다. 제아무리 구암이라 하더라도 이곳에서 몇 년의 유년기만을 보내면서 변변한 흔적을 남겼을 리 없고, 조실부모한 탓에 의지할 곳 없어 타방으로 떠나간 그를 대를 이어 기억해줄 전승자가 있을 리 만무했다.

어린 나이에 이곳 달리촌을 떠난 구암은 인근 무의매리 삼촌 댁에서 평생의 스승인 해월을 만난 뒤 인제 땅을 벗어났지만 피신하는 해월을 시봉하며 숱하게 인제, 양구, 양양, 고성을 오가며 자신의 고향 달리촌을 지나쳤을 것이다. 그러나 이곳 달리촌엔 어떠한 기억도 흔적도 없다. 다시 신월리를 빠져나오기 위해 고개를 향해 되돌아 오른다. 얼마 뒤에는 신월리에서 관대리로 통하는 길이 뚫린다고 하니 인적 뜸한 고개가 더 뜸해질 것이다.

구암 없는 구암 마을을 돌아본 셈이지만 그리 허전하지만은 않다. 봄의 생을 돋우는 신월리의 싱싱한 두릅이 들린 손이 묵직하고, 말로만 듣던 달리촌을 직접 밟아본 것만으로도 걸음이 가볍다. 고개를 오르는 사이 양지바른 곳에 피어오른 화사한 복사꽃에 유혹되어 연실 발길을 멈추었다. 구암과 인연이 짧았던 생부의 마을엔 복사꽃이 만발했고, 동학의 아버지(해월)를 모시며 살던 단양 땅엔 하얀 사과꽃이 지천이었다.

다시 신남으로 나와 신남과 부평 사이에 위치한 유목동(楡木洞)을 둘러봤다. 옛 지명이 느릅정이인 이곳에 해월이 갑오년의 좌절을 맛본 뒤 피신해 와 머물렀던 최영서의 집이 있었다. 해월은 1896년 8월에 원주 서면 전거언리로 이주하기 전까지 이곳에서 1년여를 숨어 지내며 제자 3암과 집중적인 문답을 나눠가며 동학의 미래에 대해 고민했을 것이다.

느릅정이를 빠져나와 갑둔리로 향했다. 신남에서 홍천 두촌면 쪽으로 내려오다 왼쪽으로 돌아 446번 도로를 타고 김부리로 진행하다 보면 갑둔리가 나온다. 갑둔리와 김부리 일대는 이미 과학화전투훈련단이 들어선 이후 대부분이 군사 제한구역으로 묶여 있었다. 해월은 1880년 5월 12일에 갑둔리 김현수(金顯洙)의 집에 『동경대전』 간행소를 설치하고 한 달여 만인 6월 14일에 간행을 마무리 지었다. 해월과 강시원, 유시헌, 전시황 등이 앞장서 주도했지만 뒤에서 물심양면으로 비용을 대고 정성을 기울인 것은 인제접의 동학도들이었다. 김현수의 생가가 있던 갑둔리(원갑둔)는 군의 훈련장으로 수용되었고, 건물도 허물어져 터만 남았다고 했다. 예상했던 대로 원갑둔의 『동경대전』 간행 터는 군사 제한구역이라 접근이 불가했다. 미리 행정 당국과 군 당국에 손을 써놓지 않고 달려온 길이라 터를 지척에 두고도 살벌한 경고문 앞에서 발길을 멈출 수밖에 없었다. 그래도 다행인 것은 인제 갑둔리 『동경대전』 간행 터가 2016년 12월 강원도 기념물 제89호로 지정되면서 차차 유적지 정비가 시행될 예정이라는 것이다. 동학에 대한 기억이 철조망에 갇혀 영영 묻힐 수도 있었지만 그간 유허지에 대한 애정과 노고를 아끼지 않은 동학도들과 향토학자들 덕분에 보존될 수 있었다.

원갑둔을 조금 지나 예전 서낭거리가 있던 갑둔리 훈련장 길가에

『동경대전』 공방터 ▲▲
『동경대전』 각판소 터 ▲
(2018년 6월 14일 군당국의 협조하에 촬영)

잠시 멈추어 섰다. 서낭거리 안쪽으로 들어가면 갑둔리 삼층석탑이 있다지만 접근할 수 없는 곳이다. 아쉬운 마음에 접근이 허락되는 갑둔리 오층석탑을 보기 위해 갑둔교를 지나 계곡으로 난 산길을 따라 올랐다. 인적 없는 산길을 걷노라니 한낮의 계곡 물소리가 그대로 귀에 안겨 쟁쟁했다. 해월이 동학의 지도력을 구축하기까지 든든한 은신처가 되어주고, 말로만 전해지던 동학의 가르침을 번듯한 정전(『동경대전』, 『용담유사』)으로 담아내는 데에 인력과 물력을 아끼지 않았던 인제의 동학도들, 그들이 쏟아내는 그 옛날의 주문 소리 같은 물소리가 갑둔리의 계곡에 가득했다. 저 계곡물은 갑둔리를 지나고 소치리를 거쳐 유목동 너머 부평리 앞 소양호로 접어든다. 유목동에 피신 와 지내던 해월도 계곡물 따라 원갑둔과 갑둔리 서낭거리를 오갔을 것이다. 물론 길 안내는 고향 인제를 누구보다 잘 알았을 구암이 도맡지 않았을까.

(6) 무의매리를 찾아서

구암을 찾아 북한강역 인제로 나섰던 길을 마감해야 할 때가 왔다. 그러나 생부(김병두)를 잃은 구암이 종교의 아버지(최시형)를 만나기 전까지 어린 시절을 보낸 곳인 숙부(김병내)의 마을, 무의매리에 대해서는 지금껏 알려진 것이 없어 여전히 막막하기만 하다. 평생 동학의 발자취를 쫓아오신 표영삼 선생도 무의매리를 밝히기 위해 인제 남면과 그 일대의 양구 남면을 샅샅이 살피셨다지만 알 길이 없었노라고 회고한 바 있다. 출생지를 떠나 무의매리로 옮겨 온 구암의 행로에 대한 기억은 달리촌(신월리)을 떠나며 로드킬 당한 채 끝나고 마는 것인가.

해월이 김병내의 집에 오게 된 것은 1872년 수운의 장남 세정이 양양 관아에 수감되었을 때였다. 『최선생문집도원기서』(1880)는 당시 해월이 수운의 차남 세청, 임생과 함께 세청의 처가가 있는 양구에 찾아왔으나 그들이 이미 어디론가 떠나갔기에 인근에 있는 세청의 처당숙인 김광문(김병내)의 집에 이르게 되었다고 기록한다. 그러나 『시천교종역사』(1915)에 따르면 해월이 세청 및 강수와 함께 양양의 옥정(獄情)을 탐문한 뒤 묵게 된 곳은 인제군 남면 무의매리에 있는 김병내의 집이었다. 인제군 남면 무의매리를 언급한 기록은 이 외에도 많았다. 『천도교창건사』(1933)는 김병내의 마을을 무의매리가 아니라 인제군 남면 무매리로 기록하기도 했다. 위와 같이 19세기 기록은 구체적인 지명을 밝히지 않은 채 양구 인근이라고만 언급하나 20세기 초의 기록은 분명히 인제군 남면 무의매리(또는 무매리)라고 지적한다. 무의매리(舞依梅里)든 무매리(舞梅里)든 어린 구암이 달리촌을 떠나온 뒤 소년기를 보낸 곳이련만 1914년 일제의 행정구역 개편 과정에서 옛 지명을 잃은 모양이다.

갑갑한 마음에 두 가지 상상을 해봤다. 한편으로는 뜻으로, 다른 한편으로는 소리로. 먼저 매화[梅]의 뜻을 살려 매화와 관련된 마을을 뒤져보았더니 인제군 상남면 하남리에 매화동이 있었다. 1983년 상남면이 독립되기 전까지는 기린면에 속해 있던 곳으로 수운의 장남 세정이 피체되었던 귀둔리 쇠물안골과 가까운 곳이고, 갑둔리 지역과도 소통하기에 그리 멀지 않은 곳이다. 그러나 더 이상의 진전을 보기가 어려웠다. 매화동이 풍수상의 '매화낙지(梅花洛地)'형*에서 유래되어 그리 작명되었다고 하더라도 앞 글자 '무의'나 '무'를 연결시킬 만한 여지가 전혀 떠오르지 않았다. 더구나 여러 기록에서 밝혀진 소재지인 인제군 남면과도 맞지 않고, 『최선생문집도원기서』에서 말하는 세청의 처족이 있었다는 양구와도 너무 동떨어져 있어 매화에 대한 단상을 접어야만 했다.

* 매화가 땅에 떨어지는 형국을 한 지역으로서 풍수지리상의 명당으로 여겨진다.

이번에는 뜻보다 발음에 주목해보기로 했다. 지명학의 법도를 모른 채 용감하게 상상을 펼쳐보았다. 무의매리든 무매리든 매(梅)는 발음상 산(山)을 뜻하는 '뫼'나 '메'의 변형으로 이해될 수 있다. 아울러 앞 글자인 '무의(舞依)' 또는 '무(舞)'도 춤의 뜻과는 상관없이 발음상 '물[水]'의 ㄹ 탈락형으로 볼 수 있지 않을까 생각했다. 마치 무논(물논), 무제(물제: 기우제), 무넘이(물넘이) 등등이 그렇듯이 물의 ㄹ 탈락은 흔하다. 다만 '무의'는 받침 ㄹ을 뒤로 연음시킨(모음 첨가) '무릐(무리, 무르)'에서 ㄹ을 탈락시킨 형태로 보였다. 인천 무의도(舞衣島 또는 無衣島)의 '무의'가 물을 뜻하는 '무리'를 한자로 옮긴 것이라는 일설도 이를 뒷받침한다고 할 수 있다. 결국 무의매리든 무매리든 발음에 의존한다면 '물뫼(물메, 물미)'를 뜻하는 수산(水山)을 얻을 수 있다.

다행히 인제군 남면에 수산리(水山里)가 있다. 소양호를 접하고 있는 산골이면서 구암의 달리촌과도 그리 멀지 않은 마을이다. 그러나 지금의 수산리는 1973년 소양강댐이 완공되기 직전 행정 개편이 이루어지면서 춘성군 북산면에서 인제군 남면으로 편입된 곳이라서 조금은 마음에 걸렸지만 지리적으로 인제(남면), 양구(남면), 춘천(북산면)의 경계가 교차하는 지점이라 행정구역 개편이 잦았던 곳이니 직접 가서 눈으로 확인해보는 수밖에 없었다. 인제를 다녀온 뒤 얼마 안 있어 다시 신남을 향해 갔다.

신남 고개를 넘은 뒤 내리막 갈림길에서 왼쪽으로 내려오다 수산교를 건너면 소양호 어귀와 만난다. 회골로 들어서지 않고 곧장 소양호를 계속 따라가다 두 갈래로 난 소양호의 살을 굽이돌다 보면 수산리 입구가 눈에 들어온다. 수몰을 면한 수산리 19개 골에 현재

40여 호가 살고 있다. 수산리 마을 회관으로 향하는 길(무학길) 옆엔 청정한 수산천이 걸음을 멈추게 하고 시름을 잊게 한다. 마을 회관에 못 미치는 곳에 수산리 당목이 서 있다. 그 아래 제단에는 흰 위목지*와 실타래가 걸려 있고 향로와 촛대가 갖춰져 있었다. 당목 옆 자갈밭에서 고추 모를 심고 있는 노인들에게 접근했다. 수산리의 옛 지명에 대해 여쭈었더니 여기저기의 자연부락과 골 이름을 있는 대로 알려주셨지만 수산리를 물뫼나 물메라고는 부르지 않았고 그 말을 들어본 적도 없다고 하셨다. 당연히 무의매리와 무매리에 대해서도 답을 얻을 수가 없었다. 조금 더 길을 가다 50대 후반의 남성과 얘기를 나누었는데, 그 역시도 수산리의 지명을 많이 알고 있었지만 물뫼니 물메니 하는 말들은 처음 듣는다고 했다.

무의매리를 물뫼로 가정하고 수산리를 다녀보았으나 물뫼나 물메에 대한 증언을 얻지 못하고 돌아왔다. 사실 이때 '물미'를 물었더라면 수산리를 한 번 더 가보는 수고를 덜었을 텐데. 어쨌든 그후 여러 옛 자료를 뒤지던 중 19세기의 기록에서 양구 땅 수산진(水山津)을 발견했다. 화서 이항로의 문인인 이근원(李根元, 1840-1918)이 남긴 금강산 여행기에 건이현(乾伊峴)-어론점(於論店)-회곡현(灰谷峴)-수산진-성당천(城堂遷)-장곡(長谷)-도로지현(道路支峴)으로 이어지는 하룻길 여정이 기록되어 있었다(『금계선생문집(金溪先生文集)』「동유일기(東遊日記)」). 건이현을 넘어 인제로 들어온 뒤 회골(회곡)을 거쳐 양구 수산진을 건너갔다는 대목이 눈에 띄었다. 결국 홍천에서 인제를

---

* 위목(位目)은 한지나 천에 신령의 이름을 쓰거나 글자 없이 그 자체로 신체(神體)를 드러내는 상징물이다. 종이로 만든 위목을 위목지라 한다.

거쳐 양구에 이르려면 상수내리의 회골과 수산진을 거쳐야 했다는 것이다. 그렇다면 '수산'이라는 이름을 가진 나루터를 찾아야만 했다. 수산리의 노인분 말씀에 따르면 수몰 전에 나루가 있던 곳은 양구대교 근처라 했으니, 지금의 상수내리 지역이다.

상수내리 지역일 가능성을 좀 더 타진해보기로 했다. 수산리와 인접한 상수내리는 본래 양구 남면이었으나 해방 이후 38선이 그어지면서 춘성군 북산면으로 편입되었다가 1954년 수복 이후 양구군 남면으로 환원되었다. 그러나 1973년에 소양강댐이 건설되면서 양구의 상수내리와 하수내리, 춘성군의 수산리가 인제군 남면으로 개편되었고 상수내리와 하수내리를 합친 상하수내리가 공식 명칭으로 남게 되었다.

일단 인제군 남면사무소를 통해 상하수내리 마을의 이장님과 통화할 수 있었다. 1941년생인 그분은 상수내리와 하수내리의 곳곳을 잘 아셨고, 전쟁 전후와 수몰 전후의 사정을 비교적 상세히 기억하고 계셨다. 드디어 그리도 찾던 나루가 있던 '물미' 지역이 있었다는 답까지 얻게 되었다. '물미'라면 '물뫼'나 '물메'가 와전된 변형으로 충분히 봐줄 만하고 전국 곳곳에 그 사례가 있다. 지금은 수몰되었지만 양구대교 남단을 조금 못 미친 지역에 물미 마을이 있었다고 했다. 지금도 상수내리 근처에 '사공애집골'이라는 지명이 남아 있으니 그곳은 의심할 바 없이 나루터였다. 『조선지지자료』(1918)에 따르면 상수내리에 '상수내진(上水內津)'이라는 나루가 있었던 것으로 확인되며, 그에 대한 한글명으로 '물미나루'라 부기되어 있다. 19세기 여행기에 기록된 양구 수산진은 아마도 이 물미나루였을 것이다. 물미가 고향인 이장님은 수몰되기 전까지 그곳에 사셨으며, 당시에는 70-80호가 족히 넘는 큰 마을이었고, 더 옛날에는 물미의 나루에 뗏목이 드나들며 장이 설 정도로 번창한 마을이었다고 하신다.

물미나루와 구암의 탄생지인 신월리는 서로 인접해 있으니 수몰되기 전까지는 강가를 따라 쉽게 오가는 가까운 거리였다. 그러나 구암이 달리촌에서 숙부가에 옮겨 와 더부살이하며 동학에 입도하고 끝내 해월을 만나 인생의 길을 바꾸었던 무의매(무매)가 옛 양구 지역에서 인제로 편입된 상수내리 물미 마을이었다고 확신하기에는 결정적으로 걸리는 문제가 하나 있었다. 인제군 남면 무의매리라고 분명히 밝힌 초기 동학의 기록들이 작성될 당시 물미가 있는 상수내리는 분명히 양구군 남면에 속해 있었기 때문이다. 물론 춘천(북산면), 양구(남면), 인제(남면)의 접경 지역이라 기록자가 혼동할 수도 있었겠지만, 당사자인 구암이 살아생전에 발간했던 문헌(『시천교역사』)에서도 인제군 남면 무의매리로 적혀 있다.

그래도 눈으로 확인하고 귀로 주워듣고 싶었다. 이번에는 춘천에서 양구를 거쳐 가보기로 했다. 춘천 샘밭에서 화천 오음리로 넘어가는 무시무시한 배후령 고갯길은 십 리가 넘는 터널로 바뀌어 기운을 빼지 않고 이동할 수 있다. 터널을 빠져나와 방향을 추곡리 쪽으로 틀었다. 소양호의 손아귀를 보자 이내 기나긴 수인터널로 접어든다. 터널을 나오자 '사명산'을 알리는 이정표가 불쑥 눈에 들어왔다. 아니, 1898년 해월이 피체되어 처형된 후 구암이 숨어들었다는 그 사명산이 아닌가. 직접 가보지 않을 수 없었다. 웅진터널을 빠져나와 손가락처럼 뻗은 소양호의 굴곡을 따라 웅진리에 당도하니 사명산 입구가 나온다. 마을을 지나 선정사가 자리 잡은 중턱까지 올라가보았다. 구암은 사명산에 깃들어 있다가 스승 해월의 환원일인

6월 2일에 향례식을 치르기 위해 공주로 나섰다가 체포되어 3년 반쯤 옥살이해야 했다. 숨어 살면서 수도 생활을 이어가기엔 산중의 암자가 제격이었을 텐데, 그 옛날 구암이 선정사가 있는 이곳 웅진리 계곡으로 숨어들었었는지는 알 수 없는 일이다.

웅진리를 빠져나와 무의매리가 있는 인제군 남면으로 향했다. 양구읍을 지나 양구 남면으로 접어들었다. 인제·신남 방면으로 향하는 고갯마루에 번듯하게 누워 있는 양구터널을 지나면 소양호를 향해 내달리는 내리막길이다. 양구군 남면 원리 지역이니 예전에는 홍천이나 인제에서 양구로 넘나드는 길손이 많아 원동주막(院洞酒幕, 원쏠주막)까지 있었던 곳이겠지만 소양호가 생긴 뒤부터는 인가도 드물어졌고 오가는 인적도 뜸한 곳이 되었다. 조금만 더 내려가면 왼편으로 구암의 달리촌으로 넘어가는 신월리 고개 입구가 나올 것이다. 그곳 삼거리를 지나치면 곧 양구 남면이 끝나고 인제군 남면이 시작된다. 조금 남행하다 38선 조금 못 미치는 곳 부근에 사시는 상하수내리 이장님 댁을 찾았다.

1941년에 상수내리의 물미 마을에서 태어난 이장님은 수산리에 있던 수산국민학교를 다니다 전쟁 후 상수내리에 신설된 수내국민학교에서 5, 6학년을 마치셨다. 수내국민학교는 물미에서 강물을 건너야 하는 남부리[蘭根坪] 지역에 있었다고 한다. 그후 결혼을 하고 농사를 지으며 살다가 물미가 수몰되는 바람에 서울과 안산을 전전하셨다. 그러다 20년 전부터 귀향하여 쏘가리와 장어를 낚는 소양호의 어부가 되셨다. 그러니까 33세까지 농업에 종사하다 수도권으로 이주하여 25년간을 도시 근로자로 살다가 다시 58세에 귀향하여 지금까지 내수면 어업을 이어오신 것이다. 수몰 지역민이라면 겪을 수밖에 없던 힘겨운 삶의 굴곡이 이분의 인생에도 짙게 새겨져 있었다. 평소 듣기 어려웠던 한국전쟁 발발 이전 38선 시절의 일화나 소양댐 수몰 전후의 얘기도 이분을 통해 생생하게 접할 수 있었다. 그리고 하수내리 서낭댕이 당목, 물미에서 달리촌이 있는 신월리로 다니던 옛길, 그리고 새로운 생각의 불씨가 되는 신월리 건너편 '미매'에 대해서도 들었다. 백문이 불여일견, 눈으로 직접 확인하고 싶었다. 초행길을 우려하셨는지 이장님도 따라나서셨다.

38선 아래로 남행하다 보면 소양호를 가로지르는 양구대교가 나타난다. 양구대교 동쪽은 신월리가 인접한 상류이고 서쪽은 상수내리의 남부리와 물미가 있던 하류이다. 이장님이 대교 남단의 검문소 공터에다 차를 세우고는 이곳저곳 설명을 하신다. 엊그제 내린 비로 호수는 온통 흙탕물이고 며칠 전보다 물도 굉장히 불어 있었다. 이장님은 물미에서 신월리로 오가던 강가 소로의 흔적, 수내국민학교가 있던 남부리 지역, 물미나루가 있던 자리, 그리고 물미 마을이 자리 잡고 있던 일대를 손으로 가리키며 물속에 잠겨 있던 기억을 길어 올려 길손에게 건네는 일에 열심이시다. 이장님이 가리키는 지명마다 현저한 지형·지물을 연결시켜 머릿속에 마구 구겨 넣었다. 따지고 보면 내게도 완전 타방은 아니다. 지금은 인제 땅이지만 해방 후 38선이 그어지면서 외톨이로 남은 이곳 양구 땅이 잠시나마 내 고향 춘성군에 속하기도 했던 것이다.

이제 일손 바쁜 이장님을 보내드려야 했다. 여든을 바라보는 연세에도 뒤에서 바라보는 어깨가 좁아 보이지 않았다. 지난 20년간 고향을 삼킨 호수 바닥에서 고기를 낚아 올린 것으로 두 분 내외의 인생 후반부를 꾸려내셨고, 뜻하지 않게 양육의 손길을 받지 못한 어

수몰된 물미 지역

린 손자와 손녀를 데려다 걷어 먹이며 키워내셨다. 이 오지에서 노심초사 두 손주를 엇나가지 않게 키워내시고 멀리 있는 면 소재지의 학교를 챙겨 보낸 끝에 번듯한 대학으로 진학시키셨다니 장하신 뒷모습이 아닐 수 없다. 과연 물미의 힘이다!

양구대교 남단으로부터 다시 남행하며 물미에 있었다던 나루터로 향했다. 대략 1킬로미터를 지나갔을까 호수 아래로 내려가는 내리막길이 보인다. 이곳이 바로 사공애집골이라 했으니 나루터에 걸맞은 지명이 아닐 수 없다. 여기저기 낚시꾼들이 쳐놓은 텐트와 차양이 보일 뿐 적막이 흐른다. 불어난 물을 바라보며 그 옛날 뗏목이 오가던 나루를 떠올려보았다. 건너편 남부리에도 나루터가 있었을 것이다. 남부리 서쪽 하류의 하수내리 지역도 눈에 들어온다. 남부리 동쪽으로 눈을 돌리면 양구대교 교각 사이로 달리촌이었던 신월리가 가까이 보인다. 지금은 높은 고개를 넘어와야 이곳에 닿지만 예전엔 강가로 오가는 길이 있었을 것이고 신월리에도 나루가 있었으니 강

3) 구암의 흔적을 쫓다 175

을 건너다니기도 용이했을 것이다.

사공애집골을 빠져나와 신남 방향으로 남행을 하다 보면 호수로 내려가는 또 하나의 소로가 나온다. 아래로 내려가면 분모골(지도상으로는 '풍무골'로 표기되어 있음)이라 했다. 바닥에 내려오니 수많은 낚시꾼이 진을 치고 있다. 여기가 바로 일제강점기에 장이 섰다는 물미 지역이다. 물미는 신월리에서 내려온 강물이 남부리를 돌아 하수내리로 굽어 돌아가는 바깥쪽 마을이었을 것이다. 이곳은 회골에서 내려오는 물과 수산리에서 내려오는 물이 합수하여 강 본류로 흘러드는 길목이었으니 민가가 그득했을 것이고 개울 건너로는 농사꾼이 탐내는 논들도 많았을 것이다. 물미와 수산리는 행정명은 갈려도 주민들은 서로 같은 나루를 이용했을 것이고 한동안은 같은 학교로 통학도 했을 것이니 같은 생활권이었다고 할 수 있다. 물이 들어찬 지금도 맞은편의 수산리가 무척 가까워 보인다.

여기까지 온 김에 맞은편 마을 수산리에 가서 물미에 대한 기억을 찾아보려 한다. 이장님에게 옛일을 잘 아는 81세의 수산리 토박이 주민을 소개받았다. 이장님의 수산국민학교 3년 선배인 그분은 동네를 떠나지 않고 평생을 한곳에서 살아오셨다. 다시 회골 입구를 돌아 수산리로 접어들었다. 수산리에서 바라보니 물미가 바로 앞이고 양구대교 너머로 보이는 신월리가 훤하다. 수산리 빙골로 접어들어 마을 회관과 수산분교 자리를 지나 무학골을 찾아갔다. 해가 뉘엿뉘엿 질 무렵인데 어르신은 댁에 계시지 않고, 골 안으로 봇도랑을 손보러 가신 모양이었다. 개울가를 따라 300-400미터를 올라가니 논배미 옆의 봇도랑을 치는 한 노인이 보였다. 곁으로 찾아가 인사를 하고는 자초지종을 말씀드렸더니 일손을 멈추고는 반갑게 옛이야기를 꺼내신다. 그는 자신을 5대째 조상 대대로 지금의 집에서 살아온 수산리 토박이로 소개하며, 수산리는 수몰 전에 280호에 달하는 큰 마을이었다고 하셨다. 왜 수산리냐고 여쭈니 물과 산이 많아 그렇다는 것이다. 그러면 물뫼 아니냐고 하니 물미는 옆 마을 상수내리이고 수몰된 바닥에 있었던 곳이라 하신다. 나루 얘기며 옛날 학교 얘기가 대부분 상하수내리 이장님과 일치했다. 그러면서 그는 물미보다는 수산리가 더 번성했었고 중심이었다고 하시며 과거에 대한 자부심을 내비치셨다. 날이 어두워졌지만 당신께선 일을 마치고 가야 한다며 갈 길 먼 나를 내려보내신다. 홀로 내려와 그분의 자택에 인사를 드리고 떠나려 문을 두드리니 할머니 한 분이 나오신다. 며칠 전 당목 근처에서 뵌 어르신이었다. 할아버지에게 물미에 대해 여쭙고 간다 했더니 그분도 물미가 있었다고 하시는 게 아닌가. 그때 물뫼나 물메까지는 여쭈었는데 그만 물미를 간과하는 바람에 수산리에 한 번 더 온 것이다.

무의매리(무매리)를 '물뫼'로 간주하고, 뜻이 통하는 인제군 남면의 수산리와 상수내리의 물미 마을을 탐색해보았다. 그러나 수산리는 1973년 소양강댐 수몰 지역의 행정구역 개편 이전까지는 춘천(춘성군) 북산면에 편입되어 있던 곳이라 초기 동학의 기록과는 크게 어긋났다. 아울러 상수내리의 물미도 의미상 무의매리와 통하지만 해방 이전까지는 양구군 남면이었고, 해방 후 잠시 춘성군(북산면)으로 편입되었다가 한국전쟁 후 양구군이 수복되면서 1954년부터 다시 양구군 남면으로 복귀했다. 실제로 인제군 남면에 포함된 것은 1973년 이후이니 초기 동학의 기록에서 밝히고 있는 인제군 남면 무

신월리에서 바라본 수몰된 미매 지역

의매리와는 거리가 있었다. 천도교와 시천교의 기록들이 모두 인제군 남면 무의매리(무매리)를 가리키고 있으니 조선 말부터 일제강점기의 인제군 남면 지역에서 다시 실마리를 찾아야 했다.

적어도 두 가지 요건을 충족시켜야 했다. 먼저, 수산과 물미처럼 무의매리가 뜻하는 '물뫼'의 의미를 담고 있는 지명이어야 하고 둘째, 수산리나 물미와 달리 일제강점기 이전에도 인제군 남면 지역에 속해 있어야 했다. 고지도와 지금의 지도를 살펴보면서 단서를 찾아 보려 했으나 막막할 뿐이었다. 그러던 차에 물미 지역 인근의 옛 지명에 대해 언급하던 이장님의 말씀을 되뇌이다 '미매'에까지 이르렀다. 그곳은 분명히 신월리 건너편 마을이었고 수몰 전에 민가가 서너 채 있었다고 하셨다. 게다가 물미와 인접한 상류 지역이면서 양구와 접경하고 있는 인제군 남면 지역이었다.

이제 남은 문제는 미매가 과연 '물뫼'의 의미를 지니고 있느냐이다. 먼저 '매'는 앞에서 언급했듯이 '뫼'나 '메'의 변형이니 문제될 게 없고 '미'와 물만 통하면 된다. 물을 뜻하는 고유어로서 미가 사용된 예를 찾다 보니 몇 가지가 떠오른다. 바닷물과 연관이 있는 인천의 옛 지명인 미추홀(彌鄒忽)과 해주의 옛 지명인 내미홀(內米忽)에 '미'가 들어 있는 것은 먼 고구려 시대의 말이니 차치하더라도 요즘 통용되는 미나리(물나리)나 미더덕(물더덕)에서 미가 물을 뜻하고 있음을 쉽게 확인할 수 있다. 결국 미매는 의미상 무의매와 다르지 않았고 발음상으로도 유사하였다. 더구나 미매가 '뮈매'라고 발음될 경우 둘 사이의 친화성은 훨씬 더 높아진다.

현재로서는 위치상(인제군 남면)으로도 의미상(물뫼)으로도 미매가 무의매리에 가장 근접한 후보지이다. 미매는 조선총독부가 펴낸 5만 분의 1 지형도에 지명이 표시되어 있지 않았다. 다만 미매가 신월리(신촌리, 내건리, 외건리)와 마주했고, 그 앞에 소풍을 갈 정도로 널찍한 모래섬이 펼쳐져 있었으며, 그곳에서 상류 쪽으로 한 굽이 돌면 구만리(九萬里) 마을이 있었다는 이장님의 증언들은 당시의 지도 정보와 대부분 일치했다. 미매는 구암의 고향 달리촌이 지척이고 갑오년 이후 구암이 해월을 모시고 피신해 와 지냈다는 느릅정이와도 가까운 곳이지만 지금은 강 밑에 수몰되어 있어 배가 아니면 접근할 수 없다.

구암 김연국이 신월리에서 옮겨 와 살았다는 숙부 김병내의 집이 있던 무의매리를 미매로 가정해보았다. 수운의 장남 세정이 인제 귀둔리에서 피체된 뒤 양양 관아로 끌려갔다는 소식을 접한 이곳의 동학도들은 언제 연루자로 지목될지 몰라 긴장하였을 것이다. 수운의 차남 세청의 처가에서는 이미 길을 떠난 상태였고, 그 일족인 김병내도 짐을 싸서 떠날 준비를 하고 있을 터에 해월이 찾아온 것이다.

해월은 3일간 머물다 고향을 등지고 영춘 의풍리로 향하는 김병내 일행의 길잡이가 되어주며 동행하였고 그 인연으로 구암은 해월의 지근거리에서 동고동락하는 수제자의 길로 접어들었다. 구암의 삶과 동학에서 의미가 깊던 무의매리의 흔적은 소양강댐에 수장되어 있는 것이다.

『해월선생문집』(1906)에는 인제 남면 무의매리에 머무른 해월이 김연국을 비롯한 김병내 일행과 함께 태백과 소백 사이로 피신해간 여정이 구체적으로 묘사되어 있다. 당시 일행은 무의매리를 빠져나와 홍천 속사둔(束沙屯), 횡성의 치곡(雉谷), 원주 태장(台場)과 신림(新林) 등에서 숙박하며 동행하다가 횡현점(橫唄店)에서 서로 여로를 달리했다.

먼저 홍천 속사둔은 '속사(속새)'와 '둔(언덕)'의 결합어로서 속새풀이 많던 마을을 뜻하며 흔히 '속사골'이나 '속사동'으로도 불리는 지명들과 관계가 있을 테고, 한자로는 '속초리(束草里)'로 정착되었을 것이다. 속초리에 사둔지천(莎屯地川)이 흐르고 사둔지주막(莎屯地酒幕)이 있었다는 기록(『조선지지자료: 강원도편』)에 의거할 때 지금의 홍천군 동면의 속초리가 속사둔일 가능성이 높아 보이며, 인제 남면에서 대략 50킬로미터 떨어진 곳이라 하룻길의 여정으로도 가능한 거리라 짐작된다. 둘째 날 머무른 치곡은 홍천에서 삼마치고개를 넘어 횡성으로 들어선 지역으로서 지금의 횡성군 공근면 창봉리 일대의 꿩골로 여겨진다. 해월 일행이 창봉리의 꿩골에서 묵었다면 『조선지지자료』에서 확인되는 창봉주막에서 묵은 것일 수도 있다고 생각한다. 다음의 행선지인 원주의 태장과 그다음의 신림은 현재에도 지명이 남아 있어 추적이 어렵지 않다.

문제는 일행의 길이 갈렸다는 횡현점 ― 점(店)은 주막을 의미한다 ― 의 위치이다. 현재로서는 필사의 과정에서 '횡현(橫峴)'을 '횡현(橫晛)'으로 오기한 것이 아닌가 짐작할 뿐이다. 만약 그렇다면 횡현은 '비끼재'로서 횡치(橫峙)나 사치(斜峙)로도 표현이 가능하다. 결국 횡현점은 비끼재에 있던 주막으로서 '횡현주막', '횡치주막', '사치주막'으로 표기될 수 있다. 비끼재는 강원도 원주 신림에서 충청북도 제천(봉양읍 명암리)으로 넘어가는 고갯길이다. 고갯길을 넘어오면 제천 읍내로 내려가는 길과 백련사로 가는 길로 나뉘는 작은 삼거리가 나온다. 삼거리 부근에 사시는 82세 노인분의 말씀에 따르면 이곳에 두세 집의 주막이 있었고 우마를 먹이는 마방도 있었다고 하니 제법 길손의 왕래가 빈번했던 길목이었음이 분명하다. 실제로 비끼재에 횡치주막이 있었다(『조선지지자료: 충청북도편』). 신림주막에서 횡현점까지는 대략 20리 거리였을 테니 길을 나선 지 반나절 만에 당도했을 것이다. 횡현점에서 일행과 헤어진 해월은 피재(稷峙)를 넘어 동진을 계속하다 영월을 지나 정선 무은담에 도달했을 것이고, 구암 일행은 좀 더 남진하여 제천 군내를 거친 뒤 어상천을 지나 영춘에 이르렀을 것이라 추정된다. 미매 지역으로 추정되는 무의매리를 떠나 홍천-횡성-원주-제천을 차례로 거친 구암은 새로운 동학의 인생이 기다리는 영춘 의풍리에 당도했다.

구암은 인제(달리촌)에서 태어난 이래 무의매리 숙부 댁에서 지내며 동학에 입도하고, 해월과의 인연을 통해 영춘(의풍리)과 단양(절골, 송두둑, 장정리)으로 옮겨 와 스승을 시봉하며 동학의 길을 익히고, 보은(장내리)과 청산(포전리)을 거치면서 동학의 큰 인물로 성장했다. 그후 여러 우여곡절 끝에 서울(가회동)에 자신만의 종교(시천교 총부)를 세운 뒤, 계룡산(신도안)으로 이주해 상제교를 이끌어가다 세상을 마감한 뒤 영동(기호리)에 잠들어 있다. 북한강 상류에서 시작된 그의 삶은 금강 상류에서 긴 안식에 접어든 것이다.

(7) 창명대를 떠나며

청양 창명대에 발을 들여놓은 이래 천진교의 내력과 구암의 족적을 쫓느라 금강과 한강이 일어주는 봄바람을 한껏 쐬었다. 천진교는 그 옛날 활활 타오르던 영화로운 기억을 안고 청양 망월산 낙지리에 들어와 어렵사리 동학의 등걸불을 간직하고 있다. 역사의 뒤안길로 흩날리는 한 줌의 재로 끝날 수 없다는 절박감과 사명감이 저들에게 있다. 19세기를 딛고 20세기를 버텨온 보람으로 21세기에는 자신들을 위한 '때'가 열릴 것이라 굳게 믿고 있다.

청양에는 동학의 남은 불씨만이 있는 게 아니다. 청양은 또 다른 동학의 밑불을 지폈던 곳이기도 하다. 낙지리에서 가까운 청양읍 적누리에는 현재 대전시 유성구 추목동에 본부를 둔 수운교의 뿌리가 되는 성지 도성암(道成菴)이 자리 잡고 있다. 도성암은 수운교를 창건한 출룡자(出龍子) 이상용(李象龍)이 1912년에 들어와 9년간 기도를 지속했던 곳이다. 그는 1864년 대구 관덕당 앞에서 처형된 수운 최제우는 허신일 뿐이며 그때 살아남아 몸을 숨기고 운둔한 진신이 바로 자신이라 주장하며, 도성암에서의 9년 수도 생활을 마치고 1920년에 세상에 자신의 정체성을 드러냈다. 이후 1923년 서울에서 수운교를 창건한 뒤 현재의 위치인 대전 금병산 아래로 본부를 이전

청양 도성암

했고 1929년에는 수운교의 대표적 건축물인 도솔천궁을 세웠다. 하늘과 인간과의 관계에 주목한 여느 동학과는 달리 수운교는 불교 친화적인 동학으로서 부처와 하느님과 인간을 동일시하는 불천심(佛天心)을 강조한다. 수운교 본부는 인근에 대한민국 국군의 군사훈련 및 교육 시설인 자운대가 들어서면서 종교촌의 해체 위기에 직면했으나 종교 시설만큼은 자리를 유지할 수 있었다. 계룡대가 들어서며 종교촌이 해체된 천진교는 여러 우여곡절을 겪다 대전권에서 청양으로 밀려날 수밖에 없었던 반면 청양에서 출발한 수운교는 대전권에 자리를 유지하는 상반된 운명을 겪게 된 것이다.

청양은 동학의 잔불과 밑불이 공존하는 곳이면서 한국 서학의 뿌리가 되는 성지가 있는 곳이기도 하다. 수운 최제우보다 3년 먼저 태어나 3년 먼저 세상을 떠난 같은 경주 최씨인 한국 최초의 신학 유학생 최양업(崔良業, 1821-1861)의 삶이 청양에서 비롯되었다. 청양 화성면 농암리 다락골 인근에서 태어난 그는 15세의 나이에 마카

최양업 신부 생가 터

오 유학생으로 선발되었고, 동갑내기인 김대건과 함께 유학길에 올라 김대건에 이어 한국인 두 번째로 신부 서품을 받기에 이른다. 어렵사리 귀국하여 진천의 배티*를 중심으로 신학생을 가르치고 전국 교우촌을 몰래 돌아다니며 신앙을 권면하고 의례를 집전하다 젊은 나이에 길에서 쓰러진 뒤 제천의 배론 성지에 잠들어 있다. 걸어 다니는 성인이 동학과 서학에 있었다고 해야 하나. 평생을 걷던 해월은 순교로 생을 마감했고 최양업은 걷고 걷다가 길에서 쓰러져 순직한 것이다.

청양의 동학을 마무리하며 고풍스런 칠갑산 장곡사에 들렀다. 잘 알려진 대로 장곡사에는 아래위로 대웅전이 둘 있다. 서로 방향을

---

* 충청북도 진천군 백곡면에 있는 천주교 박해 시대의 교우촌이 있던 곳이며, 현재 최양업 신부를 기리는 성당과 주변의 순교자 묘역이 성지로 단장되어 있다.

장곡사 감로탱

달리하는 하대웅전과 상대웅전은 둘 다 보물로 지정되어 있다. 하대웅전에는 금동약사여래좌상이, 상대웅전에는 철조비로자나불좌상, 철조약사여래좌상, 철조아미타불좌상이 각각 봉안되어 있다. 여느 사찰에 흔한 심우도(尋牛圖)는 눈에 띄지 않았으나 눈길을 끄는 감로탱(甘露幀)이 하대웅전에 있었다. 근대 이전의 감로탱과 형식은 유사하지만 현대의 비극과 아픔을 모티프로 한 탱화라는 차이점이 있었다. 감로탱에는 최근에 있었던 세월호의 비극을 비롯해 삼풍백화점 붕괴 사고, 성수대교 붕괴 사고, 5.18 민주화운동, 위안부 소녀상, 왕따, 촛불 집회 등과 같은 시대적 아픔과 불행이 녹아나 있었다. 고풍스런 천년 고찰에 현대 한국인의 뼈저린 슬픔을 그러모아 기억하게 하는 21세기적 감각이 녹아 있어 여간 뿌듯하지 않을 수 없었다.

4. 진천 금한동 천제: 하늘을 부르는 기도

1) 금한동 천제

충남을 벗어나 충북으로 넘어갈 차례다. 말로는 남북으로 갈리지만 실은 동서로 갈리는 게 충청이다. 호서를 충청동도와 충청서도라 칭하는 게 이치에 맞을 터이지만 1896년 전국이 13도로 개편될 당시에 함경, 평안, 경상, 전라 등과 함께 충청 역시 획일적으로 남북으로 분도(分道)되었다. 어언 100여 년 이상을 누려온 명명의 공식성과 역사성을 무시할 수도 없는 노릇이다. 이제 충청의 동편, 생거진천(生居鎭川)*의 땅, 초평면 금곡리 금한동(琴閑洞)으로 간다.

대청호를 빠져나온 금강이 신탄진을 지나며 대전의 물을 거둬온 갑천과 한데 섞여 흐르다가 새로 단장한 행정 수도 세종에서 충북

---

* '살아서는 진천에 거하고 죽어서는 용인에 거한다[生居鎭川 死居龍仁]'는 지역 설화에서 비롯된 말.

의 뜰을 적시고 내려온 미호천(美湖川)의 아리따운 손을 마주 잡는다. 미호천을 역류해 동북 방향으로 올라가다 보면 청주에도 닿고, 내처 거슬러 올라가면 진천과 증평의 물줄기가 합수하는 지점에까지 이른다. 증평으로부터 내려오는 보강천과 진천 농다리를 따라 내려오는 미호천 본류 사이에 진천군 초평면이 포근히 안겨 있다. 미호천에 풍부한 물을 대주는 초평저수지에서 상류로 굽이돌아 오르면, 음성으로부터 연원하는 실한 개울을 끼고 있는 농촌 마을 금한동이 펼쳐진다. 왜새골과 문한이골 사이를 옹골지게 메운 산세를 뒷배 삼고 탐스럽게 펼쳐진 수문들의 너른 들녘을 마당 삼은 금한동 마을은 언제 봐도 정겨운 곳이다. 개천을 따라 곧게 뻗은 둑길을 따라 우직한 소 한 바리(마리) 진종일 한가로이 풀을 뜯다 해 질 녘 어슬렁어슬렁 돌아가고 싶게 하는 그런 마을이다.

소 얘기만 나오면 욕심 많던 어릴 적 생각이 절로 난다. 어린 녀석이 막상 다 먹지도 못하면서 큼지막한 아버지 밥주발로 바꿔달라며 당치 않게 투정을 부려대기 일쑤였다. 언젠가는 투정이 먹히지 않자 냅다 숟가락을 집어던져 찬장 유리를 깨고 말았다고 한다. 다 클 때까지 그날 깨진 반투명 유리를 봉합한 반창고의 흔적이 남아 있어 욕심 많고 심술 많던 유년기를 괴롭게 증언해주었다. 고봉밥 욕심을 조금 덜어낸 뒤로는 욕망의 대상이 늘 소였다. 그것도 집채만큼 커다란 황소였다. 너덧 살 때부터 누군가 갖고 싶은 게 뭐냐고 물으면 늘 큰 소가 답이었던 것이 기억난다.

동네에서 가장 큰 소에 대한 첫 기억은 방앗간 아래 김 씨네 흑우에 대한 것이었다. 허술하게 매어둔 탓에 그 검은 소가 놓여나기라도 하면 온 동네 사람들이 하던 일 멈추고 죄다 거들어주지 않으면 수습할 수 없을 정도로 그 소는 거구에다 거칠기까지 했다. 어른들은 거치적거린다며 어린애들을 소 곁에 얼씬도 못하게 했지만 난 현장 가까이에서 속으로 그 소가 잡히지 않기를 바랐다. 어쩌다 그 소와 눈이 마주치면 덜컹 두려운 마음이 들기도 했지만 그 소의 주인이 되고픈 묘한 이끌림도 있었다. 내겐 두렵고도 매혹적인 검은 소였다. 늘 아버지에게 저 검댕이 소보다 더 큰 소를 사달라고 졸라대기 일쑤였다. 아버지도 지금 기르는 소를 잘 먹여서 후제 큰 소로 바꿔 사오자며 가당찮은 어린 아들을 달래는 데 이력이 나셨을 것이다.

여섯 살 때, 아버지는 어둠이 아직 걷히지 않은 새벽에 이른 조반을 드시고 가슴에 속 빈 전대를 걸쳐 매신 후 준수하게 자란 소를 끌고 우시장으로 나서셨다. 당연히 정든 소에 대한 미련보다 다시 맞을 큰 소에 대한 기대를 가지면서 아버지와 소의 뒷모습을 바라보았다. 정족리 우시장까지는 20리가 족히 되는 거리였고, 우보(牛步)에 걸음을 맞춰야 하니 오가는 길이 꽤나 더뎠을 것이다. 더구나 돌아오는 길엔 주인 바뀐 소가 버텨대는 바람에 더 더뎠을 것이다. 아버지는 그럭저럭 저녁때가 되어서야 돌아오셨다.

아이들과 섞여 놀던 사이에 손꼽아 기다리던 아버지가 뒤에 소를 당기며 다가오고 계셨다. 그런데 이게 어찌 된 일인가? 아버지 손에 쥐어진 소는 황소도 아니었고 소라고 하기에도 민망하게 송아지 티를 잘잘 흘리고 있었다. 난 절망을 주체할 수 없어 곧바로 신작로 먼지 바닥에 드러누워 절규를 쏟아냈다. 모두들 잘 놀던 어린애가 느닷없이 왜 저러는지 몰랐을 것이다. 새로운 주인을 찾아온 작은 소가 미웠고, 약속을 지키지 않은 아버지가 더욱 야속했다. 아버지는 떼쓰는 아들을

1) 금한동 천제

야단치는 대신, 고인 울음보를 적당히 풀어내게 한 뒤 아들의 작은 몸을 일으켜 세우고는 먼지 범벅을 털어내며 말씀하셨다. "이 소는 네 것이니 네가 우리 동네에서 제일 큰 소로 키워봐라." 마지못해 아버지의 손에 이끌려 집으로 돌아왔다. 오는 길에 눈물은 말랐고 식식대던 분도 잦아들었다. 모르긴 몰라도 그때 아버지는 가슴이 흡족하셨을 것이다. 가슴에 찬 전대에는 모처럼 평소 만지기 어렵던 지폐가 차곡차곡 누워 있어 든든했을 것이고, 가슴속으로는 철부지 어린것이 살림의 전부인 소를 대하는 모양이 천연 농사꾼다워 뿌듯했을 것이다.

1970년대 초반 당시 농부에게 소 한 바리의 가치는 무엇과도 비교할 수 없을 만큼 큰 것이었다. 그것이 농사일에 보태는 노동력도 노동력이려니와 소 키워 자식 대학 보낸다고 할 정도였으니 말이다. 기른 소 내다 팔고 작은 소를 사들여 다시 키워내야만 득을 볼 수 있는 농부의 셈법을 서툰 낫질로 쇠꼴 벨 때가 되어서야 겨우 깨달을 수 있었다. 한동안 우리 집 소는 '쫑알로(나의 애칭)'의 소로 통했다. 남들보다 아침저녁으로 소에 눈길 한 번 더 주고, 소 마닥*에 매어둔 소에게 다가가 지푸라기 하나라도 입에 물려주고, 이따금씩 등어리 털 골라준다며 엉성하게 글겅이질해대고, 어른들 쇠죽 끓일 때 가마솥 앞에서 곁불 쬐며 참견하는 게 주인 행세의 전부였지만 그래도 주인은 주인이었다.

수십 년의 세월이 새까맣게 흐른 뒤, 잠자리에 들며 옛날 얘기 해달라며 보채는 우리 애들에게 닳고 닳도록 내 어릴 적 소 얘기를 해주었다. 얘기 끝에 샛바람에 게 눈 감기듯 맥 풀리길 기대했건만 애들 눈망울은 되려 또렷해지고 엽렵스럽기까지 했다. 그러나 마음에 그렸던 큰

---

* 마닥은 마당의 방언. 소 마닥은 외양간 밖에 소를 매어두던 공간을 뜻한다.

금한동 천제단

소의 행방을 가뭇 잃어버린 나는 어느 사찰 전각 외벽에 그려진 심우도를 떠올리며 막막함에 잠겨들 뿐이었다.

지난 2012년 천제(天祭)가 열린다는 소식을 듣고 진천 금한 마을을 한걸음에 달려갔었다. 천제라는 말에 느닷없이 소 생각부터 났다. 혹시 금한동에서도 소를 잡아 천제를 올리는 것일까? 옛날 부여 시대에 소를 잡아 제천의례를 거행할 때 소의 발굽이 벌어졌는지(흉조) 합쳐졌는지(길조)를 보고 전쟁의 운수를 판단하기도 했다는 '살우제천(殺牛祭天)' 관습 때문에 그런 생각이 들었는지도 모르겠다. 금한동 악세봉 정상 부근에 마련된 천제단을 향해 비탈길을 올랐다. 군데군데 한지를 끼어 넣어 왼새끼로 꼰 새끼줄로 금줄을 두른 성역 중앙에는 몇 그루의 참나무가 서 있었다. 살아 있는 참나무를 네 탁상 다리로 삼고, 자연목을 일정한 길이로 잘라 잇댄 제상이 그 위에 평상처럼 엮

1) 금한동 천제

어져 있는 특이한 제단이었다. 제 살붙이 이파리 죄다 털어내 앙상궂게 야윈 참나무 기둥엔 묵직한 돼지 앞뒤 다리가 한 덩이씩 걸려 있어 거친 목피(木皮)가 반지르르해 보이기까지 했다. 제상 앞쪽의 두 기둥엔 앞다리가 뒤쪽의 두 기둥엔 뒷다리가 각각 걸려 있었고, 얽은 나무로 만든 제상 위엔 돼지머리가 진설되어 있었다.

과연 소가 아닌 돼지였다! 돼지와 제천 하면 당장 고구려가 떠오른다. 특히 돼지 때문에 억울하게 죽은 탁리(託利)와 사비(斯卑)의 슬픈 이야기는 빠트릴 수 없다. 고구려 2대 유리왕 19년(기원전 1년)에 제천의례의 희생 제물로 쓰려고 묶어둔 돼지가 놓여나면서 불행이 시작되었다. 제사에 관한 직무를 맡았을 탁리와 사비는 돼지를 뒤쫓았으나 달아난 돼지를 맨손으로 잡기란 여간 어려운 일이 아니었을 것이다. 난감했을 그들은 칼로 돼지 다리의 힘줄을 끊고서야 비로소 도망가는 돼지를 잡을 수 있었다. 그러나 제천의 희생물을 상하게 했다는 구실로 그들은 구덩이에 던져져 생매장당하고 말았다. 그 뒤 유리왕이 병이 들자 무당은 탁리와 사비의 억울한 죽음이 병의 빌미[祟]가 되었다고 진단하고 원혼을 푸는 의식을 통해 국왕의 질병을 치유했다. 놓여난 돼지가 불러온 두 관리의 억울한 죽음, 그로 인한 왕의 병환, 그리고 해결사로 등장한 무당이 제시한 원혼의 병인론(病因論)과 치유 의식이 당시 고구려의 제천의례에 얽혀 있다.

금한동에서 천제에 돼지를 쓰게 된 내력은 분명했다. 마을에 전해 내려오는 1909년의 홀기(1909년 등초본)에 묘사된 진설도(陳設圖)에 쌀, 기장, 밤, 대추, 미나리, 무, 소금 등과 함께 돼지[豕牲]가 명시되어 있기 때문이다. 홀기에 명시된 제수가 진설되고, 제관들이 복장을 갖추면 의례의 개시 준비가 완료된다. 2012년 천제에서는 홀기에

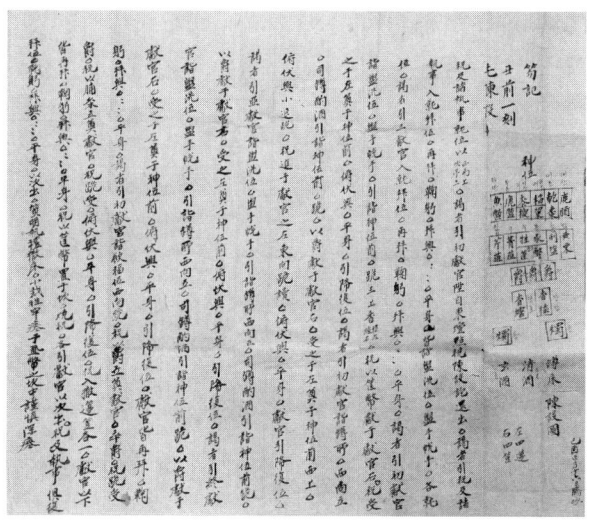

금한동 홀기

명시되지 않은 바이기는 하지만 세 명의 궁사가 제장(祭場)의 사위로 효시(嚆矢)를 쏘는 것으로 의례가 개시되었다. 의례가 개시되면 축관 및 제집사와 삼헌관이 각자의 위치에 자리를 잡는다[就位]. 이후 헌관이 분향과 헌폐에 이어 삼헌례를 행한다. 삼헌관이 각각 초헌, 아헌, 종헌을 맡아 순차적으로 진행하되 초헌 뒤에 독축을 진행한다. 삼헌 뒤에는 초헌관에 의해 음복이 진행되고 제기를 거둬들이는 철변두(撤籩豆)가 이어진다. 폐백을 구덩이에 넣고 축을 태우고 제관들이 퇴장하면 천제가 대략 마무리되고 철상이 이루어진다.

만 3년마다 정월 초순경에 거행되는 금한동 천제는 1992년을 끝으로 단절되었다가 2009년 11월에 17년 만에 되살아났다. 의례가 재개되는 데 결정적인 역할을 한 것은 다름 아닌 옛 의례 문헌이었다. 홀기(1909년 등초본), 축문(1946년본, 1962년본), 그리고 천제에 관한 기

1) 금한동 천제

록 장부(1978-1992년) 등이 마을의 재의례화를 촉진시킨 원천이었다고 해도 과언이 아니다. 문헌이 담고 있는 역사가 기억의 원천이었다고 해도 의례가 어디 문헌으로만 갱신될 수 있겠는가. 마을 사람들에게는 천제를 거행하던 제장에 대한 기억이 생생했다. 문헌이 담고 있는 역사뿐만 아니라 기억을 구현할 실제적 공간으로서의 제장, 즉 예전부터 천제를 지내온 악세봉의 제단(주민들은 그것을 '천제단'이라 명명했다)이 오롯했기에 의례가 되살려진 것이다. 또한 의례에 대한 역사가 있고, 장소가 갖추어졌다고 하더라도 실천에 대한 의지가 강력한 주체들이 없다면 소용없는 일이다. 의미 있는 마을의 전통을 되살려보려는 금한동천제보존회와 마을 주민들의 노력이 없었다면 박제화의 길로 치닫던 전통에 피가 돌 수 없었을 것이고 풀수평에 파묻히고 거미줄에 갇혔던 옛 제단이 성화(聖化)될 리 없었을 것이다. 문헌, 장소, 사람 등이 어우러져 천제의 실천이 다시 빛을 본 셈이다. 그 바람에 천제라면 청맹과니였던 나도 비로소 천제의 고기 맛을 보게 되었다.

2) 제천

하늘, 산, 조상. 한국인의 종교적 심성을 사로잡은 대표적인 항목들이다. 뒤에 '신'이나 '님' 자를 붙이면 각각 천신(天神), 지기(地祇), 인귀(人鬼)를 대표하는 신령이 된다. 그래서인지 국가든 마을이든 개인이든 이들 삼재(三才)의 세 신령을 결코 간과하지 않았다. 그중에서도 하늘은 궁극적이고 초월적이고 근원적이고 광대한 특성을 함축한다는 점에서 남다른 위상을 지니고 있었다.

하늘은 우리의 경험 속에 다양하게 흡수되었다. 먼저 하늘은 국가적 차원에서 제천으로 의례화되었다. 천신이 지고존재(至高存在)로서 우주론적 가치로 경험되든, 국가의 기복적 효과로 기대되든 간에 국가와 결부되는 한 의례와 정치권력의 문제가 늘 주목되기 마련이었다. 둘째, 하늘은 마을 차원에서 천제의 형식으로 의례화되었다. 마을 천제에서는 하늘의 궁극성 자체보다는 풍요 및 방재와 같은 지역의 현안을 해결해주는 하늘의 기능적 효험성이 중시되었다. 셋째, 하늘은 개인적 차원에서 공부와 수양의 형태를 통해 내재화되기도 했다. 가령 동학의 시천주나 유교의 천리(天理)의 내면화 등이 그것이다. 이때 무엇보다 주목되는 것은 정치권력의 실현도 구복적 효과도 아닌 행위 주체의 도덕성이라 할 수 있다. 흔히 천제는 첫 번째 범주의 국가적인 제천과 두 번째 범주의 마을 천제를 총칭하는 의미로 넓게 쓰이기도 하지만 경우에 따라서 국가적인 제천에 대비되어 마을 천제를 지칭하는 것으로 구체화되기도 한다.

한국인에게 제천의례는 각별하다. 우리의 고대사는 제천의례와 함께 시작되었다는 인상이 내게는 강하게 남아 있다. 역사를 처음 배우기 시작한 초등학교 시절, 낯설기만 한 초기 국가와 제천의례의 짝패를 여물지 않은 머릿속에 붙잡아두려 그랬는지 '부영·고동·동무'라는 말로 조합하며 과장을 떨었었다. 언젠가 기억이 흐려지는 날이 오더라도 부여의 영고(迎鼓), 고구려의 동맹(東盟), 동예의 무천(舞天)은 마지막까지 뇌리에 남아 있지 않을까. 하나의 국가를 제천의례 하나로 환원시키는 용감하고도 온전치 못한 이해였겠으나 그것이 아마도 종교학 이해의 시작이었는지도 모르겠다.

옛 중국의 사가들은 자신의 역사뿐만 아니라 주변의 역사도 덧붙여 사서에 기록했다. 『삼국지』(「위서 동이전」)와 같은 중국의 역사서에서 기록한 우리 고대의 실정 중에 눈에 띄는 것이 바로 국가적인 제전이라 할 수 있는 제천의례였다. 그중에서도 섣달에 국중대회(國中大會)를 열어 연일 음주 가무를 계속하던 부여의 영고가 단연 으뜸으로 떠오른다. 북을 울려 신을 맞이한다는 뜻의 '영고'라는 이름이야말로 집단적인 축연의 분위기 속에서 가무로써 천신을 맞이하는 제천의례의 성격을 유감없이 보여주는 표현이 아닐 수 없다. 10월에 주야 음주 가무 속에 제천의례를 거행한 동예의 무천 또한 이와 쌍벽을 이룰 만한 멋진 이름이다. 다만 부여의 영고가 음악을 동원해 천신을 불러들이는 영신(迎神)에 초점을 둔 것이라면, 동예의 무천은 춤으로써 천신을 접대하는 오신(娛神)에 주안을 둔 것이다. 10월에 국중대회로 열리는 고구려의 동맹이나 국읍마다 천군(天君)을 정해 천신의 제사를 주관하게 한 삼한의 전통도 고대 제천의례의 항목에서 빠지지 않는 것들이지만, 말 그대로 천신을 고무(鼓舞)시키는 영고와 무천의 명명에는 남다름이 있어 보인다.

삼국 시대에도 제천과 사천(祀天)의 의식은 계속되었고, 고려 시대에는 원구단(圜丘壇)에서 천신[昊天上帝]에게 제사를 올리는 유교적인 제천의례의 전통이 자리를 잡았다. 고려의 원구제는 나라의 큰 제사[大祀]로서, 정월의 기곡제(祈穀祭)와 4월 즈음의 기우제(祈雨祭)로 치러지는 게 보통이었다. 그러나 조선 시대에 이르면 제천의례에 대한 인식의 전환이 이루어진다. 그러한 탈바꿈을 가져온 것은 다름 아닌 유교의 의례적 명분론이었다. 황제의 의례적 특권을 제후국으로서 준행할 수 없다는 일종의 의례 정치학이 작동되기 시작한 것이다.

간혹 세종 대에 원단(圓壇)에서 기우를 위한 비정기적인 의례가 일시적으로 거행되기도 했고, 세조 대에 정기적인 원구제가 잠시 부활되기도 했으나 조선 시대가 마감되기 직전까지 국가 차원의 제천의례가 공식화될 수 있는 환경이 마련되지 않았다. 그러나 대한제국에 이르러 고종이 황제로 등극하면서 비로소 제한되었던 원구단의 제천의례가 가능해졌다.

위에서 잠시 언급한 대로 국가 차원의 제천의례에는 늘 정치성이 개입되기 마련이었다. 흔히 지리적 조건과 정치 현상의 관계론을 지정학(geopolitics)이라 하듯이 의례와 정치 사이의 독특한 관계론을 '의정학(儀政學, ritopolitics)'이라 명명할 수 있을 것이다. 어느 사회건 상징적인 행동 양식과 권력의 행사 사이에는 일정한 의정학이 작동되기 마련이다. 조선 사회에서는 유교 전통에서 강화된 명분이 그러한 의정학을 지탱해주고 있었다. 전근대 의정학의 환경을 잘 대변하는 것이 바로 '음사(淫祀)'의 개념과 규정이다.

음사란 단순히 음란한 제사를 뜻하는 것이 아니라 제사를 행하는 의례 주체와 제사를 받는 의례 객체(신위) 사이에 차별화된 일정한 질서를 거스르는 부적절한 의례(improper ritual)를 뜻한다. 음사에 대한 고전적인 정의로 손꼽히는 것이 바로 "자기가 제사 지낼 바가 아닌 것을 함부로 제사 지내는 것을 음사라 하며, 음사에는 복이 없다 [非其所祭而祭之 名曰淫祀 淫祀無福]"고 한 『예기』「곡례 하」의 규정이다. 자기 신분에 걸맞지 않은 신을 섬기는 것은 아무리 정성을 다한다 해도 무익한 의례일 뿐만 아니라 기존 질서를 어지럽히는 반사회적 행위가 된다. 신분과 권력의 질서는 의례를 통해 명료하게 구별되어야 하기 때문에 이것을 혼동시키는 음사야말로 물리적인 공권력을 동원해서라도 반드시 교정해야 할 위험스런 행위로 여겨진 것이다. 가령 사대부가 제후의 의례권인 산천제를 함부로 거행하는 것이나 제후가 황제의 의례권인 제천의례를 자의적으로 거행하는 것은 모두 그릇된 행동 양식이자 권력의 질서를 훼손하는 정치적인 돌출 행위로 간주되었다.

1714년 숙종 40년에 실제로 난감한 일이 벌어지고야 말았다. 당시 국왕은 좀처럼 의약으로 치유되지 않는 병환에 몇 달째 시달리고 있었다. 이때 이경하(李景夏)를 비롯한 다섯 명의 유자가 돈의문에 괘서 하나를 공시했다. 신하된 자로서 국왕 숙종의 병환을 떨쳐내기 위한 기도 의식을 거행하는 것이 마땅하며 제수 비용을 마련하기 위해 한성부 주민의 성금이 필요하다는 나름 기특하기 짝이 없는 내용이었다. 실제로 얼마간의 성금이 거출되었고 드디어 이경하는 20여 명의 무리를 이끌고 희생 제물을 갖춰 노량진에서 3일간 제천을 행했다. 병을 앓고 있던 국왕 숙종의 입장에서 보자면 자신을 위해 비용과 정성을 아끼지 않은 유자들의 행동이 더없이 갸륵하고 고마웠을 것이다. 그러나 제아무리 임금을 위하는 이타적인 기도 의식이었다 하더라도 이경하의 노량진 천제는 의례 주체와 대상 간의 함수관계를 어긴 음사로 간주될 뿐이었다. 그들에게 돌아온 것은 노고에 대한 치하가 아니라 비례(非禮)를 행했다는 따가운 사회적 지탄이었다.*

이경하의 노량진 천제는 사회적 비난을 받았을지언정 임금을 위하여 충성을 다하는 근왕(勤王)의 도리에서 나온 기도 의식이었을 게 분명하다. 그러나 이와 달리 천제가 기존 권력을 대체하거나 훼손시

* 『숙종실록』 권55, 숙종 40년 5월 2일(임인).

키기 위한 모반의 의례로 활용된 사례도 적지 않았다. 가령 인조 대에 역모의 괴수로 지목된 김승인(金承仁)은 살우제천을 했다는 혐의를 받았고, 숙종 대의 무녀 애진은 미래의 주역인 정씨 생불을 맞이하기 위한 산간제천(山間祭天)을 주도하기도 했다. 흔히 권력을 공개적으로 과시하는 것이 정치 의례의 특징이라지만 이러한 모반자들의 천제는 기존의 권력 질서를 부정하는 일탈 행위로서 산간에서 비밀리에 행해졌다. 의례 가담자들에게 역모의 이데올로기를 강화시키거나 모반의 정서적 분위기를 진작시키는 데에 일조했을 이러한 은폐된 의례는 고문과 협박이 난무하는 추국장에서 겨우 그 모습을 드러냈다.

그렇다면 마을 단위에서 거행된 천제는 조선 시대 의정학의 조건에서 자유로울 수 있었을까? 적어도 국가 차원에서 지역의 천제를 통제했다는 증거를 구체적으로 확인하기는 어렵다. 물론 지역의 음사와 무풍(巫風)에 대해서는 유신들이 늘 경계하고 있었지만 국가가 나서서 동제 성격의 마을 천제를 원천적으로 제어한 흔적은 없는 듯하다. 더구나 지역에서도 국가의 시선을 의식해 쉬쉬하며 은밀하게 천제를 거행했다는 낌새는 없어 보인다. 마을 천제는 국가가 민감하게 여길 만한 정치성을 표방하지 않았고 대개 구복성에 집중했다는 점에서 특별히 국가를 자극하거나 의식할 여지가 없었던 것이다.

마을 천제에 대한 흔적이 학계에 속속 보고되고 있는 것은 반가운 일이다. 1936년 무라야마 지준(村山智順)이 주도한 조선총독부의 부락제 조사에서 12개 소에서 거행된 천제의 명칭이 확인된 바 있다. 그러나 현재까지 천제를 전승하고 있는 마을들의 사례가 상당 부분 누락되어 있어 당시의 조사가 매우 불충분한 것이었음을 알 수 있다. 진천 금한동의 의례 전통도 당시의 조사에서는 간과되었지만 최근 주민들의 노력에 의해 세상에 다시 알려지게 된 것이다.

3) 천제와 축문

2012년 11월 5일, 가을빛이 깊어가던 날에 몇몇 학생과 함께 천제가 벌어지는 진천 금한동을 찾았다. 17년간 단절되었던 천제가 2009년부터 다시 복원된 것은 여러 물밑 작업을 거쳤기에 가능한 일이었다. 2008년에 금한동 의례 전통을 보존하기 위해 '금한동천제보존회'(회장 김용기)가 꾸려진 이래 금한동 천제의 무형문화재 지정과 행정 당국의 교부 지원을 얻어내기 위한 노력이 추진되어왔다. 그 결과 2009년 11월에 진천군의 지원 아래 군수가 초헌관으로 참여하는 천제가 봉행되기에 이르렀다. 나는 작은 마을의 천제에 기대했던 것보다 많은 사람이 몰려들어 놀라지 않을 수 없었다. 행사를 지원한 군 당국자뿐만 아니라 지역의 유지를 비롯한 마을 사람들, 그리고 무형문화재로서의 가치를 평가할 전문 위원들이 뒤섞여 아늑한 마을에 모처럼 활기가 넘쳐났다.

예부터 천제의 전통을 간직해왔다는 남다른 자부심은 잠시 잊었던 의례를 되살려내는 데에만 그치지 않았다. 천제를 복원한 이듬해에 천제에 대한 본격적인 연구를 추진할 목적으로 지역과 연고가 닿는 학자들이 중심이 되어 '천제문화학회'(회장 이명복)를 발족하였고 학회 명의로 『천제』(2011)라는 단행본을 엮어 내기도 했다. 농촌의 작은 마을에서 자체적으로 옛 의례에 관한 문헌을 발굴해내고, 그것을 토대로 단절된 전통을 몸소 재의례화하고, 거기에다 손수 학술적인 조명에까지 나설 수 있었던 것은 금한동의 의례가 여느 일반적인 동제가 아니라 천손(天孫) 의식을 견지한 내력 있는 천제라는 자의식에서 비롯된 것임이 분명했다. 그러나 그들의 강한 자의식에도 불구하고 천제의 의례적 성격을 규명하고 그것을 주변에 설득시키는 일은 생각보다 쉬운 일이 아니었다.

의례 명칭으로서의 '천제'와 의례 공간으로서의 '천제단'에 대한 주민들의 기억과 증언이 그토록 확실했음에도 불구하고 외부에서는 그들이 전승해온 의례를 천제로 규정하기를 주저했다. 금한동 천제를 주도하는 이들의 자부심은 남달랐지만 결국 문화재 지정은 이루어지지 않았다. 상황이 이렇게 되기까지 마을에 전승돼온 축문이 한몫했다. 외부자들은 마을의 축문을 천제의 축문이라고 확신하지 않았다. 사실 '진설-헌주-독축-음복-철상' 등으로 이어지는 의례 절차 중에서 의례의 대상 신위, 의례의 동기와 목적, 그리고 의례의 성격 등을 밝혀줄 핵심은 다름 아닌 축문이다. 당연히 그들이 전승하는 의례의 축문을 우선적으로 들여다보지 않을 수 없었다.

기본적으로 축(祝)은 인간의 바람과 기원을 담고 있는 기도(prayer)이다. 다만 그것은 자발적이고 즉흥적인 자유 기도이기보다는 정제되고 응축된 형태로 작성되고 발화되는 기도이다. 축이 기도라면 축문은 기도문(prayer text)이며 독축은 기도 행위(prayer act)가 되는 셈이다. 독축뿐만 아니라 소지(燒紙)*를 태우며 자유롭게 발원(發願)하는

---

* 흔히 '소지 올린다'고 표현하는데, 한지에 불을 살라 완전히 연소할 때까지 소원을 빌며 공중으로 불꽃과 재를 날리는 기도 의식을 말한다. 또는 그 기도 의식에 사용하는 흰 종이를 일컫기도 한다.

기도 행위도 우리 민속에서 흔히 접할 수 있다. 축문이 쓰인 기도이고 독축이 읽는 기도라면, 소지는 태우는 기도라 할 수 있다.

독일의 신학자이자 종교학자인 프리드리히 하일러(Friedrich Heiler, 1892-1967)가 표명한 대로 기도는 종교 생활의 핵심이라 할 수 있다. 그는 종교적 삶의 특질을 이해하고 종교적 영성을 통찰하는 긴요한 통로로서 기도를 상정했고, 그에 대한 독립적인 명저를 남기기까지 했다.* 굳이 하일러를 떠올리지 않더라도 동서고금을 막론하고 기도는 종교와 민속신앙에서 중심을 차지하는 테마이다. 특히 우리 한국인들에게 기도는 각별한 것이었다는 게 내 생각이다. 우리네 어머니들은 물 한 그릇만 있어도 자식과 가족을 위해 비손하려 하지 않았는가. 단군신화를 생각해보면 우린 '기도하는 민족'이었다는 느낌이 강하게 든다. 어디 우리만이 기도하는 사람들이랴마는, 우린 인간이 된 뒤에 기도한 것이 아니라 기도한 뒤에 인간이 된 민족의 후예가 아니던가. 주지하다시피 웅녀는 사람이 되고자 늘 염원했고 그것도 어두운 동굴 속에서 쑥과 마늘만을 먹어가면서까지 집중적으로 기도한 끝에 인간이 되었다. 우리는 인간존재(human being)라는 지위를 저절로 얻은 것이 아니라 기도를 통해 인간되기(being human)에 힘쓴 것이다. 결국 인간이 되기 전부터 힘써 기도한 덕분에 비로소 진정한 인간이 되었다는 것이 우리네 신화이고, 우리네 존재의 모델인 것이다.

진천군 금한 마을에는 1946년과 1962년에 각각 사용된 두 축문이

---

* Friedrich Heiler, *Prayer: A Study in the History and Psychology of Religion*, Oxford University Press, 1932.

전해진다. 두 축문 사이에 커다란 상이점이 있는 것은 아니고 여역(전염병)에 대한 내용이 추가된 것(1946)과 그렇지 않은 것 사이의 약소한 차이만이 있을 뿐이다.

서문

올해의 차례는 병술년으로서 초하루가 정미일에 해당되는 정월달 십사일 경신일에 유학 김영순은 감히 산천신에게 명백히 고합니다[維歲次丙戌正月丁未朔十四日庚申 幼學 金永淳 敢昭告于 山川神祇].

본문

① 생각건대 이 땅은 서호(西湖)의 지경에 있으며, 북으로 갈령을 끌어안고 남으로 용강과 거리를 두고 있습니다. 그 사이 골짜기에 마을을 이루고 구십 호가 초라한 지붕과 허술한 대문에 엉성한 울타리와 나지막한 담장을 두르고 살아갑니다.

② 주민들은 비록 어리석지만 떳떳한 도리를 지키고 있으며 타고난 품성이 크고도 고르며 이슬과 서리의 은택을 덧입고 살아갑니다. 돌이켜보건대 우리가 의지해 살아가도록 주재하는 것이 누구겠습니까? (천지가) 우리를 낳아 길러주고 덮어주고 실어주었습니다.

③ 아마도 전염병이 돌아 저희 마을까지 들어온 듯합니다. 먼 곳으로부터 가까운 데에 이르기까지 많은 사람이 죽었습니다. 모든 주민이 근심하고 염려하며 속 졸이고 애태우니 먹어도 달지 않고 잠을 자도 편치 않습니다.

④ 온 마을이 한결같은 정성을 다해 제사하며 향을 올리고 경건

히 고하며 술잔을 바칩니다. 저 아득한 하늘이야말로 저희의 어버이시니, 바라건대 살펴주시고 지켜봐주시어 재앙이 없게끔 해주십시오. 저희의 우직스런 정성을 어여삐 여기시고 저희의 간절한 제사를 들어주십시오. 밝은 명을 내리시고 빛나는 위엄을 드높이시되 모진 돌림병을 몰아내어주시고 상서롭지 못한 것들을 막아주십시오. 산천을 깨끗이 소제해주시고 우리 동네를 평안하게 해주십시오. 우리 장수 마을에 평온한 건들바람이 불고 사람과 미물이 길이 번창하게 해주십시오.

[惟此土地 西湖之疆 北控葛嶺 南距龍崗 一壑成村 九十家庄 蔀屋衡門 疏籬短墙 氓雖蚩蚩 猶秉彝常 受稟洪勻 沾被露霜 顧我倚趨 是孰主張 生我養我 覆卬載卬 恐有癘氣 延我東鄉 自遠及近 人多死亡 黎元憂悶 勞心焦腸 食不甘味 寢不安床 閭里齊聲 陳禋薦香 用伸虔告 崇酒于觴 悠悠昊天 曰我爺孃 庶幾監臨 俾無愆殃 憐我愚悃 聽我勤禳 明命是降 赫威斯揚 驅除虐癘 呵禁不詳 廓淸山川 安妥吾方 壽域和風 民物永昌]

결문

받드오니 흠향하십시오[尙饗].

위의 1946년본 축문은 1909년본 홀기만큼이나 문화재적인 가치를 지닌 민속자료이다. 여느 마을 의례에서 홀기와 축문이 전승된다 하더라도 그 고본의 형태를 원형 그대로 고스란히 간직하는 경우는 드물기 때문이다. 금한동 축문은 70여 년의 세월을 견뎌온 문화재로서도, 내용과 형식을 고루 잘 갖춘 멋진 기도문으로서도 그 가치를 주목할 만하다. 대개 유세차(維歲次)에서 시작하여 상향(尙饗)으로 마무

금한동 축문(좌: 1946년 / 우: 1962년)

리되는 축문은 내용상 (1) 언제, 누가, 어느 신에게 (2) 청원과 감사(때로는 질곡의 상황에 대한 하소연)를 올리며 (3) 바친 공물을 흠향하기를 바란다는 서문-본문-결문의 세 단락으로 구성된다. 위의 축문도 그러한 전형을 착실히 따르고 있다.

먼저 서문에서 밝히고 있듯이 본 축문은 음력 1월 1일의 일진이 정미(丁未)일에 해당되는 병술년 정월 14일에 거행된 의례에 사용된 것이다. 병술년은 60년마다 돌아오지만 음력 1월 1일이 정미에 걸리는 해는 1946년이다. 특별한 관직이 없던 유학 김영순을 대표로 해서 정월 14일에 제가 열린 것이다. 문제가 되는 대목은 이 의례가 어느 신위를 향하고 있는지, 다시 말해 기도와 의례를 누가 흠향하는가를 밝히는 '감소고우(敢昭告于)' 이하 부분이다. 여기에서 의례의 일차적인 성격을 판가름하는 대상 신위가 드러나기 때문이다. 본 축

3) 천제와 축문   205

문은 '산천신기(山川神祇)', 즉 산천 신령에게 고하는 형식으로 되어 있다. 아니, 천제단에서 거행하는 천제에 산천신을 부르다니, 해명하지 않으면 안 될 어떤 어긋남과 불일치가 아닐 수 없는 것이다.

두 번째로, 축문의 본문은 대략적으로 ① 마을의 공간적 지정, ② 신과 인간의 관계, ③ 질곡과 고통의 하소연, ④ 헌물과 청원 등으로 구성되어 있다. ①에서 진천군 금한 마을의 지리적 구획과 소박한 마을의 모습이 묘사된다. ②에서 은혜를 입은 선량한 주민과 그것을 베푸는 주재자와의 관계가 설정된다. ③에서 신인의 두터운 관계에도 불구하고 여역으로 인해 불어닥친 질곡과 핍진의 상황이 절박하게 표현된다. ④는 고통의 극복과 마을의 안녕을 위해 천신인 호천(昊天)에게 공물을 바치며 청원하는 대목이다. 축문의 중심으로서 기도의 실제적인 내용을 담고 있는 본문에서 눈여겨봐야 할 것은 ②와 ④의 내용이다. 서문에서 분명히 산천 신령에게 고한다고 해놓고는 본문에서 지역민과 밀접하게 관계를 가지면서 주민의 실제적인 바람을 수렴하는 신으로 천신을 염두에 두고 있는 것이다. 산천신을 불러놓고 천신에게 의뢰하는 것은 괴리가 명백한 것이다.

세 번째로, 결문은 주민들이 경건하고 정성스럽게 올린 제사[尙]를 신이 기꺼이 달게 수용하기[饗]를 바라며 기도를 종결하는 부분이다.

참으로 멋스러운 기도문이지만 서문에서 산천을 호명하고 본문에서 호천에게 의뢰하는 부정합이 드러나고 말았다. 서문의 형식으로 보자면 산천제가 분명한데, 본문의 내용으로 보자면 천제라 해도 무방하다. 뭐든지 따지고 드는 외부자의 시선에서 보면 기도의 논리적 모순이라고 단정 짓기 쉽지만 의례 현장에서는 늘 형식과 의미 사이에, 원리와 사실 사이에 간극이 노출되곤 한다. 말의 형식과 의미는 서로 맞닿지 못하고 비껴가기(기표가 기의 위에서 미끄러지기) 일쑤라던 라캉의 말을 되새겨보면 서문의 형식과 본문의 내용이 완전히 포개지지 않고 미끄러진 것이 아닐까 싶다.

최근에 조선총독부 시절 무라야마 지준이 전국의 동제 축문을 모아둔 자료를 살펴보면서 이러한 불일치를 발견한 바 있다. 가령 진천 인근의 음성군 동제 축문의 경우, 서문에서는 황천(皇天)·후토(后土)·영산(靈山)의 세 신위를 호명하면서도 본문에서는 산령(山靈)만이 공물을 흠향하며 마을의 청원에 보답하는 대상으로 묘사되었다. 서문을 보면 천신, 지신, 산신을 고루 동원한 천제이지만 본문을 주목하면 실제적으로 산신만이 주민들에게 의식된 산제인 것이다. 금한동 축문을 가지고 산천제냐 천제냐의 양자택일을 강요할 수는 없을지도 모른다. 이와 마찬가지로 음성의 경우에도 축문을 기준으로 천제냐 산제냐 쉬이 결정을 내리기 어렵다. 대체로 서문에서 어떤 신을 호명하는가를 기준으로 의례의 성격을 규정하지만 축문 내(서문과 본문 사이)에 존재하는 상호 불일치와 불연속을 감안하지 않은 채 서문에 등장하는 신위로 명명을 고집하는 것은 피상적일 이해에 머물 뿐이다.

민속의 현장에는 이러한 불일치와 불연속이 상존한다. 물론 모순과 괴리가 당연하다는 것은 아니다. 다만 그렇게 되기까지의 상황적인 맥락을 짐작하고 해명할 만한 근거들이 충분하지 않다는 것이다. 오랫동안 관례적으로 지속돼온 전통은 현장에서 큰 설득력을 발휘하곤 한다. 딱히 왜 그렇게 하는지 설명할 수 없더라도 전례가 있는 행위는 충분한 실천의 근거가 될 수 있다. 외부자에겐 원리상의 모순으로 보이겠지만 주민들에겐 사실상 모순으로 의식되지 않는 것이다. 금한동에 과거 1978년(무오년 정월 10일), 1981년(신유년 정월 12일), 1984년(갑자년 정월 14일), 1987년(정묘년 정월 18일), 1992년(임신년 정월 초 9일) 등의 의례 준비 상황을 기록한 장부가 전해지는데, 장부의 표제는 '천제사(天祭祀)'라고 명확하게 적혀 있었다. 그들에게는 조상 때부터 거행해온 의례가 의심할 바 없이 천제였던 것이다. 의례를 실천하고 전승하는 몫은 주민에게 있지만 의례의 맥락을 설명하는 몫은 오로지 갑갑증을 못 견디는 외부 관찰자에게 있을 뿐이다.

현재로선 근거를 내세워 설명할 길이 막막하다. 다만 두 가지 가설을 생각해볼 수 있을 뿐이다. 먼저, 산천제와 천제가 별도로 전승되었을 가능성이다. 가령 기본적으로 매년 산천제를 거행하다 특별한 주기(혹은 특별한 변고)에 맞춰 천제를 봉행했을 수도 있다. 마을 천제의 권위자인 김도현 박사는 하위 마을 단위에서 매년 마을 고사를 진행하다 몇 년의 간격을 두고 상위 마을 단위에서 연합적으로 천제를 거행할 수 있다는 의견을 여러 사례를 통해 개진했다. 혹시 1992년까지 대략 3년의 간격을 두고 거행했던 금한동의 의례는 특별 주기에 맞춰 거행하던 천제의 전통이 굳어진 것이 아닐까도 생각해보았다. 보통이라면 매년 정초에 꼬박꼬박 거행했을 마을 의례를 3년에 한 번씩 거행한다는 게 예사롭지 않았기 때문이다. 그러나 마을 주민들의 증언에 따르면 ① 3년마다 천제를 지내왔을 뿐 별도의 마을 의례를 거행하지 않았으며 ② 금곡리 내에 다른 이웃 마을과의 유기적인 의례적 상하 관계를 공유하지 않았고 ③ 지금의 천제단 이외에 별도로 마을 의례의 제장을 갖추고 있지 않다고 하니 산천제와 천제의 개별 전승론을 거두어들일 수밖에 없다.

두 번째로, 산천제와 천제로 구성된 이중 구조의 마을 의례를 생각해볼 수도 있다. 가령 상당제로서의 천제와 하당제로서의 산천제가 연속적으로 결합된 이중적인 의례 복합체 말이다. 진천군 관내의 백곡면 사송리와 대문리의 사례에서 그러한 흔적이 확인된 바 있다. 증언에 따르면 사송리에서는 참나무에 돼지를 걸고 헌주를 올리는 천신제를 거행한 뒤, 산신제 절차에 들어갔었다고 한다. 천신제와 산신제의 구성에 맞게 '황천후토(皇天后土)'를 호명하는 축문과 '만뢰산신'*을 대상으로 하는 축문이 별도로 준비되었던 모양이다. 대문리의 경우에는 상당인 천제당과 하당인 산제당이 분리되어 있으며, 천제 축문(황천상제)과 산제 축문(산신)이 별도로 마련되었다. 천신제를 거행한 뒤 산신제를 마무리하는 사송리나 상당제인 천제와 하당제인 산제를 거행하는 대문리는 모두 이중적인 의례 구조를 보여주고 있으며 2개의 축문도 별도로 마련되어 있던 셈이다. 만약 금한동에서도 천제와 산천제를 연속적으로 거행하는 구조였다면 독립된 제장과 축문의 가능성을 확인해야 하지만 그에 대한 증언과 증거를 찾기 어렵다. 마을 주민들의 증언에 따르면 천제단 이외에 별도의 산천단이 없었으며, 천제단과 산천단을 동일 지역이라고 가정하더라도 상호 구별되는 구체적인 의례적 처소가 현재의 천제단에 존재하지 않았다. 더구나 현재로선 천제 축문과 산천제 축문이 별도로 전승되었음을 확증해낼 도리가 없어 보인다. 그리고 현전하는 축문을 하당제의 산천제 축문이라 보고 천제 축문의 단절과 부재를 확언하기도 어렵다. 적어도 현전하는 축문으로 일원화된 전승이 1946년

---

* 만뢰산은 충청북도 진천군 진천읍과 백곡면의 경계 지역에 있는 산이다.

이래로 지속되었기 때문이다.

　어쩌면 두 가지 상상 모두 빗나간 것일 수 있다. 현재의 전승이 역사적 변화를 겪어온 것이기는 하나 어떤 구조나 유형의 모순적 잔영으로 보는 것은 온당하지 않기 때문이다. 지금 남아 있는 금한동의 마을 의례는 무엇의 변형과 왜곡이라기보다는 그것 나름의 존재 의의를 갖춘 살아 있는 문화적 전승으로 받아들일 수밖에 없다. 우리에겐 일관된 신의 계통과 의례의 명명이 중요할 수 있겠지만, 그것은 어디까지나 외부 관찰자의 바람일 뿐이다. 당사자인 주민들에겐 일관된 신학과 의례학보다 일상의 질서가 보장된 일관된 삶이 더 중요한 것일 수 있다. 그들에게 천제 축문이냐 산천제 축문이냐의 결정은 무의미하다. 흔들림 없는 삶을 유지하기 위해 자기 삶의 공간을 수호하는 산천을 불렀다가도 우주론적인 어버이의 포용성을 갈망하며 호천을 외친 것이다. 산천을 부르고 호천에 기도했으니 다분히 중층적이라 하겠지만 그들에겐 전혀 혼란스러울 리 없을 것이다.

　어쩌면 천제의 축문을 신작(新作)하여 명실상부하게 천제의 성격을 분명하게 확립할 수도 있을 것이다. 옛 기도문을 동일하게 복제하는 것이 능사는 아니다. 원칙과 상황에 맞는 기도문을 새로이 창작하는 것이 책임감 있는 의례 주체의 태도일 수도 있다. 그러나 그 선택은 어디까지나 의례 주체인 주민의 몫이다. 옛 문헌이 담고 있는 의례적 유산을 소중히 여기며 의례적 중층성을 안고 가든, 의례적 개선을 통해 그간 설명할 수 없었던 부정합성을 소거하든 그것은 주민들이 결정할 일이다.

　금한동 의례가 소중한 것은 그것이 천제여서가 아니다. 마을 의례가 꼭 천제여야만 의미 있고 문화적으로 더 우월하다는 것은 편견에 불과하다. 마을 의례의 기본은 지역민의 자발성과 주체성에 있다. 번듯한 문화재로 승인받는 것 자체가 지역의 자부심을 끌어올릴 수도 있겠지만 주민의 참여가 결여된 문화재는 과거만을 웅변하는 생명력 없는 박제가 될 수도 있다. 금한동이 남긴 홀기와 축문이 의미 있는 것은 그것이 천제의 것이기 때문이 아니라 과거 주민의 자발적인 기도의 전통과 의례적 삶을 증언하는 흔적을 오래도록 간직해온 것이기 때문이다.

내가 2013년 11월 5일 금한동 천제를 관찰한 이후로 몇 해 동안 의례가 열리지 않고 있다. 그동안 단지 마을이 주관하는 천제 학술 대회(2014년, 2016년)에만 참여할 수 있었을 뿐이다. 조그마한 시골 마을에서 학술 대회를 꾸린다는 것 자체도 대단한 일이었지만 천제의 기도문이 독축되는 소리를 들을 수 없어 안타까움이 컸다. 폭염이 한창이던 2018년 7월, 둑길을 따라 금한동을 다시 찾으며 몇 년 사이 의례적 발길이 끊긴 악세봉을 바라보았다. 아무쪼록 유서 깊은 문헌과 주민의 자발적 선택과 참여가 어우러진 의례 현장이 지속되기를 바라면서 300년도 더 된 아름드리 버드나무 그늘 아래로 몸을 숨겼다.

5. 배론 성지:
숨어 살며 지킨 신앙, 죽어가며 지킨 믿음

1) 종교 부자의 나라

　진천을 빠져나와 제천으로 동진한다. 서해로부터 곧게 뻗은 고속도로에 오르면 음성을 거쳐 충주를 지나 물 좋은 내륙 도시 제천에 닿는다. 풍부한 수량을 자랑하는 충주호의 몸통은 제천의 중앙을 관통하며 제천을 남과 북으로 크게 나눈다. 오늘은 저 멀리 치악에서 물을 들이켠 뒤 연이어 장평천과 원서천까지 흠뻑 빨아들이고는 150여 리를 흘러내리는 동안 참았던 숨과 함께 머금었던 물을 충주호의 바닥에다 힘껏 뱉어내는 제천천의 줄기를 찾아간다. 원주 신림에서 제천 봉양으로 향하는 물길(제천천)과 철길(중앙선)은 권커니 잣거니 서로를 가로지르다가 탁사정(濯斯亭)과 구학역(九鶴驛)에서 잠시 숨을 고른다. 탁사정과 구학역을 잇는 도로 중간 지점에 천주교 성지 배론[舟論]으로 들어가는 아담한 길이 가지를 치고 있는 삼거리가 나온다.

주지하다시피 한국은 종교다원주의 사회이다. 1923년 『동아일보』가 꼬집은 대로 말하자면 한국은 "종교 부자"의 나라이다. 「조선은 종교 부자」라는 제하에 실린 1923년 12월 18일 자 『동아일보』 1면 기사의 일부를 요즘의 말투로 옮겨보았다.

> … 오직 종교로써 세계를 지배할 것이라 하여 둘이 모여도 신종교 하나, 셋이 모여도 신종교 하나. 그리하여 최근 십 년간에 새로 만든 것이 열 개 이상이 될 듯하니 또 십 년이 지나면 이십여 개의 신종교를 가진 종교 부자가 될 것이다. 만일 이 신종교를 세계 각지로 수출시켜보자. 6대주의 지배는 식은 죽 먹기보다 쉬울 것이다. 그러나 이 기막힌 창조는 무슨 불합리의 길을 팔고 섰는지 잔패(殘敗)의 비명만이 사방에서 들린다. 아! 무슨 종교니, 무슨 종교니 하는 것들을 지금부터는 만들지 않았으면 어떻겠는가? '조선은 종교의 부자', 이것이야말로 영혼 부패를 알리는 광고인 줄 아는가, 모르는가?

종교의 해외 수출이니 세계 지배니 하며 종교의 세태를 다소 과장해가며 비꼬고 있지만 당시 신종교의 기세와 창교의 열기는 대단했다. 실제로 동학계, 증산계, 단군계 등을 비롯해 분명한 계통을 지적하기 어려운 각종 신종교 운동이 활발한 움직임을 보이고 있었다. 가령 동학계 신종교를 살펴보자면 그 무렵 천도교 내에서 분파 활동이 극심했고, 구암 김연국이 신도안에 상제교를 열기 위해 박차를 가하고 있었으며, 상주의 동학교가 개창하여 활발한 움직임을 보이고 있었다. 죽순처럼 죽죽 돋아나고 쑥대같이 쑥쑥 자라는 게 당시 종교의 기세였다. 어디 그때뿐이랴. 한 세대가 가기 전에 기독교 계통의 신종교도 봇물을 이루기 시작했다.

　기독교가 전래되면서 한국은 더욱 종교의 부자가 되었다. 그저 기존의 종교계에 기독교 하나가 추가된 것만이 아니다. 서양으로부터 전래된 낯선 기독교(천주교와 개신교를 통칭하여 사용함)의 충격을 흡수하는 과정에서 동학을 비롯한 토착의 신종교들이 생겨났고, 전래된 기독교가 점차 한국 문화 속으로 정착하는 과정에서 또다시 통일교와 같은 기독교계 신종교들이 등장했다. 기독교야말로 한국의 다종교 사회 및 종교 부자의 상황을 촉발시킨 장본인이었는지도 모른다. 풍랑을 겪은 끝에 한국은 분명 종교의 백화점이 되었고 구매자의 선택을 기다리는 종교 메뉴가 가판대에 즐비하게 되었다.

　시골의 내게도 선택의 기회가 찾아왔다. 중학교 1학년 때쯤에 우리 마을에 교회가 들어섰다. 옛 가옥 내부를 터서 만든 작은 한옥 교회였다. 목사님은 없고 시내의 모 교회에서 전도사를 파견해서 꾸린 작은 시골 교회였다. 멀디먼 중학교를 같이 다니던 친구가 먼저 그 교회를 다니고 있었다. 외가가 인천인 그 친구는 어릴 적부터 외가를 드나들어서인지 나름 도회적인 문화적 감각과 기발함을 가지고 있었다. 5학년 땐가 반장인 내가 선생님 대신 오후 학습을 이끌어갈 때였다. 스케치북 도화지 위에다 "데모합시다"라는 낯설고 생경한 글자를 써넣고는 두 팔로 번쩍 치켜들더니 분단 통로를 오가며 애들을 선동(?)해서 지루해하던 애들에게 웃음을 선사한 적이 있었다. 그 나이에 데모라니, 어쨌든 나는 그 조숙한 친구 덕에 '계엄령'이라는 단어보다 '데

모'라는 말을 먼저 익힐 수 있었다. 중학교에 들어와서야 비로소 영화관을 가보게 되었는데 그것도 그의 문화적 선도 덕분이었다. 비 내리던 어느 날 저녁 그와 함께 본 〈오멘 2〉라는 영화는 구미호류에서는 느낄 수 없었던 내내 가시지 않는 공포와 오싹함이 있어 두려웠었다. 비록 종교의 어두운 측면이긴 했지만 그때 종교의 세계에 대해서도 어렴풋이 눈을 뜨기 시작했다. 그리고 그해 겨울 크리스마스이브를 즈음해 그 친구를 따라 교회에 나가게 되면서 종교의 세계에 첫 발걸음을 내딛게 되었다. 그러나 엄밀하게 말하면 두 번째 발걸음이었다.

교회가 마을에 들어오기 전에 한때 정미소 근처에 양철 지붕 집을 예배소로 삼은 통일교회가 있었다. 초등학교에 다니기 전엔가 나도 형을 따라가본 적이 있었는데, 내가 겪은 가장 지루했던 경험으로 기억된다. 도회풍이 흐르는 양초 같은 젊은이가 뿜어내던 설교는 내 귀엔 근처 정미소에서 펑펑 질러대는 뜻 없는 힘찬 모터 소리의 리듬과 다를 게 없었다. 그런데 어찌 된 일인지 얼마 뒤에 통일교회가 마을을 떠났다. 그 뒤 우리 마을에 미국의 평화 봉사단이 찾아오면서 벽안(碧眼)의 기독교인들이 올리는 기도와 그들이 걸어둔 십자가를 본 적이 있을 뿐이었다. 몇 년 뒤 외국인들도 마을을 떠났다. 그리고 얼마 지나지 않아 감리교회가 마을에 들어온 것이다. 난 친구 따라 그 교회에 나가게 되었고, 때가 때인지라 성인의 탄생을 기리며 밤을 지새우는 우(?)를 범하고 말았다.

이른 아침, 철야로 진행된 크리스마스이브 행사를 마치고 집으로 돌아왔다. 부엌 아궁이에 불을 지피고 계시던 어머니의 눈매가 예사롭지 않았다. 허락 없이 밤을 지새우고 돌아온 것도 화를 돋우는 것이었고, 가족 중의 일원이 중뿔나게 낯선 종교를 믿는 것도 탐탁지 않은 중대 사안이었을 것이다. 나는 부엌으로 끌려 들어가 부뚜막 앞에 서야 했다. 손때 입은 반질반질한 손잡이에, 아궁이 속 거센 불더미 들춰내느라 꼬리가 검게 익은 부지깽이가 잘잘못을 가리는 판결 방망이였다. 간밤의 과오야말로 종교의 금압을 이끄는 물꼬였다. 신앙이 돈독하지 않았고 교회에 지켜야 할 의리가 있을 리 없는 철없는 초짜 신도였지만 잘못을 인정하고 금단을 받아들이기까지 몇 차례의 검은 매질을 종아리에 새겨야 했다. 훗날 크리스마스 아침의 그 사건을 '부지깽이 핍박'이라 명했고 어머니도 동의하셨다. 그해 봄날 저녁 부엌에서 병난 아들을 위해 알 수 없는 치유의 주문을 읊으셨던 어머니는 겨울날 이른 아침 통일된 가족의 신앙을 위해 종교를 금하는 매질을 다시 그 부엌에서 가하셨던 것이다. 정말이지 어머니는 안방에서 날 낳으셨지만 기르시기는 부엌에서 하신 것 같다.

 이듬해 4월이 되어서야 금단이 풀렸다. 교회의 종소리가 사람 속을 파고들어 심정을 동하게 할 수 있다는 것을 그 짧은 4개월 동안 절실히 알았다. 없음이 있음을 증명하는 법이고, 모자람이 넉넉함을 일깨우기 마련인 것일까. 헤어져본 사람은 알 것이다. 상대가 부재할 때 비로소 그 존재의 의의와 빈자리가 크다는 것을. 건강을 잃어본 사람은 절실히 알 것이다. 평상적으로 유지되는 몸의 질서가 얼마나 소중한 것인지를. 나도 마찬가지였다. 길이 막혔을 때에야 비로소 무심하게 드나들던 그 길이 내게 결코 작지 않았음을 알게 된 것이다. 나라님도 어찌 할 수 없다는 천방지축 중2 소년에게도 신앙의 씨가 자랐고, 그 씨앗의 발아를 막아보려던 어머니도 싱도가 되기에 이르렀다. 기존에 부치던 천 평 포도밭도 벅찼을 텐데 맨손으로 오천 평 야산을 사과와 복숭아 과수원으로 탈바꿈시키면서 온몸이 성하지 않았을 것이다. 관절

염이 도져 고생하시던 어머니가 치유를 갈망하며 드디어 교회에 입도하신 것이다. 매년 음력 2월 초하루가 되면 떡시루를 안치고 집안 곳곳의 가신(家神)에게 떡과 정안수를 바치고 기도를 올리던 어머니는 새벽 기도를 빼놓지 않는 열심 교인으로 변모했다.

나를 교회로 안내했던 친구와 나는 각기 다른 성장통을 겪으면서도 점점 더 신앙의 단짝이 되어갔다. 그리고 중3이 되면서 우리는 성직자의 길을 가겠다는 푸른 다짐을 나누었다. 그 친구는 신앙도 깊었고, 기개도 컸고, 아이디어도 넘치고, 리더십도 뛰어나 동갑내기 또래지만 큰 의지가 되었다. 깨망아지 꿈틀대듯 용케도 정들고 멍들었던 소양중학교를 졸업했다. 졸업하고 학교는 갈렸어도 거두리교회를 지켜가며 훗날 한국의 감리교회를 쇄신하는 목회자가 되자는 약조는 갈리지 않으리라 믿었다.

1983년 4월 3일 부활주일 저녁 예배였을 것이다. 신앙이 조금씩 여물어갔지만 아직 단단하지 않았던 빼빼 마른 고1의 남학생이 세례를 받는 밤이었다. 그때까지 우리 교회엔 목사님이 없어 시내 모 교회에서 시무하던 외국 선교사인 주디 칼 목사가 특별히 초대되어 세례식을 집례하셨다. 세례식에 임하면서 몸이 심하게 떨리고 맘이 출렁였다. 심한신전(心寒身戰)이랄까, 세상에 그날처럼 몸과 맘이 떨린 적이 없었다. 때늦은 4월의 진눈깨비가 질척한 차가운 밤이어서 그랬을까. 누구보다 추위에 강했고, 한겨울 중학교까지 자전거로 통학할 때에도 장갑 없는 맨손으로 매서운 맞바람을 버텨낸 나였으니, 아마도 떨림은 차가운 공기 탓이 아니었을 것이다. 영원한 신앙에 대한 엄정한 약조를 의식해서였을까, 세찬 떨림을 억누르느라 온몸에 알이 배어 며칠간 골육을 달래야 했다. 세례 교인이 된 나는 목회자를 꿈꾸며 유혹 많고 호기심 많던 고교 시절을 청교도같이 버텨냈다.

예의 그 친구는 가혹한 고교 시절을 견뎌내야 했다. 교통사고로 뇌를 다친 그의 부친은 회복된 후에도 예전처럼 온전하게 농사일을 감당하기는 어려웠을 것이다. 이상 저온으로 인한 냉해, 여러 차례의 소 값 파동, 그리고 전국 농촌을 짓누르던 농가 부채 등은 농민을 무작정 도시로 내모는 드센 압력이었다. 그의 부친은 고향을 떠나지 않으려 완강히 버텼고, 그의 모친은 가족의 삶을 모색하기 위해 친정이 있는 인천으로 떠나야만 했다. 갈라진 가족에 희망 없는 가색, 그 속에서도 구김살 없이 학업을 이어가고 신앙을 지켜가며 목회의 길을 가꿔간 그 친구가 대견할 뿐이다. 난 그 어떤 보탬도 주지 못하고 심정적인 버팀목도 되어주지 못한 채 나만의 길만을 갔으니, '친구 좋다는 게 뭐냐'고 말할 자격조차 없다. 가난과 외로움이 그를 키운 훈육관이었다고 말하는 게 미안스럽지만 사실일 것이다. 그가 고통을 이겨내는 유일한 길은 고통에 익숙해지는 것뿐이었는지도 모른다. 그는 고교 시절을 이겨내며 단단해졌고, 타인의 절망과 질곡에 공감할 줄 아는 대들보 크리스천으로 성장했다.

그는 뜻하던 감리교신학대학에 당당히 입학했다. 누구도 그의 대학 생활에 뒷배가 되어주지 못했지만 박토에서 견뎌낸 특유의 생명력으로 교회 봉사와 학업을 근근이 이어갔다. 신도 외면할 수 없는 꿋꿋한 강원도의 힘이 그에게 있었다. 그는 기도만 할 줄 아는 신앙인이 아니라 사회정의와 교단의 정화를 위해 몸을 내어줄 줄 아는 실천가의 길도 마다하지 않았다. 대학의 학보사 기자로서 붓으로 외치는 법을 익혔고 끝내 편집장 노릇을 하며 조직을 오롯이 반석에 올려놓았다. 그리고 다시 얻은 대학원 생활, 자칫 헛헛하게 끝날 수도 있을 386의 청춘을 영성과 수련으로 갈무리하고 목회의 길에 나섰다. 그의 논문 주제이기도 한 이냐시오 데 로욜라(Ignacio de Loyola)의 기도가 격세를 물리치고 그에게 와 닿았을 것이다.

그는 지금 서울의 남쪽 끝자락에서 교회를 이끄는 목사이자 설교가로서 그 옛날 중3 때의 푸른 다짐을 이어가고 있는 중이다. 어릴 적 그는 스스로 '청암(淸巖)'이라는 호로 자신을 일컬은 적이 있다. 그리고 잊을 만하면 내가 이따금씩 그 호칭을 불러주곤 했다. 가물가물하지만, 푸른 바위(靑巖)가 아닌 맑은 바위(淸巖)라 해서 이상스러웠던 기억이 있다. 어린 녀석이 느닷없이 바위를 들이미는 것도 이상했지만, 그것도 이끼 낀 오래된 푸른 바위가 아니라 알다가도 모를 티 없이 맑은 바위라니. 어쨌거나 그와 그의 교회가 세월을 역류하는 맑디맑은 묵직한 반석 같은 청암이 되어주길 바랄 뿐이다.

친구가 맑은 빛 푸른 다짐을 이뤄가는 동안 난 조금씩 어긋나기 시작했다. 고3이 되어 난 알 수 없는 병마에 시달려야 했다. 좌골 부분에 찾아온 통증으로 앉지도 눕지도 못한 채 잠을 이루지 못한 적이 많았다. 본래 엄살이 심한 나였지만, 그땐 실제로 늑대의 출현을 맞닥뜨린 거짓말 양치기 소년이 대했던 진실과도 같은 고통이 내게 실재했다. 당시 정형외과를 전전했지만 원인을 알 수 없어 센 진통제만 삼켜야 했다. 아픔 자체보다도 그 아픔의 원인을 모르는 것이 더 큰 고통이었다. 어린 마음에 자못 진지한 기도를 올려야만 했다. 고통을 없애고도 싶었고 내게 닥친 고통의 의미가 무엇인지도 알고 싶었다. 통증이 심할 때는 걷기조차 어려워 친구들이 5층 하숙집에서 나를 학교로 업어 나르기도 했다. 검은 무쇠 같은 그들이 스스로 베푼 분홍빛 손길이 그리도 크고 고마운 줄 지금은 알 것 같다. 대입 시험을 앞두고는 강한

약 기운 때문에 며칠간 약을 끊어야 했는데, 기어코 시험 중에 강한 통증이 일어나는 바람에 고통을 삼키고 말 없는 기도를 뱉어야 했다. 마흔이 넘어서야 그것이 자가면역결핍증에 의한 강직성척추염인 줄 알았고, 그것이 정형외과가 아닌 류마티스내과 소관이라는 것도 알았다. 자기를 타자, 즉 적으로 알고 자기를 마구 공격해대는 바람에 염증이 크게 유발되어 고통스러웠고 그것이 뼈마디에 달라붙어 굳어가는 바람에 뻣뻣하게 경직된다는 병이었다. 10대에 찾아든 심한 통증은 20대를 거치며 다소 완화되는 반면 중추의 뼈들이 굳어가는, 그래서 군대도 면제되는 불치병이었지만 난 그것도 모른 채 장교로 군대를 마치는 저력을 발휘했다.

이제 시험도 끝나고 대학을 가야 할 때였다. 신학대학을 가기로 했던 내게 담임선생님을 비롯한 여러 선생님, 그리고 주변의 목회자들이 일반대학의 진학을 강력 추천하셨다. 외국에서도 일반대학의 학부를 마친 뒤 신학대학원에 가는 것이 일반적이라고들 하셨다. 그렇게 해서 대한 것이 생면부지의 종교학과였다. 이것이 어긋남의 시작이었지만, 관악에서 잠시 유하다 냉천동의 신학대학으로 갈 생각이 지배했던 터라 그땐 어긋남이라고 생각하지 않았다. 2학년까지는 삶의 중심이 친구가 있는 냉천동이었다. 그러나 방편으로 여기던 종교학이 점점 더 내게 손짓하며 다가오기 시작했다. 그리고 소시민적인 나의 성격과 태도가 타인을 아끼고 그들에게 정을 베푸는 데 적합지 않다고 여기게 되었다. 엘리아데를 읽고 '풍요(fertility)'라는 나만의 주제를 가다듬으면서 나는 점차 종교인 메소디스트(Methodist)에서 종교학의 메소돌로지스트(Methodologist)로 변모해갔다. 친구와 나눴던 푸른 다짐은 가루가 되어 서대문로터리에 흩뿌려졌다. 다시 봉천사거리로 돌아와 장장

30년을 지내다가 이렇게 충청의 들녘을 지나고 있는 것이다.

2) 배론 성지

구학역에서 탁사정을 향해 500미터쯤 가다 보면 좌측으로 제천천을 건너는 배론교가 나온다. 다리 건너 물길을 따라 나란히 닦인 배론 성지길을 거슬러 3킬로미터쯤 오르면 그 옛날 황사영(黃嗣永, 1775-1801)이 백서(帛書)를 썼다는 토굴, 사제 양성을 위해 장주기(張周基, 1803-1866)의 집에 세워진 배론신학교, 그리고 최양업 신부가 고이 잠들어 있는 묘지를 품고 있는 배론 성지를 만나게 된다. 물에 잠긴 듯 뫼와 뫼 사이에 안겨 있는 계곡이 배 밑바닥을 닮았다고 하여 배론이라 불리는 이곳은 말 그대로 숨어 살기에 제격인 두메산골

배론신학교 복원 건물

이었다.

학생들 답사를 인솔하며 몇 차례 이곳 성지를 소란스레 찾은 바 있었지만 이렇게 홀로 느긋하게 산중에 들어서고 보니 늦사월 햇살의 넉살도 봐줄 만치 곱기만 하다. 배론 성지에 온 이상 적어도 황사영, 장주기, 최양업 이 세 위인의 흔적은 만나고 가야 한다. 그중 두 분은 천주교 박해기에 피의 순교를 당했고, 나머지 한 분은 쉼 없이 사제의 본분을 다하다 땀으로 순직하고 말았다.

(1) 배론신학교

배론 성지 한복판에 배론 본당이 자리 잡고 있다. 성요셉성당이라는 현판이 달린 배론 본당의 앞뜰에서 북쪽 정면을 바라보면 경당(敬堂)으로 들어서는 진복문(眞福門)이 나온다. 이름 그대로 진리를 위해 핍박받고 끝내 몸 바쳐 순교한 이들이 진정 하늘의 복을 받으리라는 의미를 새겼음 직하다. 진복문 오른쪽에는 장주기 요셉을 기리는 새하얀 동상이 의연히 서 있다. 문 안으로 들어가 계단을 오르면 기와지붕의 3칸짜리 경당 건물이 마주 보인다. 그리고 그 오른쪽에 흙벽에다 볏짚 이엉을 얹은 고풍스런 배론신학교(성요셉신학교)가 자리 잡고 있다. 1855년에 사제 양성소 역할을 하는 조선교구 신학교가 이 자리에 세워진 것이다.

지금이야 사제를 양성하는 가톨릭 신학교가 예닐곱에 이르지만 숨어 살며 신앙을 지켜야 했던 박해기에 한국 가톨릭대학교의 전신인 신학교가 이런 궁벽한 두메산골에 세워졌다는 것은 대단한 일이다. 당시로서는 두메산골 배론이 최선진 학문을 교육시키는 신학계의 8학군이었을 것이다. 배론신학교의 건립은 1784년 베이징에서 세례를 받고 돌아온 이승훈(李承薰, 1756-1801)을 중심으로 자립적인 교회 활동이 시작되고, 정약종(丁若鍾, 1760-1801)의 둘째 아들 정하상(丁夏祥, 1795-1839)의 투혼으로 1831년 독립적인 조선교구가 허락되고, 마카오로 유학을 떠났던 김대건, 최양업이 연이어 조선인 신부로 배출된 이래 한국 가톨릭사에 기록될 만한 또 하나의 장면이었다.

본래 배론신학교는 장주기 요셉의 집을 빌려 세운 신학교로서 방 두 칸에 부엌 한 칸을 갖춘 초가집이었다. 방 한 칸은 교수직을 담당한 외국인 신부가 쓰고 나머지 한 칸은 신학생들이 라틴어, 신학, 철학, 수사학, 한문 등을 배우는 교실로 쓰고, 박해기에는 숨어든 신도들이 찾아와 미사를 올리는 성당으로도 기능했을 것이니 신학교이자 사제관이자 성당이었다고 할 수 있다. 신학교 흙 바람벽엔 신학교의 옛 모습을 담은 전경 사진이 걸려 있는데, 아마도 1931년에 촬영된 것으로 추정된다. 배론신학교는 한국전쟁기에 소실되었다가 지난 2003년에 현재의 말쑥한 모습으로 복원되었다.

신학교 건물 앞뜰에는 두 명의 프랑스 신부의 전신상과 장주기 요셉의 흉상이 세워져 있다. 푸르티에(Pourthié, 1830-1866) 신부는 1854년에 신부 서품을 받고 1855년에 베르뇌 주교와 함께 조선에 입국한 후 1856년에 배론신학교 교장으로 부임해 신학생을 가르쳤으며, 1861년에 임종을 앞둔 최양업 신부를 방문해 병자성사를 집전하고 그의 묘지를 배론으로 이장하는 데에도 주도적인 역할을 했다. 그러나 병오박해(1846) 이후 한동안 소강상태를 이어오던 천주교에 대한 탄압이 1866년 전면적으로 휘몰아치면서 그는 박해의 소용돌이에 휘말려 결국 새남터에서 순교하고 말았다. 프티니콜라(Petitnicolas, 1828-1866) 신부는 1852년 사제 서품을 받고 1855년 베르뇌 주교, 푸르티에 신부와 함께 조선에 입국한 후 충북 지역에서 활동하다 1862년 배론신학교에 부임하여 학생들을 지도했다. 프티니콜라 신부 역시 병인박해(1866)의 거센 물결에서 벗어날 수 없었다. 두 신부 모두 배론신학교를 이끌다 30대의 젊은 나이에 이역만리에서 피를 흘렸고, 지금은 명동성당에 안장되어 있다. 한편 경기도 화성 출신의 장주기 요셉은 자신의 집을 신학교 건물로 내어주고 두 외국인 신부를 도와 신학교의 관리와 한문 교육에 이바지하다 1866년 병인박해 때에 충남 보령 갈매못에서 순교한 뒤, 현재 절두산 순교성지에 잠들어 있다. 배론신학교 건립과 운영의 밑알이자 순교를 마다하지 않은 그의 삶은 1968년에 시복(諡福)*된 데에 이어 1984년에 시성(諡聖)**되면서 신앙의 귀감이 되었다.

(2) 「황사영백서」 토굴

배론신학교 건물 뒤란으로 돌아들면 나지막이 돌로 쌓은 축대가 경당 뒤편까지 이어져 있다. 돌 축대를 따라가다 보면 아궁이처럼 움푹 들어간 자리에 토굴 하나가 있다. 토굴 입구 앞쪽에는 옛날 옹기 창고 모양대로 항아리 몇 개가 주둥이를 땅에다 처박은 채 옹기종기 태연스럽게 물구나무 서 있다. 머리를 숙이고 토굴 안으로 들

---

* 가톨릭에서 죽은 후에 복자품(福者品), 즉 성인으로 인정하기 전에 공식으로 공경할 수 있다고 교회가 인정하는 지위에 올리는 일.
** 가톨릭에서 죽은 후에 성인품(聖人品), 즉 교회가 시성식(諡聖式)을 통하여 성인으로 확정한 지위에 올리는 일.

황사영 토굴 입구

어선다. 여기가 바로 신유박해(1801) 때 수배 중이던 황사영이 피신와 8개월간 은신하다가 그 유명한 백서를 작성했던 곳이다.

토굴 안에는 어떤 꾸밈도 없이 사방의 흙벽뿐이다. 다만 베이징의 구베아 주교에게 비밀리에 건네주기 위해 자그마한 명주 천(62cm×38cm)에다 122행 1만 3,384자를 깨알 글씨로 심혈을 기울여 작성한 「황사영백서」가 실물 크기로 본떠져 액자에 담겨 삼발이 거치대 위에 말없이 전시되고 있을 뿐이다. 백서의 원본은 의금부에 보관되어 오다가 갑오경장 후 파기되지 않고 용케 당시 조선교구장이던 뮈텔 주교에게 넘겨졌고, 1925년 79위의 시복을 즈음해 로마교황청으로 전달된 이래 현재까지 로마교황청 민속박물관에 소장되어 있다. 신유박해를 주도한 정순왕후와 조정 당국자들은 몇 달째 체포되지 않아 속을 끓게 하던 황사영이 제천으로부터 압송되고 있다는 소식에 한시름 놓았겠지만 그와 함께 압수된 문건이 담고 있는 내용을 대하고는 다시금 경악과 시름의 소용돌이에 빠졌을 것이다. 압수된 황사영의 비밀 편지는 그것이 작성된 그 옛날 그 자리에 다소곳이 다시 놓여 있다.

황사영 알렉시오는 26년의 짧은 생을 살다 갔지만 그가 남긴 여운과 파장은 그보다 훨씬 크고 길었다. 만 15세가 되던 해인 1790년 그는 사마시에 합격해 소년 진사가 되었으니 신동임에 틀림없었다. 재주라면 누구에게도 뒤지지 않을 국왕 정조였지만 어린 그의 비범함을 아까워하며 고사리손을 잡아주며 치하하고는 몇 년 뒤의 장래를 기약했다고 한다. 당시『일성록』(정조 14년 9월 12일)에는 정조가 시(詩)에서 일등한 황사영과 부(賦)에서 일등한 이택로 등 10인을 차례로 불러 대면한 것으로 나온다. 당시 정조는 황사영이 문필(文筆)도 가상하고 행동거지도 의연하고 딱 부러져 머지않아 과거에도 무난히 합격할 것이라 확신했다. 곁에 있던 정조의 최측근 중 한 명인 채제공도 문필이 출중했지만 급제하고 나서 곧바로 죽었던 그의 부친 황석범(黃錫範)의 가풍을 이을 재주 많은 아이[奇童]라고 그를 추켜세웠다. 어린 나이에 재주 많은 아이로 인정받은 황사영은 왕으로부터 지필묵을 하사받고 유복자를 당당하게 키워온 어머니가 기다리고 있는 아현으로 돌아왔을 것이다.

진사가 된 지 얼마 되지 않아 황사영은 다산의 제일 큰형인 정약현(丁若鉉, 1751-1821)의 딸 정명련(丁命連)과 결혼했다. 장인인 정약현은 24년차 사위 황사영보다 5년 늦은 1795년이 되어서야 비로소 진사시에 합격했다고 하니, 그의 재주는 집안의 자랑이자 처가의 자랑이기도 했을 것이다. 그러나 조선 후기 서학과 천주교 신앙의 핵심이던 다산가(茶山家)와 인연이 닿으면서 전도유망했던 그의 인생은 크게 출렁였다.

조선 후기 천주교는 다산의 집안을 관통하며 출발하고 성장했다 해도 과언이 아닐 것이다. 다산의 부친인 정재원(丁載遠, 1730-1792)은 슬하에 5명의 아들을 두었다. 그는 의령 남씨로부터 장남 정약현을, 해남 윤씨로부터 정약전(丁若銓, 1758-1816), 정약종, 정약용(丁若鏞, 1762-1836) 세 형제를, 그리고 잠성 김씨로부터 정약황을 각각 얻었다. 학문적으로나 신앙적으로 주목을 받은 인물은 해남 윤씨의 소생인 삼 형제였다. 삼 형제는 이승훈으로부터 세례를 받았지만 정약전과 정약용은 천주교회와 거리를 두었다. 그러는 사이 정약종 아우구스티노는 천주교 명도회장을 맡으며 『주교요지(主敎要旨)』라는 대중적인 교리서를 남길 정도로 신앙이 돈독했고 신념이 철저했으며, 조카사위인 황사영의 신앙적 삶을 이끄는 데에도 지대한 영향을 끼쳤다. 신유박해 때에 유배 길에 오른 약전과 약용과는 달리 약종은 장남인 정철상(丁哲祥, ?-1801)과 함께 순교의 피를 흘리고 말았다. 신앙과 순교의 운명은 거기에서 그치지 않았다. 약종의 둘째 아들인 정하상은 훗날 조선교구의 설정과 선교사 내방을 이끌어내는 데 커다란 역할을 했을 뿐만 아니라 명쾌한 교리서인 『상재상서(上宰相書)』를 남긴 뒤 기해박해 때에 모친인 유소사(柳召史, 1761-1839)와 누이 정정혜(丁情惠, 1797-1839)와 함께 순교했다. 약종의 가족은 모두 박해가 있던 신유년과 기해년에 죽음을 맞았으니 철저한 순교자 가족이라 할 수 있다.

해남 윤씨의 소생인 삼 형제가 조선 후기 학문과 종교사에 있어 각별한 위치를 차지하고 있는 것은 주지의 사실이지만, 평범한 삶을 살며 집안을 돌봐야 했던 이들의 이복형 정약현 역시 다산가와 당대

천주교의 주요 인물 사이에 돈독한 네트워크를 형성하는 데에 일조했다는 사실은 상대적으로 덜 알려져 있다. 무엇보다도 성호 이익의 학문을 이은 기호 남인의 문인들과 더불어 천진암(天眞菴)*과 주어사(走魚寺)**의 강학회를 이끌었고, 한국의 세례 요한이라 일컬어질 정도로 한국 천주교의 출발을 예비했으며, 교리서인 『성교요지(聖敎要旨)』를 저술한 이벽(李蘗, 1754-1785)은 다름 아닌 정약현의 처남이었다. 그리고 신동이라 불리며 국왕의 치하와 기대를 한 몸에 받던 소년 진사였고, 체포령을 감지하고 제천의 두메산골로 피신해 와 당시에 처한 교회의 현실과 타개책을 고민하며 눈물의 편지를 썼던 황사영은 정약현의 자랑스러운 사위였다.

다산가와 얽힌 인물은 여기에서 그치지 않는다. 이벽과 교유하며 서학을 익혔고, 베이징의 그라몽 신부로부터 한국인 최초로 세례를 받고 돌아온 뒤 이벽, 이가환(李家煥, 1742-1801), 권철신, 권일신, 정약전, 정약종, 정약용, 이윤하, 김범우 등에게 세례를 주고 가성직제도로 자발적인 한국 교회를 꾸렸던 이승훈은 다산 형제들의 매제였다. 그리고 당대의 신동인 황사영뿐만 아니라 조선조 500년의 대석학 정약용도 인정한 남다른 기억력의 소유자이자 기하학의 대가로 자타가 인정했던 이가환은 이승훈의 외삼촌이었다. 1784년 한국 천주교는 다산가와 인연이 맺어진 이벽과 이승훈, 그리고 다산의 젊은 형제들이 주축이 되어 출발한 셈이다. 한편 1791년 진산사건의 주역

* 지금의 경기도 광주 퇴촌면 우산리에 있던 사찰로서 18세기 권철신, 이벽, 정약용 등 한국 천주교의 초기 인물들이 유학 경전은 물론 한역 서학서를 강학했던 곳.
** 지금의 경기도 여주 산북면 주어리에 있던 사찰로서 권철신을 중심으로 남인계 소장 학자들이 서학서와 천주 교리를 강론했던 곳.

으로서 폐제분주(廢祭焚主)*의 당사자로 지목되어 세간의 거센 비난을 받다 처형된 윤지충(尹持忠)과 권상연(權尙然)도 다산가와 밀접한 연관이 있었다. 어머니의 장례에 절하지 않고 조상의 위패를 태워 땅에 묻어버렸다는 윤지충은 다산의 외사촌 형이었고, 권상연은 윤지충의 고종사촌 형이었다.

다산가의 사위 황사영은 처고모부인 이승훈으로부터 교리서를 얻어 보면서 신앙의 길로 들어서기 시작했다. 그리고 처숙 정약종의 지도에 힘입어 입교 교인으로 빠르게 성장해갔다. 어느덧 인생 20년을 맞이한 황사영에겐 더 이상 과거를 통한 입신양명의 꿈이 남아 있지 않았다. 지게 지고 제사 지낼 수 없었다고 해야 할까. 지게질에 집중하든지 제사에 몰입하든지 결단이 필요했다. 그는 성인 황사영을 기다리던 정조의 기대를 저버리고 정조가 그렇게도 못마땅해하던 주문모(周文謨, 1752-1801) 신부 가까이에서 종교인의 삶을 몰래몰래 다져가고 있었다. 1800년에 정조 임금이 승하한 뒤 보위에 오른 어린 순조를 대신해 수렴청정(垂簾聽政)하던 정순왕후 김씨가 1801년 1월 10일 천주교 금압령을 내리고 대대적인 박해에 들어가면서 그에게도 운명의 시간이 다가오고 말았다.

박해는 참혹했다. 1801년 2월 정약종, 최창현, 최필공, 홍교만, 홍낙민, 이승훈 등이 서소문 밖에서 참형을 당하며 순교했고, 이 외에 이가환과 권철신은 형신(刑訊)을 버티지 못하고 옥사를 당하고 말았다. 1794년 말에 입국한 이래 7년간 숨어 지내던 주문모 신부는

---

* 조상 제사를 우상숭배로 규정하고 금지시킨 천주교 당국의 조처에 따라 제사를 지내지 않고 신주를 불태운 일.

1801년 3월에 자수한 뒤 4월에 한강 변 새남터에서 순교했다. 5월에는 주문모 신부의 안위를 돌보고 은신을 도우며 여신도를 통솔했던 강완숙 골롬바를 비롯한 다수의 교도가 서울과 지방에서 순교했다. 6월에는 정조의 서제(庶弟)이자 철종의 조부인 은언군(恩彦君) 이인(李䄄, 1754-1801)도 애꿎은 운명을 맞이하게 되었다. 사실 그는 천주교도가 아니었지만 서울에 남아 있던 그의 처 송씨와 며느리 신씨가 주문모로부터 세례를 받은 교인으로서 사약을 받고 죽음에 이르게 되자 혈연적 연루자로서 사사되고 만 것이다. 신부에서 평신도에 이르기까지, 왕족에서 노비에 이르기까지, 서울에서 지방에 이르기까지 박해의 물결이 거세게 몰아쳤다.

황사영은 이런 박해의 소식을 간간이 전해 들으면서 가까스로 백서를 준비하고 있었다. 1801년 2월 체포령을 접하고 배론의 산골에 위치한 김귀동(金貴同)의 집으로 피신해 있던 황사영이, 두메 앉은 이 방이 조정 일 알 듯, 백서에다 박해의 정황을 훤히 담아낼 수 있었던 것은 김한빈(金漢彬)이 그를 대신해 상경하여 옥정을 살피고 소식을 전해주었기 때문이었다. 1801년 8월 말 즈음에 백서 초고의 가닥이 잡혔을 것이다. 9월에 완성된 백서는 황심(黃沁)의 손을 거쳐 10월 동지사 일행에 동반할 옥천희(玉千禧)에게 전달돼 베이징 구베아 주교에게 닿을 예정이었으나 모든 게 뒤틀리고 말았다. 9월 말 황사영과 김한빈이 체포되면서 백서도 함께 압수되어 10월에 서울로 넘겨지고 말았다. 그리고 백서의 작성자인 황사영이 11월에 대역부도(大逆不道)죄로, 백서를 작성하는 데에 정보원 역할을 담당한 김한빈이 지정불고(知情不告)죄로, 백서의 전달을 도와준 황심과 옥천희가 모역동참(謀逆同參)죄로 각각 결안(結案)을 받고 죽음의 대열에 동참하게 되었다.

사실「황사영백서」에는 다수의 이본이 존재한다. 본래 배론에서 압수된 원본 백서는 한동안 황사영의 심문 기록과 함께 의금부의 문서고에 보관되어 있었다. 원본 이외에도 그것을 토대로 정치색을 가감한 몇 개의 이본들이 만들어지기 시작했다. 우선 신유박해를 수습한 조선 정부가 청나라로 사신을 보내 주문모 처형을 비롯한 사건의 경위를 보고하기 위해 외교적으로 민감한 내용을 의도적으로 축약한『신유동진주사등본백서(辛酉冬陳奏使謄本帛書)』가 있었다. 이 외에 노론 벽파의 시각에서 작성된『동린록(東麟錄)』의「사적 사영백서(邪賊 嗣永帛書)」와 남인 공서파의 입장에서 기록된『벽위편(闢衛編)』의「사영백서」도 있었다.

한편 앞에서 말했듯이 의금부에 보관되어오던 원본은 갑오경장의 격변기에 파기되지 않고 뮈텔 주교에게 건네졌고, 1925년 뮈텔 주교가 그것을 로마교황청에 전달함으로써 현재까지 로마교황청 민속박물관에 소장되고 있다. 다행스러운 것은 절두산순교자기념관에 원본의 필사본과 동판본이 보관되어 있다는 점이다. 뮈텔 주교가 원본 백서를 로마로 전달하기 전에 베껴둔 원본의 필사본과 당시 원본을 실물 크기의 동판으로 제작해둔 동판본이 그것이다. 이 밖에 앞서 언급한 진주(陳奏) 사본인『신유동진주사등본백서』를 옮겨 적은 필사본과 작자 미상의『사영백서』(필사본)도 그곳에 보관 중이다.

한 조각의 명주 천에 기록된 편지라지만 무려 1만 3,000여 자에 달하는 장문의 글인「황사영백서」는 내용상 크게 두 부분으로 나뉜다. 우선 편지의 대부분을 차지하는 전반부에서 초기 한국 천주교의 대표적인 신앙인과 순교자의 약전(略傳)을 중심으로 신유박해까지의 교회사와 박해 상황이 기술된다. 황사영은 주문모 신부를 비롯해 정약종, 최창현, 최필공, 홍교만, 홍낙민, 이승훈, 이가환, 최필제, 김건순, 이중배, 강이천, 김백순, 이희영, 홍필주, 강완숙, 조용삼, 이존창(李存昌, 1752-1801) 등에 관해 자신이 보고 듣거나 김한빈의 염탐 정보로부터 얻어 들은 내용으로 박해와 순교의 상황을 정리했다. 후반부에서는 위기와 절망에 빠진 교회의 난국을 타개하기 위한 몇 가지 해법과 대안이 제시된다. 구체적으로 조선 교회의 재정 원조, 중국-조선 교회 간의 통신과 소통, 청의 황제권 발동을 통한 천주교 신앙과 선교의 보장, 청의 조선 복속과 감호, 대박(大舶)과 정병(精兵)의 겁박을 통한 전교(傳敎) 등이 그가 제시한 해법이었다.

특별히 편지의 후반부는 정치적으로나 종교적으로나 논란거리의 핵심이었다. 당시 당국자들은 한낱 사교(邪敎)를 보장받기 위해 나라와 왕을 내어주려 했다며 황사영을 대역부도죄로 몰고 갔다. 한편 황사영의 종교적 삶을 평가하는 데에 있어서도 그가 순교자인 것은 분명하지만 무력을 동원한 협박으로 신앙의 자유를 얻으려 했다는 지점은 늘 개운찮은 대목으로 따라다녔다. 사실 교회 재건을 위한 그의 제안은 현실과 동떨어진 공상 수준의 대안이었다고 치부할 수도 있고 훗날의 근대적인 감각에 입각해서 그의 국가와 종교에 대한 가치관이 삐뚤어져 있었다고 폄하할 수도 있다. 그러나 황사영 토굴을 빠져나와 우뚝 솟아 있는 황사영 순교 현양탑(顯揚塔)과 그 앞에 세워진 황사영의 동상을 겹으로 쳐다보고 있자니 당대에 그가 처한 상황과 그의 심정을 헤아려봐야 한다는 생각이 고개를 든다. 하늘을 향해 벌린 그의 두 팔이 공감적 이해를 호소하며 손짓하고 있는 듯하다.

애통하고 궁색한 상황에서 누가 우리를 가련하게 여겨주리까. 누가 우리를 위로해주리까. 자비로운 [구베아] 주교님 앞에서 통곡으로 호소하려 해도 국경의 관문과 산하가 사이를 가로막아 우러러뵐 수도 없어 더욱 답답하고 막막하옵니다. 장차 어찌해야 하오리까.

위의 구절은 황사영이 편지 전반부를 마친 뒤 후반부에서 다섯 가지 교회의 재건책을 제시하기에 앞서 눈물로 호소하는 부분이다. 정치적으로나 종교적으로나 세기말적인 대파국의 상황에서, 특히 의지하던 신부와 신앙의 스승 및 동료를 한꺼번에 잃은 절망의 상황에서 토굴에 숨어 살며 미래를 염려하던 열정적인 젊은 신앙인은 자신이 떠올릴 수 있는 여러 전술적인 대책을 찾는 데 골몰하며 밤새 쓰고 또 썼을 것이다. 그리고 날이 새면 냉정하게 다시 읽고 또 읽었을 것이다. 홀로 숨어 살며 신앙을 지키다가 죽어가며 믿음을 지켜내면 그뿐이었겠지만 그의 책무는 개인적인 신앙을 넘어 결코 포기할 수 없는 교회 공동체의 미래에까지 닿아 있었던 것이다.

그는 막막한 현실을 타개할 만한 여러 수를 거듭 곱씹은 끝에 서양의 큰 배를 요청하는 소위 '대박청래(大舶請來)'에까지 생각이 미치게 되었고, 이는 두고두고 논란이 되었다. 19세기 말에서 20세기 초엽까지 멜라네시아를 강타한 '카고 컬트(cargo cult)'는 메시아가 큰 배에 가득 물건을 싣고 와 서양의 식민 지배를 받는 토착민들이 겪는 부의 결핍과 불균형을 일거에 해소해주기를 대망한 신앙 운동이었다. 그렇지만 황사영이 제시한 대박청래는 진인의 출현을 예고하는 종말론적 신앙이라기보다는 위축된 종교 상황을 타개하기 위해 다소 전략적으로 선택할 수도 있고 전시 효과를 위해 조정할 수도 있을 법한 계책 중의 하나였다. 무작정 주저앉을 수도 없는 상황에서 무엇이든 해결 가능한 방법과 대책을 모색해야 했던 살아 있는 신앙인의 책무와 고뇌가 그에게 있었을 것이다. 그리 고생스럽게 힘들여 쓰지 않았어도 그만이었겠지만, 호소하지 않으면 안 된다는 절박감과 책임감이 그로 하여금 장문의 편지를 쓰게 한 것이다. 그러나 그 대가는 당대에나 후대에나 혹독하기만 했다.

황사영은 서소문 밖에서 26년의 짧은 생애를 마감했다. 그 뒤 황사영보다는 황사영의 백서가 더 주목을 받았다고 해도 과언이 아니다. 백서는 의금부의 문서고에서 뮈텔 주교의 손으로 그리고 다시 로마 바티칸으로 머나먼 여행을 하면서도 길이 보존되었으나 백서를 써가며 골몰했던 그의 골육은 대역 죄인이라는 꼬리표 때문이었는지 미지의 음지에 묻혀 영영 잊혀갔다. 그도 그럴 것이 황사영이 서소문 밖에서 능지처사를 당하면서 그의 집안도 쑥대밭이 되었기 때문이다. 집안의 가산은 적몰되었고, 남겨진 가족은 노비의 신세가 되어 거제도(모친 이은혜)로 제주도(부인 정명련)로 추자도(아들 황경헌)로 저마다 흩어지고 말았다.

다행히 지난 1980년에 송추 가마골의 창원 황씨 선산에서 그의 묘가 발굴되면서 비로소 양지의 세계로 드러나게 되었다. 발굴 과정에서 석제 십자가는 물론 비단 팔 토시를 담은 백자합이 출토되었다고 한다. 그의 후손들과 신앙의 후배들로선 그 비단 팔 토시야말로 어린 시절 정조가 어루만지던, 이른바 지존의 손길이 닿던 손목을 감싼 흔적이리란 확신이 들었을 것이다. 그곳은 1988년 한국순교자선양위원회가 추모비를 세워 번듯해졌고, 의정부교구가 순례지로 관리하면서 이제 말끔하기까지 하다. 1801년 황사영과 백서가 서로 헤어진 지 3주갑(周甲), 즉 180년 만에 비로소 작자와 글이 다시 하나로 빛을 보게 된 것이다.

(3) 최양업 신부의 묘

황사영 순교 현양탑을 둘러본 뒤 배론 성지 뒷산 마루에 잠들어 있는 최양업 신부의 묘지로 방향을 잡고 비탈을 오른다. 몇 걸음 오르자 곧 너른 평지가 나온다. 그 끝자락에 최양업 신부의 동상이 서 있다. 동상 양쪽으로 산길이 양 갈래로 나뉘는데, 왼쪽으로 오르면 지학순 주교를 비롯한 사제들이 잠들어 있는 성직자 묘가 나온다. 성직자 묘에서 최양업 신부의 묘지로 오르는 길은 순례 길답게 엄숙하게 정돈되어 있었다. 어느새 미끈하게 뻗은 날씬한 소나무들이 호위하는 산등성 양지바른 언덕 위에 묘지 하나가 눈에 들어온다. 1801년 신유년에 황사영이 피 흘리며 순교한 지 정확히 한 주갑을 돈 1861년 또 다른 신유년에 혼신을 다해 원로의 신자 공동체를 찾아다니다 쓰러진 최양업 신부가 바로 이곳에 잠들어 있다. 최양업 신부가 어떻게 이곳 배론에서 영원한 안식에 든 것일까?

최양업은 김대건, 최방제와 함께 모방(Pierre Maubant) 신부에 의해 유학생으로 선발돼 마카오로 떠난 최초의 신학생이었다. 그는 1836년, 황사영이 사마시에 합격해 소년 진사가 된 나이인 열다섯에 라틴어를 익혀 해외로 유학의 길을 떠났다. 황사영이 그토록 눈물로 호소하며 외국인 신부를 요청했었는데 어느덧 한 세대가 흘러 충청 출신의 인재들 셋이 장차 신부가 되기 위해 직접 외국 유학의 길

가경자 최양업 신부 묘지

을 나선 것이다. 1836년 12월 3일 마카오로 출발한 세 명의 유학생은 신심도 좋고 라틴어 학습에도 뛰어났지만 음악적 소질만큼은 교수자들의 걱정거리였던 모양이다. 파리 외방전교회의 극동 대표부에 소속되어 있으면서 마카오의 조선신학교 초대 교장을 지낸 칼르리(Joseph M. Callery) 신부가 테송(Tesson) 신부에게 부친 서한에는 쉬고 깨진 목청에다 음정도 못 맞추는 조선 학생들에게 성가를 가르칠 필요가 있다고 보고 본국에 손풍금을 요청하는 대목이 나온다.* 고대로부터 음주 가무에 능통했던 민족적 유전자가 이들 명석하고 믿음 좋은 유학생들을 비껴갔던 것일까. 낑낑거리며 서양의 음표를 익혔을 그들을 생각하면 안쓰러운 마음이 들기도 한다.

1838년 이들에게 불행이 찾아왔다. 신심이 두터운 유학생 최방

---

* 배티사적지 편, 『스승과 동료 성직자들의 서한』, 천주교 청주교구, 1997, 49쪽.

제가 갑자기 죽음을 맞이하게 된 것이다. 이제 한국 천주교회의 미래는 동갑내기 최양업과 김대건의 어깨에 달려 있었다. 사실 그 둘은 신앙적 기반을 공유하고 있던 사이였다. 「황사영백서」에도 소개된 바 있는 이존창은 내포의 사도라 불릴 정도로 충청 지역에 천주교를 전파한 선구자였는데, 김대건과 최양업에게도 혈연이 닿는 신앙의 뿌리였던 셈이다. 즉 김대건의 조모가 바로 이존창의 딸이었으며, 최양업의 모친 이성례(李聖禮, 1801-1840)가 이존창의 사촌 누이의 조카딸이었던 것이다. 주지하다시피 김대건은 1845년 한국인 최초로 신부 서품을 받고 귀국했지만 이듬해인 1846년 병오박해 때 순교하고 말았다. 한편 몇 차례 귀국을 시도하던 최양업은 1849년에 상하이에서 한국인 두 번째로 신부 서품을 받은 뒤, 우여곡절 끝에 떠난 지 13년 만에 그립고도 가련한 조선 땅으로 귀국할 수 있었다.

귀국한 최양업 신부에게는 힘겨운 과업이 기다리고 있었다. 조선교구로 독립된 이래 거듭된 박해에도 불구하고 프랑스 신부들이 각지에 흩어져 있는 천주교도를 이끌고 있었지만 여러모로 국내 유일의 신부에게 부과되는 짐은 상대적으로 클 수밖에 없었다. 경기도, 강원도, 충청도, 전라도, 경상도 등 5도에 걸쳐 있는 그의 관할지에서 그가 순방해야 할 교우촌은 127개에 이르러 전체의 2/3를 상회할 정도로 압도적이었다. 그가 간혹 표현했듯이 "조선의 알프스"에 해당할 정도의 험곡(險谷)에 흩어져 있는 교우촌을 골고루 순회하는 것은 힘겨웠을 것이다. 철종 대에 박해의 기미가 다소 줄어들었다고는 하나 숨어 지내는 공동체를 순방하며 사목(司牧)* 활동을 벌이는

---

* 천주교나 성공회에서 사제가 신도의 영혼을 돌보며 구원의 길로 이끄는 전반적

일에는 여전히 위험이 따를 수밖에 없었다. 이목을 피하기 위해서는 험로를 마다할 수 없었을 것이고 때를 놓치지 않기 위해서는 하루 백 리 길도 예사였을 것이다. 드넓은 관할 지역을 돌보기 위해서 쉴 새 없이 걷고 또 걸으며 도착은 저녁에, 출발은 새벽에 맞춰가면서 해마다 기본 7,000리를 소화해야 했을 것이다. 걷는 것으로 치자면 동학에 최시형이 있었고 서학에는 최양업이 있었다.

  순방을 애타게 기다리며 숨어 있는 교우들을 생각하면 그는 걸음을 멈출 수 없었을 것이다. 모두 간절함으로 그를 맞이했고, 애절함으로 그를 떠나보냈을 것이다. 그에게 맡겨진 종교적 과업(課業)은 몸에 부치는 과업(過業)이었지만 그는 그것을 땀으로써 감당했을 게 분명하다. 그러나 보행 마일리지가 쌓여갈수록 노독(路毒)도 차곡차곡 누적되어갔다. 결국 1861년 6월 불행이 찾아오고야 말았다. 과로로 약해진 몸에 장티푸스가 덮쳐 쓰러지고 만 것이다. 그가 쓰러져 선종을 맞은 곳이 어딘지에 대해서는 문경이다 진천이다 이론이 분분하다. 아무튼 배론신학교 교장이던 푸르티에 신부가 그가 누워 있는 작은 교우촌으로 급히 찾아왔지만 그의 운명을 막을 수는 없었다. 동기인 김대건 신부가 피 흘려 순교한 지 15년 뒤에 최양업 신부는 홀로 땀 흘리며 과업을 수행하다 순직했다. 흔히들 최초의 신부 김대건을 피의 순교자라 하고 두 번째의 신부 최양업을 땀의 순교자라고들 하는데 일리 있는 표현이다. 1861년 6월 15일에 선종한 최양업 신부의 시신은 가매장되었다가 그해 11월 베르뇌 주교와 푸르티에 신부의 주도하에 배론신학교 뒷산에 안장되었다. 신학교가 내려

  인 활동.

다보이는 언덕에 국내 최초의 신학생이자 한국인 사제의 귀감인 최양업 신부가 누워 있다는 것만으로도 당시 배론의 신학생들은 긴장되고 고무되었을 게 분명하다.

다시 언덕을 내려온다. 배론 성지를 양편으로 가르는 실개천을 건너면 최양업 신부를 기리는 공간이 있다. 배론 하면 「황사영백서」를 떠올리겠지만 배론은 최양업 신부에게도 뜻깊은 기억의 장소이다. 그가 이곳 배론의 언덕에 영면하고 있으니 당연한 이치이겠지만, 이곳은 그가 1855년 10월에 늘 사부처럼 여기던 르그레주아(Legrégeois) 신부에게 불쌍한 조선 신자들을 잊지 말고 기도해달라는 부탁의 편지를 라틴어로 써내려갔던 곳이기도 하다. 개울 건너에 있는 방주 모양의 웅장한 대성당은 최양업 도마 신부의 기념 성당으로 지어진 것이다. 대성당 곁에는 날렵한 모습의 소성당이 서 있다. 대성당 입구에 있는 최양업 신부의 동상은 교우촌을 찾아 어디론가 걷고 있는 생전의 모습 그대로인 것만 같다.

대성당 뒤편의 평평하고 널찍한 공간에는 최양업 신부의 일대기를 회고하며 그를 기릴 수 있는 조각공원이 원형의 제단 모양으로 꾸며져 있다. 정면의 둥근 원호를 따라 모두 30개의 주제(좌편 15, 우편 15)별로 최양업의 주요 생애담을 묘사한 삽화와 그에 대한 설명문을 담은 점토 벽화 판이 줄줄이 부착되어 있다. 최양업의 탄생부터 유학, 가족의 순교 및 고난, 신부 서품, 귀국, 사역 활동 등을 거쳐 죽음과 안장에 이르는 에피소드들이 양옆의 두 천사가 호위하는 가운데 펼쳐져 있다. 몇몇 생애담의 흔적을 간직한 곳을 좀 더 더듬어보기로 작정하고 여유 있게 커피를 음미하며 성지를 빠져나온다.

(4) 송석정과 탁사정의 옛 추억

봉양에 왔다면 두 곳의 명소를 빠트릴 수 없다. 배론성지길을 빠져나와 물길(제천천)을 따라 구학역을 지나쳐 조금 더 내려오면 비끼재와 피재의 물을 거둬온 팔송천이 제천천과 합류한다. 합수한 물마냥 두 가닥의 도로도 합쳐져 봉양삼거리를 이룬다. 팔송천이 합류하는 곳 끝자락에 봉긋 솟은 절벽 위에 잘생긴 소나무로 둘러싸인 송석정(松石亭)이 서 있다. 옛적에 이곳 봉양리에 왔을 땐 보지 못했던 정자이니 최근에 복원한 것이 분명하다. 조선 명종 대에 이곳 출신인 임응룡(任應龍)이 제주 목사를 끝내고 돌아오면서 해송 8그루를 가지고 와 심게 했으며, 물가 언덕 절경 위에 정자를 짓고는 지역의 문인들로 하여금 학문과 청담을 나누게 했다는 곳이다. 팔송천과 팔송리라는 지명 모두 그 여덟 그루 소나무에서 유래된 것이니 바다를 건너온 소나무가 남긴 위력이 결코 작지 않다.

물가 석벽에 새겨진 송석정과 창하조대(蒼霞釣臺)라는 글귀를 근거로 지난 2000년에 이곳 소나무 우거진 석벽 위에다 정자를 세우고 송석정이라 이름했다고 한다. 그야말로 노을이 물드는 물가에서 고기 낚는 모습을 한가하게 굽어보는 정자였다. 팔송천이 제천천을 목전에 두고 두 가닥으로 합류하는 바람에 정자 아래엔 삼각지 모양의 땅덩이가 공터를 이룬다. 한 줄기 물 위에 놓인 아담한 나무다리를 건너 몇 걸음 오르면 송석정이다. 예의 글자가 새겨진 석벽 아래엔 소를 이룰 만큼 물길이 실하고 야무지다. 송석정에 올라 소나무 대궁 사이로 비치는 너른 제천천을 내려다본다. 개울 이쪽의 봉양리와 저쪽의 팔송리가 한눈에 들어온다. 그리고 29년을 묵은 어느 여름날의 추억이 깃든, 두 물이 합수되는 물가에 시선이 고정된다.

1989년 대학 4학년 7월 여름방학 때의 일이다. 방학을 맞이해 고향 춘천에 내려왔다가 어린 나이에 결혼한 뒤 봉양의 한 시골 교회에 거처하던 누이동생을 찾아 처음으로 제천에까지 오게 되었다. 당시에는 고민 많던 신학생이었으나 지금은 어엿한 목사가 된 중고 시절 단짝 친구도 동행했다. 그리고 알게 된 지 몇 달 안 된, 여전히 미지의 지인이었던 한 학년 아래의 여학생도 동반자가 되어 봉양까지 오게 되었다. 한쪽은 고대 종교 같은 오랜 친구였고 다른 한쪽은 신종교 같은 풋풋함이 있는 상대였다. 그렇게 두 남자와 한 여자는 춘천터미널에서 버스를 타고 홍천, 횡성, 원주를 거쳐 봉양 읍내에 하차하고는 지나쳤던 이곳 봉양리로 되짚어 올라왔다. 한눈에 봐도 물 많고 물 좋은 시골 마을이었다. 가난한 시골 교회를 돌보며 신접살림을 꾸려가던 부부는 세 손님을 맞이하기에 벅찼겠지만 따뜻함을 잃지 않았다.

그런저런 얘기를 나누다가 바깥바람 쐬러 밖으로 나가 한길 너머 개울둑을 거닐게 되었다. 개울에 발이라도 담가볼 생각으로 무성한 잡초를 비집고 둑 아래 바닥으로 내려가보기로 했다. 내남없이 수줍음이 여전했지만 남녀는 안전을 위해서 손을 잡고 너무나도 짧게만 느껴지는 둑을 내려와 개울에 닿았다. 개울 본연의 모습 그대로 물 반 돌 반이었다.

한참 개울가를 오가며 이런 얘기 저런 얘기 꺼내보았지만 물처럼 유연하지를 못했다. 멋쩍고 열없는 분위기를 깨보려고 둥글납작한 작은 돌을 골라 날렵하게 물수제비뜨느라 기운도 좀 빼봤다. 그러다가 두 물이 합류하는 곳 가까이에 이르러 둘이 마주 앉기에 적합한 돌덩이를 골라 자리를 잡았다. 조금 기울고 삐딱한 자리지만 도시의 어느 커피숍 못지않은 아늑함이 있었다. 이따금씩 어릴 적 얘기도 들려주고 학부 마지막 학기를 앞둔 고민을 살짝 털어놓기도 했다. 서로 말이 끊기면 한없이 물만 바라보다 설렘을 숨긴 눈길을 슬쩍슬쩍 교차하기도 했다. 그렇게 자연 카페에서 장장 몇 시간을 보냈지만 전혀 지루하지 않았다. 땅거미가 개울로 내려앉고 있었지만 좋아한다는 속마음은 얼굴로 드러났고 또 목울대를 타고 말로도 표현되고 말았다. 물소리가 음악을 대신한 시골의 데이트를 끝내고 어둠을 헤치고 나와, 눈이 빠지게 오빠 올 때를 기다리고 있던 동생의 처소로 돌아왔다.

동생은 걱정을 털어놓으며 도대체 저녁밥 때를 잊은 채 어디를 쏘다녔냐고 묻는 것이었다. 행방이 묘연한 둘을 찾으려고 여기저기 주변을 찾아다녔다니 쑥스러움은 그지없었지만 후회는 전혀 없었다. 신학생 친구는 우리를 기다리다 못해 시외버스를 타고 먼저 서울로 올라갔다고 했다. 아, 날이 저무는 줄도 모르고 개울가에 나가 단발머리 처자의 마음을 얻고 있는 사이에 오랜 단짝 친구를 새까맣게 잊고 있었던 것이다.

이제 송석정에서 내려와 예전의 그 개울 언저리를 바라본다. 강산이 세 번이나 변했을 세월이니 서너 시간 아늑한 의자가 돼주었던 그 옛날 돌덩이의 흔적은 마음속에서만 역력할 뿐이다. 그때 저 자리에서 교사를 꿈꾸던 도회풍의 안동 권씨 처자와 풋풋한 데이트를 하지 않았다면 난 아마도 안동 권씨 외가에 안동 권씨 처가를 두지 못했을 것이다. 저 자리에서 싹튼 인연으로 나의 부친은 안동 권씨 '마눌'에 '며눌'까지 두게 되었던 것이다. 솔직히 요즘은 서봉교 시인의「계모 같은 마누라」가 절절이 와 닿지만 그땐 그리던 고운님이라 여기며 가시버시의 꿈을 남몰래 사리물며 다짐했었다.

옛 추억을 접고 다시 제천천을 따라 상류의 탁사정을 향해 간다. 물길이 소나무 울창한 계곡을 심하게 감아 도는 절경은 절벽 사이로 푸른빛 용소(龍沼)를 다듬어놓은 듯 멋스럽다. 용이 거하는 곳은 늘 가뭄이 들 때마다 기우제를 지내기 마련이었다. 경건한 제사도 있었지만 부동의 잠룡(潛龍)을 일깨우기 위해 용을 위협하거나 자극하는 주술적인 양식들이 뒤따르기도 했다. 가령 침호두(沈虎頭)와 같이 적수가 될 만한 호랑이의 대가리를 용소에 투척하여 용을 위협하기도 했고, 개나 돼지의 머리를 던지거나 그 피를 뿌려 용소를 더럽히기도 했다. 바람은 호랑이를 따르고 구름은 용을 따른다고 했으니, 비가 오려면 구름을 일으켜야 하고 구름을 일으키기 위해서는 안정적인 용의 처소를 위협하거나 더럽히는 수밖에 없었을 것이다. 그나저나 날이 가물 때 이 절경의 용소에 꿈쩍 않고 버티던 잠룡은 어떤 대접을 받았으려나.

탁사정은 용소를 아스라이 굽어볼 정도로 우뚝 솟은 절벽 위에 도도하게 서 있다. 탁사정은 제주 목사를 지낸 임응룡의 후손 임윤근에 의해 본래 옥호정(玉壺亭)이 있던 자리에 1925년에 세워졌으나 한국전쟁을 겪으며 소실되었다가 1957년에 재건된 뒤 몇 차례 보수를 거쳐 지금의 모습에 이르렀다. 탁사정이라는 이름은 『맹자』에 나오는 "물이 맑으면 갓끈을 씻고 물이 흐리면 발을 씻는다[淸斯濯纓 濁斯濯足]"는 구절에서 따왔을 것이다. 갓끈을 씻을지 발을 씻을지는 물 나름인 것이고, 물을 보고 그때그때 융통성 있게 무엇을 씻어낼지 판단하면 그만일 것이다.

29년 전 그때 누이동생은 춘천으로 돌아가려는 우리 일행을 마지막 코스라며 저 절벽 아래 물 좋은 곳으로 안내했었다. 갓끈이고 발이고 간에 온몸을 통째로 담가가며 탁사정의 물살에 몸을 씻었다. 전날 개울가를 함께 거닐던 그녀는 나보다 훨씬 물을 익숙하게 다뤘다. 그때 그녀의 젖은 이마를 보고 이마만큼은 엘리자베스 테일러를 빼닮았다고 생각했다. 그 생각의 지배를 받아서일까. 나이가 들어갈수록 구김살 없는 그녀의 이마가 가장 매력적으로 보인다. 우리는 몸을 말리고 탁사정 앞 간이 정류장에서 춘천행 버스를 기다렸다. 결혼할 때만 해도 안쓰러워 견딜 수 없었던 스무 살 동생을 낯선 제천 시골 땅에다 달랑 남겨두고 훌쩍 떠나가자니 마음이 무거웠다. 그런데 버스에 오르기 직전에 없는 살림에 힘들었을 동생이 바지 뒷주머니에다 만 원짜리 지폐를 찔러 넣어주는 것이 아닌가. 그 반대가 되어도 션찮았을 텐데, 정말이지 누나 같은 동생이었다.

3) 최양업 신부를 찾아서

19세기는 전근대의 기운이 마감되는 세기말의 어둠이 드리운 시대로 묘사되곤 한다. 그러나 종교적으로는 새로운 창조가 절정을 이룬 시대였다고 생각한다. 실학이 집대성된 것은 말할 것도 없고 서학이 융성하고 동학이 발흥한 게 그때였다. 그 중심에 3년 터울로 태어난 경주 최씨 삼인방, 최양업, 최제우, 최시형이 있었다. 최양업은 1821년에 최제우보다 3년 먼저 태어나 1861년에 3년 먼저 세상을 마감했으니 두 분 모두 40세의 짧은 인생을 살다 갔지만 각기 서학과 동학에 남긴 행적만큼은 장장할 것이다. 한편 최양업과 최시형은 쉴 새 없이 한반도의 중남부를 헤집고 다닌 걷기의 달인이자 길 위의 종교인이었다는 공통점이 있다. 그들은 관의 눈을 피해 밤을 낮 삼아 믿음의 도반들을 찾아다녀야 했다. 최양업은 인생의 1/3 정도 되는 12년을 걸어야 했고 최시형은 인생의 절반에 가까운 35년을 걸어야 했다. 그러다가 최양업은 길 위에서 쓰러지면서 무거운 걸음을 멈추었고, 최시형은 길 위에서 붙잡히는 바람에 몸에 밴 걸음의 관성을 멈추어야 했다. 19세기 후반부의 종교사는 최양업의 걸음으로 시작해 최시형의 걸음으로 마감되었다고 하면 과장이려나.

(1) 배티 성지

배론 성지를 둘러보면서 최양업 신부의 흔적들을 더 확인하고 싶어졌다. 제천 배론에서 진천의 배티[梨峙]로 향한다. 배[舟]에서 배[梨]를 찾아가는 길이라고나 할까. 배티 성지는 진천에서 안성으로 넘어가는 배나무 고개 아래에 자리 잡고 있다. 최양업 신부는 진천과 인연이 깊다. 귀국 후 곳곳에 흩어져 살던 아우들과 함께 거처했던 곳이 진천 동골이었고, 드넓었던 사목 관할지의 주요 거점으로 삼아 르그레주아 신부와 리부아(Libois) 신부에게 몇 통의 라틴어 편지를 작성했던 곳도 배티 근처의 절골, 동골, 풀무골의 교우촌이었다.*

---

* 1842년부터 1860년까지 최양업 신부가 유학 시절 자신의 스승이던 프랑스 신부들에게 작성한 라틴어 편지 19통 중에서 현존하는 18통이 배티 성지에서 펴낸 최양업 신부 전기 자료집 제1집으로 출간되었다. 배티사적지 편, 『최양업 신부

진천읍을 지나 배티 성지를 앞두고 길은 백곡저수지 깊은 물골을 드나들며 건송리를 거친다. 저수지 상류 쪽 양편으로는 사송리가 펼쳐진다. 건너편엔 깊고 너른 저수지와 짝할 만한 만뢰산이 장중하다. 저 만뢰산 자락이 품은 이쪽의 사송리와 산 너머 대문리가 바로 천제를 행했다는 그 마을이다. 저수지를 뒤로하고 양백리 산길로 접어들어 배티 성지에 다다른다. 그 옛날 천주교인들이 비밀 교우촌을 가꿔 신앙을 지키던 곳이고, 믿음을 지켜가며 죽어간 순교자들이 묻혀 있는 곳이며, 일찍이 작은 신학교를 열어 종교의 미래를 준비했던 곳이다.

배티 성지에는 시차를 두고 세워진 두 채의 성당이 있다. 두 성당 모두 최양업 신부를 기리고 있다는 게 특징이다. 그간 동기생 김대건 신부에 비해 묻혀 있던 최양업 신부에 대한 기억이 배론에 이어 배티에서도 힘 있게 되살아나고 있다는 느낌이 든다. 성지 입구에 있는 대성당은 최양업 신부의 선종 150주년을 기념해 지난 2011년에 봉헌되었다. 한편 산 중턱에 마련된 성당은 최양업 신부의 탄생 175주년을 기념해 지난 1996년에 기공해 이듬해에 봉헌되었다. 두 성당 사이의 멀지 않은 거리만큼 최양업의 인생은 그리 길지 않았다. 짧았던 40년의 인생이라지만 그 출발과 마감은 고요한 배티의 산중에서 서러울 것 없이 기념되고 있다.

배티 성지는 순교자들의 땅으로도 유명하다. 배티 성지 관내에는 무명 순교자 6인의 묘지와 14인의 묘지가 배티재 인근에 조성되어 있다. 그리고 진천 지장골 출신으로서 병인박해 때 청주에서 교수형

의 서한』, 천주교 청주교구, 1996.

을 당한 뒤 2014년에 시복된 복자 오반지 바오로의 묘가 무명 순교자들 가까이에 안치되어 있다. 지난 2017년 진천읍 사석리에서 발굴된 그의 유해를 배티 성지로 이장한 것이라 한다. 대성당에서 위에 있는 성당으로 오르는 언덕 중간의 길옆에 '순교 현양'이라 새겨진 입석이 바윗돌 위에 번뜻이 세워져 있다. 박해기에 체포한 신자들을 오랏줄에 묶어 끌고 가다 중간에 쉴 때 이 돌기둥에 한꺼번에 매어두었다고 한다. 한동안 백곡저수지에 수몰되어 있던 그것을 지난 1980년에 큰 가뭄이 들어 저수지 바닥이 드러났을 때 물 밖으로 건져낸 뒤 현양비로 제막한 것이다. 순교자들을 묶어두던 돌기둥이 이제는 성지 한편에서 순교자들을 현양하고 있다니 뒤바뀐 운명이 기막히다. 순교 현양비 앞에는 일편단심 하얀 민들레 한 송이가 곱게 피어올라 있다. 외래종에 밀려 자취를 감춘 토종의 하얀 민들레를 만나보는 것도 반갑거니와 순교자 현양비 앞에서 소복 차림을 한 채 누군가를 기리고 있는 모양새가 더욱 기특하기만 하다.

배티 성지는 충북 지역에서 가장 먼저 형성된 교우촌이 있던 곳이기도 하고, 최초로 작은 신학교가 운영된 곳이기도 하다. 배티 성지 입구에서 배티재 쪽으로 500미터를 오르다 보면 오른쪽 언덕 위 양지바른 곳에 한옥 건물이 아담하게 복원되어 있다. 부엌 한 칸에 방 두 칸 규모의 이 건물은 1850년 페레올(Jean Joseph Ferreol) 주교의 명에 의거해 다블뤼(Marie Nicolas Antoine Daveluy) 신부가 안식하며 학생들에게 라틴어를 가르치기 위해 마련한 신학교였다. 1851년부터 1853년까지 배티 공소(公所)*의 전담 신부였던 다블뤼가 이곳을 사

* 주임 신부 없이 지역민이 중심이 된 작은 교회.

제관이자 신학교로 운영하다가 뒤를 이어 최양업 신부가 이곳에 거처하며 학생들을 교육했다. 그러다가 1854년에 최양업 신부는 18년 전 모방 신부가 그랬듯이 세 명의 신학생을 선발해 페낭신학교로 유학을 보내는 일을 추진했다. 그 이후로 배티신학교는 더 이상 운영되지 않았고 1855년에 설립된 배론신학교가 신학교의 구심적인 역할을 이어갔다. 신학교의 기능은 마감되었지만 최양업 신부, 프티니콜라 신부, 그리고 페롱 신부가 차례로 거쳐 간 사제관으로서의 소임은 계속 이어졌다.

신학교 건물 뜰 앞 잔디밭 끝자락에 세 분의 흉상이 나란히 서 있다. 가운데에 가경자 최양업 신부를 중심으로 부친인 최경환(崔京煥, 1805-1839) 프란시스코 성인과 모친인 복녀 이성례 마리아가 각각 좌우에 배치되어 있다. 1836년 소년 최양업이 마카오로 떠난 뒤로 꿈에 그렸을 가족의 상봉이었겠지만 흉상이 되어 대면하고 있으니 애틋하기만 하다. 길을 나선 김에 최양업 신부의 신앙을 길러낸 양친의 흔적을 찾아가보고 싶다. 언덕을 내려와 배티재로 오르다 길가에 조성된 오반지 바오로의 이장된 묘를 둘러보고 고개를 넘는다. 고개를 넘어 안성을 지나 안양까지 달려가야 한다.

(2) 수리산 성지

서울의 서남부를 적시며 30여 킬로미터를 흘러내리는 안양천 물줄기는 청계산, 관악산, 수리산 등으로부터 알토란 같은 물을 받아낸다. 이제 수리산 태을봉과 수암봉 자락을 훑고 내려오는 수암천을 따라 오른다. 한참을 오르다 보면 계곡을 가로지르는 서울외곽순환

도로의 높은 교각(수리산교)이 맑은 물에 그림자를 드리우는 곳에 이른다. 산속을 관통하던 고속도로가 기나긴 두 터널(수리터널, 수암터널) 사이에 계곡을 만나 잠시 바람 쐬고 햇볕을 쬐려 얼굴을 내민 곳이다. 이곳이 최양업 신부의 부친 최경환 프란시스코가 가족을 이끌고 와 순교하기 직전까지 머물던 담배촌 뒤뜸이골 교우촌이다.

수리산 성지는 최양업 신부의 신앙적·혈연적 뿌리인 부모, 즉 성인 최경환 프란시스코와 복녀 이성례 마리아를 기리는 곳이다. 성지의 입구 오른쪽에 서 있는 순례자 성당이 길손을 맞는다. 곧바로 순례자들의 눈에 들어오는 것은 두 손을 모아 기도하는 최경환 프란시스코의 당당한 흉상이다. 그리고 몇 걸음 더 가다 보면 어느새 작고 아담한 또 하나의 성당이 눈에 들어온다. 이른바 최경환 성인을 기리기 위해 옛집 자리에 한옥식으로 세운 고택 성당이다.

최경환은 홍주의 다락골(현재 청양군 농암리)에서 최인주(崔仁柱)의 셋째 아들로 태어났다. 신심이 두터웠던 최경환은 홍주 출신 이성례 마리아와 결혼한 뒤 그의 형제들과 함께 다락골을 떠나 서울로 이주했다가 죄어오는 감시의 눈을 피하기 위해 형제들과 서로 흩어져 살게 되었다. 즉 첫째 최영열(崔榮說)은 목천 서덜골로, 둘째 최영겸(崔榮謙)은 용인 한덕골로, 그리고 셋째 최경환은 과천(지금의 안양) 수리산 뒤뜸이골로 각각 이주해 살게 되었던 것이다.

최경환이 가족을 이끌고 수리산 교우촌으로 들어온 것은 1837년경이다. 담배촌에 들어온 그는 마을 공소의 회장을 맡아 교우들의 신앙과 살림살이를 다독이며 지냈다. 슬하에 6남을 두었던 최경환과 이성례는 1836년 마카오로 유학을 떠난 장남 최양업을 제외한 차남

희정(羲鼎), 3남 선정(善鼎), 4남 우정(禹鼎), 5남 신정(信鼎), 젖먹이 6남 등과 함께 담배촌을 일구며 신앙생활을 이어갔다. 그런데 1839년 기해박해의 물결이 수리산 깊은 골까지 밀려오게 되면서 신앙은 피에 씻기고 가족은 울음에 빠지게 되었다.

40여 명의 교우와 함께 끌려간 최경환은 두려움에 빠진 교우들에게 흔들림 없는 신앙의 자세를 권면했고 숱한 매질에도 불구하고 바윗덩어리처럼 견뎌내며 신앙을 간직하다 끝내 옥사하여 순교자의 길에 들어서고 말았다. 그러나 슬픈 곡절을 담은 순교의 역사가 얄궂게도 부인 이성례 주위를 맴돌며 애간장을 태우고 말았다. 남편이 옥에서 치명한 뒤, 질곡 속에서 죽어가는 두 살배기 젖먹이와 어린 아이들을 염려해야 했던 이성례의 모정은 그녀를 흔들리게 했고, 끝내 마음속 신앙과 입 밖의 다짐이 어긋나고 말았다. 그러나 풀려난 삶도 잠깐이었고, 장남 최양업이 마카오로 신학 유학을 떠났다는 사실이 알려지면서 그녀는 다시 형조로 이송되고 말았다. 이번에는 젖먹이 갓난아이가 끝내 죽어가는 모습을 지켜봐야 했고, 차남 희정 야고보가 지켜보는 가운데에서 고문도 견뎌내야 했다. 결국 그는 여러 고초와 유혹을 이겨내고 마음을 속였던 입을 바로잡고 지난날의 배교를 거둬들이게 되었다. 결국 1840년 1월에 39세의 삶을 당고개에서 순교로 마감했다.

기해박해의 희생자들에 대한 기록은 앵베르 주교의 명을 받은 현석문(玄錫文, 1797-1846)이 자료를 수집하여 작성한 『기해일기』에 남겨졌다. 페레올 주교는 이 자료를 프랑스어로 번역한 뒤 1847년 그것을 최양업에게 전해주며 라틴어로 번역하게 했다. 자료를 건네받은 최양업은 부친 최경환 프란시스코에 관한 기록이 실려 있는 데

반해 모친인 이성례 마리아에 대한 기록은 아예 누락되어 있어 적잖이 당황했을 것이다. 귀국 후 1851년 절골에서 르그레주아 신부에게 보낸 최양업 신부의 라틴어 편지에는 부친은 물론이고 모친의 순교에 대한 기록이 상세히 들어 있다. 10여 년밖에 지나지 않은 과거라 증언해줄 사람도 있었을 것이고 더구나 양친의 옥정(獄情)을 지켜본 두 살 아래인 동생 최희정 야고보의 증언도 한몫했을 것이다. 아무튼 아들 최양업의 기록에 의해 이성례 마리아의 종교적 삶은 제대로 기억될 수 있었고, 2014년에 프랑시스코 교황에 의해 뒤늦게나마 시복되기에 이르렀다.

담배촌에서 함께 체포된 교우들 중에서 최경환, 이성례 부부 외에 끝까지 죽음으로 믿음을 지켜낸 이 에메렌시아도 순교자의 길에 합류했다. 그러나 최경환 프란시스코가 시성되고 이성례 마리아가 시복된 반면, 이 에메렌시아는 그의 삶을 입증할 자료 부족으로 아직 시복되지 못하고 있다니 안타까울 뿐이다. 안타까움을 뒤로하고 고택 성당 맞은편 산자락에 자리 잡고 있는 최경환 프란시스코의 묘역을 향해 개울을 건너 오른다.

과연 계단을 따라 산중턱까지 오르니 깔끔하게 단장된 최경환 성인의 묘가 한눈에 들어온다. 40여 일의 형신을 당하다 옥사한 최경환의 시신은 수리산에 매장되었고, 후에 5남 최신정이 근처에 살면서 3-4년간 묘역을 살폈고, 이따금씩 최양업 신부도 들러 성묘했다고 한다. 그러나 최양업 신부가 선종한 이래, 후손들이 박해를 피해 흩어지면서 묘역은 잊히고 말았을 것이다. 1925년에 교황 비오 11세에 의해 시복된 최경환의 묘역을 교회 당국에서 수소문하던 중 다행히 5남 최신정의 부인 송 아가다가 92세의 몸을 이끌고 현재의 묘

성 최경환 프란시스코의 묘지

역을 짚어주었다. 아마도 그것이 가능했던 것은 살아생전에 신정 부부에게 수리산 뒤뜸이골의 묘역을 돌보게 했던 최양업 신부의 선견지명 덕분일 것이고, 또 3-4년을 그곳에서 지낸 경험을 먼 훗날에도 증언할 만큼 송 아가다가 맑은 정신으로 장수했기 때문일 것이다. 1929년에 복자로 시복된 최경환의 유해는 훗날 명동성당에 안치되었다가 1984년에 교황 요한 바오로 2세에 의해 시성될 즈음에 다시 절두산순교자기념관으로 옮겨졌다. 현재의 묘역은 유해를 감싸던 진토와 유해의 일부를 간직한 묘지이다.

  묘지를 뒤로하고 다시 계곡으로 내려간다. 수암천 상류의 물은 도심의 미세 먼지를 잊을 만큼 더없이 맑기만 하다. 배론에서 최양업 신부의 묘지를 보고 배티를 거쳐 수리산 최경환의 묘역에까지 이르렀다. 이제 최양업 신부의 아우들이 잠들어 있는 흔적을 확인해보는 일이 남았다. 아름답고 고풍스럽게 보존된 풍수원성당이 있는 강원도 횡성으로 향한다.

(3) 유현리 가족묘

풍수원성당이 자리 잡고 있는 강원도 횡성 서원면 유현리 일대는 천주교 신자들이 박해를 피해 숨어 들어와 화전을 일구거나 옹기를 구워가며 신앙과 생계를 유지하던 곳이었다. 같은 원주교구에 속해 있는 배론 성지에서 북쪽으로 대략 70킬로미터 떨어진 곳에 위치한다. 최양업 신부의 아우들 묘지를 찾아보기 전에 근처의 풍수원성당에 찾아갔다. 세월을 이겨낸 빨간 벽돌과 건물 전면 중앙에 우뚝 솟은 4층 첨탑이 눈길을 사로잡는다. 인고의 세월을 견뎌낸 신앙의 끈질김과 굴하지 않는 기개를 보여주는 것만 같다.

놀랍게도 성당이 세워진 지 110년이 넘어섰다. 1905년에 착공하여 이태 뒤인 1907년에 건물을 완공하고 1909년에 낙성식을 가진 이곳은 강원도에서 처음 세워진 성당이고 전국적으로 봐도 네 번째에 해당된다. 1888년에 풍수원에 부임한 초대 르메르(Le Merre) 신부에 이어 2대 주임 신부를 맡은 정규하(鄭圭夏, 1863-1943) 신부가 성당의 건립을 주도했다고 한다. 그는 강도영, 강성삼 등과 함께 1896년 뮈텔 주교로부터 사제 서품을 받았는데, 한국인으로서는 김대건, 최양업에 이은 세 번째 서품이었고, 국내에서는 첫 번째 서품이었다. 그는 아름다운 풍수원성당뿐만 아니라 1920년부터 매년 대대적으로 거행되어온 성체현양대회의 전통을 남겨주었다. 서품 이후 풍수원에서만 47년간을 사목하다 세상을 떠난 정규하 신부는 성당 뒷산 언덕에서 안식을 취하며 성당을 지켜보고 있다.

풍수원성당을 빠져나와 공근면 방향으로 3-4킬로미터 동진하다 보면 최양업 신부의 동생들이 누워 있는 묘역이 나온다. 금물산 성

최경환 후손 묘역

지봉을 따라 흘러내려온 산자락에 터를 잡고 건너편 드넓은 옥스필드 골프장을 굽어보는 곳에 묘역이 꾸며져 있다. 느릅나무가 많은 고개에 있는 마을이라는 뜻의 유현리(楡峴里)라는 이름과는 달리 그곳은 푸른 소나무가 묘역의 사위를 둘러싸고 있다. 묘역 제일 위쪽 중앙에는 예수 십자가상이 서 있고, 기단에는 '성 최경환 프란치스코 후손 묘역'이라 쓰여 있다. 왼쪽에는 최경환 부부의 동상이, 오른쪽에는 최양업 신부의 동상이 묘역을 굽어보고 있다.

천주교인들은 박해를 피하기 위해 대단위 동족촌의 삶을 포기하고 소단위로 흩어져 살 수밖에 없었다. 흩어져 뿌리를 내린 가족들은 의탁할 곳 없는 또 다른 가족들의 의탁처가 되기도 했다. 앞에서 말했듯이 충청도에서 서울로 이주해 온 최경환의 형제들도 다시 어려움을 겪게 되면서 첫째 최영열은 목천 서덜골로, 둘째 최영겸은 용인 한덕골로, 셋째 최경환은 수리산 뒤뜸이골로 이주하게 된 것이다. 최경환, 이성례 부부가 순교하자 최양업의 어린 동생들은 각각 친척들에게 보내지면서, 아버지와 그 가족들이 흩어졌던 것처럼 흩어지게 되었다. 둘째 동생 최선정은 백부 최영열이 있는 목천 서덜골로, 셋째 동생 최우정은 친척이 있던 진천 동골로, 넷째 동생 최신정은 중백부 최영겸이 있는 용인 한덕골로 각각 흩어져 살게 되었다. 1849년에 귀국한 최양업 신부는 용인 한덕골에서 흩어졌던 아우들과 처음 만났고, 이후 진천으로 내려와 친척들이 있던 진천 동골에서 아우들과 함께 지내기도 했다. 그런데 최양업의 동생들은 어떻게 이곳 풍수원 일대에 묻히게 된 것일까?

묘역 제1열에는 최경환의 세 아들 내외가 잠들어 있다. 오른쪽부터 2남 최희정 야고보, 4남 최우정 바시리오, 5남 최신정 델레신포로 부부의 묘지이다. 3남인 최선정 안드레아의 묘지는 눈에 띄지 않는다. 광주군 시어골 교우촌에서 생을 마감한 것으로 알려져 있으나 형제들의 묘역에 안장되지는 않았다. 먼저 1열 맨 오른쪽에 아내 이 마리아와 함께 합장된 최희정 야고보는 형 최양업이 유학을 떠난 뒤 양친과 함께 박해의 고초를 겪었고, 순교한 양친을 대신해 동생들을 건사하며 의탁처를 물색해야 했다. 그리고 그는 신부가 되어 귀국한 형에게 자신이 목도한 슬픈 가족사를 증언해야 했고, 그로 인해 최양업은 부친의 옥사와 모친의 처형에 관한 순교록을 작성할 수 있었다. 진천의 교우촌에서 선종한 그가 이곳에 묻히게 된 것은 바로 부인 이 마리아가 횡성 유현으로 옮겨 와 살았기 때문이라고 생각된다.

1열 가운데에는 최우정 바시리오와 송 막달레나의 묘지가 자리 잡고 있다. 양친의 순교 후 진천 동골의 친척 집에 맡겨진 최우정은 후에 블랑(Blanc) 신부의 복자로 활동한 바 있으며 충주 지역에서 어려운 살림을 꾸리면서도 천주 교서를 판각하는 일에 열중하다 1886년에 악질에 걸려 끝내 죽음을 맞이했다고 한다. 그의 장남인 최상종(崔相鍾) 빈첸시오는 가평에 기거하다 풍수원으로 이주했고, 차남인 최향종(崔享鍾) 바오로도 자손들과 함께 이곳 유현리에 살았다고 한다. 두 형제는 유현리에서 함께 살던 모친 송 막달레나가 선종하자, 충주에 있는 부친의 묘를 이곳으로 이장해 부부를 합장했다. 이들 두 형제도 부모의 다음 열에서 고이 잠들어 있다.

1열 맨 왼쪽의 묘지에는 최신정 델레신포로와 송 아가다가 함께 잠들어 있다. 최신정은 용인 한덕골의 중백부에게 의탁하여 살다가 최양업 신부가 귀국하자 함께 지내다 진천으로 옮겨 간 것으로 보인다. 진천 송씨 아가다와 결혼한 뒤 얼마간 한 교우촌(소리웃)에서 최양업 신부를 모시며 함께 살다가 수리산 뒤뜸이골 담배촌으로 이주하여 3-4년을 지내며 부친의 묘역을 보살폈다. 송 아가다는 박해가 심해지자 경기도 광주와 강원도 춘천 등지를 헤매다 남편을 잃었고, 4남매를 건사하며 온갖 고생을 하다 횡성의 풍수원으로 이주하게 되었다. 그러다가 92세의 노구를 이끌고 복자가 된 시아버지 최경환의 묘역의 위치를 정확히 찾아주기까지 했다. 지금은 최신정과 함께 유현리의 묘역에서 영원한 안식에 들었다.

최양업의 형제들은 유현리와 특별한 인연이 없었으나 그들의 부인과 후손들은 각지를 떠돌다 풍수원성당이 있는 유현리로 들어와 여생을 보내며 신앙생활을 지속했다. 1791년 이후 박해의 위협을 받는 상황에서 최경환의 조모는 어린 아들 최인주를 데리고 충청도로 옮겨 가 살면서 천주교 신앙을 이어나갔다. 반면 최경환의 작은할아버지인 최한기(崔漢驥)는 가솔을 데리고 강원도 홍천 등지로 이주해 살면서 신앙을 이어갔는데, 그 후손들이 인근 풍수원 일대에도 많이 기거하게 되었다고 한다. 아마도 최양업 신부의 동생 가족들이 풍수원 일대에 깃들어 살게 된 것도, 거기에 가족 묘역을 형성하게 된 것도 이곳에 정착했던 선대의 연고가 있었기에 가능했을 것이라 생각한다.

제천 배론에서 시작해 진천 배티와 안양 수리산을 거쳐 횡성의 풍수원까지 둘러보게 되었다. 애초 배론에 발을 들여놓았을 때는 황사영 알렉시오가 백서를 작성한 토굴과 장주기 요셉이 헌신적으로 일군 배론신학교와 12년간 땀 흘리며 교우촌을 왕래하다 쓰러진 최양업 토마스의 묘지를 둘러보려 했을 뿐이다. 그런데 최양업 신부에 이끌려 그의 부모와 형제들이 잠들어 있는 곳까지 여로가 이어지고 말았다. 이제 길을 재촉해 해월의 기도 터가 있는 태백의 준령으로 가야 한다. 최양업 신부가 걸었던 서학의 길만큼 해월 최시형이 걸었던 동학의 길도 멀고 험난했다. 최 신부가 눈물로 부르짖은 절실한 기도를 뒤로하고 최해월의 기도와 주문 소리 낭랑했던 함백산 적조암(寂照菴)으로 간다.

6. 적조암: 동학의 산실 태백

제천 송학을 지나 강원도 땅에 접어든다. 주천강과 평창강을 맞잡은 서강이 청령포를 지나, 백두대간의 굵직한 낙숫물을 받아내며 아우라지를 거쳐 어라연을 빠져나온 동강과, 숨겨두었던 부신(符信)을 맞춰보듯 합수하며 남한강의 본류를 이루는 곳, 영월이다. 제아무리 남한강이 꼬리 치며 손짓한다 해도 냉정하게 뿌리치며 함백산 정암사를 향해 동으로 간다. 신동에 접어들면 어느덧 정선이다. 머뭇거림도 없이 민둥산 자락을 지나 첩첩산중 사북과 고한으로 내달릴 뿐이다.

사북의 끝자락 고한의 초입새에 이르면, 협곡 사이 울창한 숲을 뚫고 말편자같이 굽이도는 예사롭지 않은 물길과 마주친다. '부처소'라 불리는 곳인데, 1888년 5월에 정선 군수 오횡묵(吳宖默)은 이곳을 지나가며 '불연(佛淵)'이라 일컬었었다. 정암사까지 대략 7킬로미터 떨어져 있는 이곳은 절과 얽힌 설화가 시작되는 곳이라 진정한 의미에서 절의 입구라 할 만하다. 이곳에 부처님의 모습이 비쳐 절을 지으려 했으나 칡넝쿨을 따라 지금의 정암사에까지 이른 뒤 비로소 절을 창건했다는 얘기가 설화의 골자였다. 칡을 따라 이르렀기에 정암사는 흔히 갈래사(葛來寺)라 불리었고, 절이 있는 고한의 마을 이름도 갈래마을(상갈래, 중갈래, 하갈래)로 통했다. 고지식하게 칡넝쿨을 찾아보려 두리번거리다가 설화를 기계적으로 대하는 축자주의적인 내 모습이 물에 비칠 것만 같아 이내 멈추고 말았다.

부처소 두둑에 시외버스 터미널이 자리 잡고 있다. 이리 좋은 전망을 갖춘 터미널이 또 있을까 싶다. 터미널 앞에서부터 산골짜기로 이어진 작은 마을이 바로 '고토일'이다. 지금의 고한리(古汗里)라는 지명은 고토일(古土日)의 '고'와 물한리(勿汗里)의 '한'이 합쳐져서 만들어진 것이라 한다. 부처소에서 본류를 따라 3킬로미터 정도 거슬러 오르면 옛 물한리 마을에 위치한 고한역에 닿는다.

1998년 5월 어느 새벽 미명에 두 후배와 함께 정암사를 찾아가기 위해 고한역에 내려 어둠이 깔린 마을을 바라본 적이 있었다. 한때 잘나가던 광산 마을을 가득 메웠던 사택들이 주인을 잃은 채 폐허의 빛을 을씨년스럽게 내뿜고 있었던 게 기억에 생생하다. 1970년대까지만 해도 인생 막장의 마지막 희망이던 탄전이 1980년대 들어서면서 점차 사양길에 접어들었을 것이고, 1990년대엔 애물단지 광산업을 수습하기 위한 석탄 합리화 사업의 시책이 이 마을을 강타했을 게 뻔하다. 탄광촌 아이들은 시냇물을 시꺼멓게 그리곤 했다는데, 탄광이 문을 닫아서인지 고한리 한복판을 흐르는 지장천(地藏川)이 검지 않아 의아해했던 기억이 있다. 지난날 폐광의 어둠이 짙게 깔린 황량한 모습은 오간 데 없고 활력 넘치는 오락의 도시로 탈바꿈한 게 오늘의 고한이다.

고한역에서 정암사까지 십 리 길을 달려 정암사 입구에 닿았다.

일주문은 '태백산 정암사(太白山淨岩寺)'라 간결하고도 힘차게 쓰인 현판을 이고 있다. 역시 탄허(呑虛) 스님의 필체다웠다. 태백산 권역이라 '태백산 정암사'라 했겠지만 정확히 말하면 갈래산(葛來山)이라고도 불리는 함백산(咸白山) 자락에 정암사가 자리 잡고 있다. 함백산에 온 이상 적어도 신라의 대승 자장(慈藏, 590-658)과 조선 말 동학의 거장 해월 최시형, 이 두 성자의 흔적을 되새겨봐야 할 것이다. 둘 사이에 1200여 년의 격세가 있지만 태백에서 성지를 모색했고 끝내 신앙의 교대와 확장을 이뤄냈다는 점에서 서로 통하는 면이 적지 않다. 자장은 토착의 성지(소도)를 불교의 성지로 수용했고, 해월은 불교의 성지를 동학의 수련장으로 활용했다. 정암사는 토착문화와 불교문화가 교차하고 타협했던 태백의 성지를 품고 있는 유서 깊은 사찰인 것이다.

1) 자장과 갈반지

『삼국유사』「의해조」에는 여러 고승의 이야기가 소개되어 있는데, 그중에 자장과 원효의 이야기가 앞뒤로 나란히 실려 있다. 일연 스님은 자장의 이야기에 '자장정률(慈藏定律)'이라는 제목을, 원효의 이야기에 '원효불기(元曉不羈)'라는 제목을 각각 달아놓았는데, 그 조어가 인상적이고 의미심장하다. '자장정률'이라는 것은 자장이 계율을 정했다는 뜻이고, '원효불기'라는 것은 원효에게 고삐의 옥죄임이 없다는 뜻이다. 제목 하나만 보더라도 스스로를 엄격하게 대하면서 불교계를 바로잡으려 한 자장의 고민과 모든 굴레로부터 해방되고자 한 원효의 자유분방함이 절로 대비된다. 정암사는 바로 자장으로부터 유래하는 절이다. 일연 스님이 꺼낸 자장의 이야기는 자장이 정암사의 터, 곧 갈반지(葛蟠地)를 찾아가는 에피소드로 대미를 장식한다.

[자장이] 말년에 경주를 떠나 강릉에다 수다사(水多寺)를 짓고는 거기에서 지냈다. 다시 꿈속에서 신이한 중을 보았는데, 북대(北台)에서 보았던 중과 같은 모습이었다. 그 중이 다가와 말하기를 "내일 그대를 대송정(大松汀)에서 볼 것이다"라고 했다. 깜짝 놀라 일어난 뒤 일찌감치 길을 떠나 송정에 이르고 보니 정말 문수보살이 와 계신다는 것을 느끼고는 법요(法要)*를 여쭈었다. 그러자 답하기를 "태백산 갈반지에서 다시 만나기를 기약하자"고 하고는 모습을 감추고 말았다. 자장이 태백산으로 찾아다니다 커다란 구렁이가 나무 아래에서 둥그렇게 똬리를 틀어 감고 있는 것을 보고는 시자(侍者)에게 "이곳이 바로 전에 말했던 그 갈반지이다"라고 말했다. 이에 석남원[지금의 정암사]을 창건하고 성인[문수보살]이 내려오시길 기다렸다.

이 이야기에 따르면 자장은 기거하던 수다사를 떠나 문수보살의 현현을 기대하며 태백산 갈반지를 찾아 나선다. 갈반지는 말 그대로 칡넝쿨이 둘둘 얽혀져 있는 곳을 뜻하므로 자장은 글자 그대로의 칡넝쿨에 집착할 수도 있었다. 그러나 자장의 시선은 날렵했고, 상상력 역시 풍부했다. 커다란 뱀이 나무 아래에 똬리를 틀고 있는 것

* 불법의 핵심을 담은 가르침.

을 보자마자 그곳이 문수보살이 언급한 칡넝쿨이 서린 약속의 땅이라 직감했으니 말이다. 자장이 부처소에서 칡넝쿨을 따라 지금의 터에 이르렀다고 기억하는 사람들도 있지만 자장의 시선은 그러한 즉물적인 이해를 벗어나 있었다. 문수보살의 상징적인 언어를 이해한 자장의 상징 해석이 놀랍기만 하다. 놀라움은 여기에서 그치지 않는다. 그 자장의 상징 해석을 다시 학술적으로 재해석한 논의에 놀라움을 느낀 적이 있었다. 한국 고대사를 전공하시는 서영대 교수님께서 대학원 시절에 쓰셨다는 「갈반지소고」*라는 짧은 논문이 바로 그것이다. 사실 종교학을 공부하며 학자의 길을 걸어오기까지 내겐 본교의 지도 교수님과 타교의 지도 교수님이 계셨던 셈인데, 그분은 학교 밖에서 나를 늘 일깨워주신 고마운 선생님이셨다.

자장이 갈반지라 결론 내린, 나무 아래에 큰 뱀이 똬리를 틀고 있던 곳은 다름 아닌 불교 전래 이전에 신성 지역으로 통하던 소도(蘇塗)였으리라는 그분의 주장은 탁견이었다. 우선 큰 뱀이 서려 있던 곳 위에 서 있던 나무는 삼한 시대에 별읍의 소도에 세우던 대목(大木)과 유비된다는 것이다. 따라서 나무는 천상과의 소통을 가능하게 하는 우주목(cosmic tree)으로서 신성 지역의 중심을 표상하는 상징물로 이해된다. 그런 의미에서 큰 나무 아래에 서려 있던 큰 뱀도 세계의 여러 지역의 신화에서 확인되고 있는, 신성 공간을 호위하는 파수꾼의 이미지와 상통하게 된다. 결국 정암사는 불교 전래 이전에 있던 소도와 같은 신성 공간의 터를 이어받은 셈이다. 불교는 소도

---

* 서영대, 「갈반지소고 — 소도의 불교적 수용」, 『종교학연구』 2, 서울대학교 종교학연구회, 1979.

의 신성성을 일방적으로 부정한 것이 아니라 적절한 타협을 통해 그것을 불교적으로 수용해나갔다는 것이 그분 주장의 골자였다.

정암사는 갈반지로 지칭되는 성스러운 산과 나무 주위에 세워졌을 것이다. 신성한 제사 공간이자 망명자의 피보호권(right of asylum)이 보장되는 신성 공간(소도)이 불교가 전래되면서 문수보살을 친견할 수 있는 새로운 성지로 탈바꿈했다. 기존의 문화적 의미를 폐기하거나 무시한 것이 아니라 그 위에 새로운 의미를 차곡차곡 덧씌운 것이라 할 수 있다. 신라의 최고 승려로서 대국통(大國統)의 영예를 얻었던 자장은 그 방면에 남다른 데가 있었다. 그러나 갈반지를 알아차릴 만큼 상상력이 풍부했던 그였지만 매사에 번듯하고 엄정했던 게 흠이었을까, 그는 그토록 대망하던 문수보살이 문전까지 왔었음에도 그를 알아보지 못한 채 허망하게 눈앞에서 놓치고 말았다.

갈반지에 정암사를 짓고 문수보살이 오기를 기다리던 어느 날, 늙은 거사가 남루한 차림에다 칡 삼태기 속에 죽은 강아지를 담아 메고는 대뜸 자장을 보러 왔노라며 방문했다. 께저분한 차림은 둘째 치고 고승의 이름을 망령되이 부르는 모양새가 영락없는 미친놈이겠거니 하고 무시했던 게 화근이었다. 아상(我相)에 사로잡혀 있다 보니 문수보살을 알아볼 수 없었던 것이다. 뒤늦게 깨달은 자장이 예를 갖추고 따라가려 했으나 이미 문수보살은 아득히 멀어져갔다. 문수보살을 따라잡지 못하고 허탕을 친 자장은 이내 쓰러져 죽음을 맞이했다. 외물에 사로잡혀 성인의 강림을 알아채지 못했다는 회오와 자책이 그에게 하염없이 밀려들었을 것이다. 때늦은 후회 속에서 그의 삶도 죽음을 이기지 못한 채 길섶에 주저앉고 말았다니 안타깝기만 하다.

정암사 일주문을 통과해 비스듬히 경내로 들어오면 만면에 미소를 띤 포대 화상이 걸터앉아 객을 맞는다. 정면의 산등성이 위로는 부처님의 진신 사리를 모셨다는 수마노탑이 우뚝 솟아 있다. 포대 화상 왼쪽으로 난 자잘한 자갈로 다듬어진 길을 따라 오르면 축대 위에 기다랗게 늘어진 건물과 첫 대면을 하게 된다. 육화정사(六和精舍)라는 이름을 가진 이곳은 종무소와 공양간으로 쓰이고 있다. 종무소 안뜰에는 문수전(文殊殿)이 자리 잡고 있다. 예전에는 관음전이 있었으나 그것을 뒤쪽 언덕으로 밀어내고 그 자리에 문수전을 단장하여 앉힌 모양이다. 문수전 뒤쪽에는 본 자리에서 물러난 관음전이 나지막한 구석에 좌정해 있고, 조금 위쪽으로는 세 칸짜리 삼성각과 한 칸짜리 자장각이 나란히 서서 문수전을 내려다보고 있다.

지금은 삼성각에 칠성(七星),* 산신, 독성(獨聖)**을 함께 모시고 있지만 정선 군수로 부임했던 오횡묵이 남긴 『정선총쇄록(旌善叢瑣錄)』(1888)에 따르면 당시에는 칠성각, 산신각, 독성각 등이 각각 독립되어 있었던 듯하다. 당시 칠성, 산신, 독성뿐만 아니라 자장법사에게도 공양 치성을 별도로 드렸다는 기록으로 볼 때 정암사의 전신 석남원을 창건한 자장을 모시는 전통은 각별했을 것이다. 탄허 스님이 남긴 자장각 현판을 뜯어본 뒤 문을 열어보니 과연 자장 스님의 화상이 모셔져 있다. 그 옛날 그리도 친견하고자 했던 문수보살을 쫓다가 생을 마감한 자장의 애틋한 사연은 자장각 아래 너른 뜰에 문

---

* 7개의 별을 불교화해서 칠성각에 모신 칠여래. 민간에서는 칠성을 수명과 복록(福祿)을 관장하는 신으로 받들기도 한다.
** 스승의 가르침 없이 홀로 수행해 깨달은 성자를 말하며, 흔히 나반존자(那畔尊者)라고 한다.

수전을 새로이 갖추면서 해소된 것 같다. 그래서일까, 자장이 유난히 목을 길게 빼고 아래를 향하고 있는 듯하다.

2) 적멸궁과 수마노탑

자장과 문수 신앙은 정암사를 창건한 출발이었다. 자장각과 문수전이 갖추어졌으니 사찰의 기원담은 비로소 구체적으로 공간화된 셈이다. 그렇다 해도 정암사 하면 누가 뭐라 해도 부처님의 진신 사리를 모신 적멸보궁으로 이름난 곳이다. 오늘날 양산 통도사, 설악산 봉정암, 영월 법흥사, 오대산 상원사와 함께 태백산 정암사는 자장율사가 가져온 진신 사리를 모신 5대 적멸보궁으로 손꼽힌다. 당연히 후대에 가열된 사리 신앙과 자장의 신화적 권위가 더해진 결과라고 여겨진다.

문수전 뜰을 감싸 도는 실개천 너머 산비탈 아래에 적멸궁(寂滅宮)이 아늑하게 자리 잡고 있다. 범종각 옆 극락교를 사뿐히 넘고 보니 문수 신앙에서 사리 신앙으로 넘어온 느낌이다. 18세기 말 정선의 명승지를 화폭에 담은 작품으로 추정되는 『고금강도원팔경첩(古金剛桃源八景帖)』과 부록 『부도십팔폭첩(附圖十八幅帖)』이 국립중앙박물관에 소장되어 있는데, 그중 『부도십팔폭첩』에 〈갈천산정암(葛川山淨菴)〉이라는 제목이 달린 정암사의 그림과 화기가 실려 있어 눈길을 끈다.* 그

---

* 『고금강도원팔경첩』과 『부도십팔폭첩』에 대해서는 전인지, 「동원기증, ≪古金剛桃源八景帖≫·≪附圖十八幅帖≫고: 조선 시대 팔경도로서 성격과 의의에 주목하여」, 『東垣 학술논문집』 12, 2011 참조.

림에 따르면 사찰 전각은 관내를 가로지르는 시냇물을 경계로 좌우측으로 양분되어 있는데, 화면 우측으로 산등성이 꼭대기에 우뚝 솟은 수마노탑과 그 아래 자리 잡은 적멸궁이 분명하게 묘사되어 있다. 200여 년이 지났지만 대체로 오늘날과 유사한 모습이다.

〈갈천산정암〉

적멸궁을 향하는 초입새에 '자장율사 주장자(慈裝律師柱杖子)'라 이름 붙인 주목 나무 한 그루가 오뚝 서 있다. 1300여 년 전 석남원을 창건한 표지로 자장 스님이 꽂아둔 지팡이에서 싹이 터 자라난 것이라 한다. 자연 속의 한 나무가 자연을 숨기고 설법과 훈육의 도력이 깃든 스님의 지팡이로 거듭났다가 다시 감췄던 본연의 자연을 드러낸 것이라고나 할까. 역시 그 스님에 그 지팡이다! 알량한 논문 몇 편 긁적인 나의 HB 연필은 땅속에 꽂아 거름 주고 북 준다 해도 어림없는 일일 테지만.

몇 걸음을 더해 정면 3칸에 측면 2칸의 단아한 모습을 하고 있는 적멸궁 앞에 선다. 몇 년 전까지만 해도 고색창연한 건물이었는데 기와에 진청색의 깔을 더하고, 빛바랜 표면에 단청을 새로 입혀 청년의 부처님으로 몸단장을 한 모양이다. 적멸궁이라 했으니 당연히 불상은 없다. 진신 사리를 모신 사리탑이 불상을 대신하기 때문이다. 건물 안 정면에 간결한 삼단의 불단과 황금 연화좌가 갖춰져 있

정암사 적멸궁 ▲
적멸궁 외부 후면 ▶

으나 황금색 벽면만이 건재할 뿐 불상이 안치될 자리는 비어 있다. 그저 건물 뒤쪽 언덕 위에 우뚝 솟은 수마노탑 속의 진신을 응시하라는 의도에 따라 설계된 구조인 것이다.

그런데 막상 수마노탑을 응시하려 하니 뭔가 막혀 있는 벽감(壁龕) 같다는 느낌이 들어 의아했다. 어쩔 수 없이 밖으로 나와 적멸궁 뒤쪽으로 다가가보기로 했다. 아니나 다를까, 적멸궁 후면 중앙엔 푸른색의 쌍여닫이 창문의 모습이 분명하다. 불상이 비어 있는 곳의 외벽에 수마노탑을 향해 나 있는 창문이 건재한 것이다. 그리고 창문 양옆의 주련도 안도감을 준다. "중생이 나의 멸도를 보고[衆見我

滅度], 널리 사리를 공양한다[廣供養舍利]"하니 수마노탑을 향한 사리 신앙에도 걸맞다. 창문에 너무 집착한 탓일까? 김일연 시인의 「적멸보궁」이란 시가 떠오른다.

> 부처님 진신 사리
> 산속에 모셔놓고
>
> 산으로 창을 내고
> 절을 하는 적멸궁
>
> 이 세상 창이 열린 곳
> 어디라도 적멸보궁*

진귀한 진신 사리 모시기로 이름난 적멸궁을 찾아왔더니, 창이 열린 곳은 어디나 적멸보궁이란다. 자장이 구해 왔다는 부처님 진신 사리가 귀하지 않을 리 없지만 그렇다고 자그마한 물질 속에 부처님을 마냥 가둘 수도 없는 법이다. 온 세계가 부처의 가르침으로 편만하다면 창이 열린 곳 어디라도 적멸보궁이 될 수 있다는 이치를 어찌 거부할 수 있겠는가. "창이 열린 곳 어디라도"하니까 생각나는 곳이 따로 있다. 『슬램덩크』로 유명한 전철 에노덴을 타고 에노시마역에서 가마쿠라역을 향해 가다, 방음벽 없이 철로 변 가까이 늘어선 주택들을 보고 놀랐던 적이 있었다. 더욱이 전철이 오가는 좁다란 철로가

* 김일연, 『꽃벼랑』, 책만드는집, 2015.

수마노탑

무슨 멋진 전망이라도 되는 양, 과감히 그쪽으로 창문을 내고 열어놓기까지 한 그네들이 놀랍고 신기하기만 했다. 적어도 기차 소리 요란한 기찻길 옆 오막살이의 힘겨움이 없어 보였다. 늘 어김없이 한 치의 오차도 없이 때맞춰 오는 전철의 소음과 경적이 그들에겐 일상의 흐름을 잠시 멈추고 기꺼이 받아들일 만한 부처의 소리였을까?

창이 열린 곳 어디나 적멸보궁이라 해도 수마노탑을 건너뛸 수는 없다. 본래 금탑, 은탑, 마노탑이 있었다는데, 금·은탑은 알 길 없고 수마노탑만이 적멸궁 위에 홀로 우뚝하다. 다시 극락교를 건너온 뒤 계곡 쪽으로 향하는 일심교(一心橋)를 넘는다. 열목어 서식지로 유명한 정암사 계곡으로 잠시 향하다 오른쪽 비탈에 난 계단을 오른다. 지그재그로 오르다 막 숨이 차오르려 하는데 어느덧 우뚝 솟은 수마노탑이 눈에 들어온다. 수마노탑 축대 아래로 정암사 전각의 지붕들이 납작하게 보인다. 본래 수마노(水瑪瑙)는 수정류의 석영 광물을 뜻하지만 수마노탑 석재의 성분은 주로 석회암과 탄산연암이라고 한다. 7층 모전석탑의 양식으로 지어진 수마노탑은 1972년에 대대적으로 해체·복원되었는데, 당시 탑 내부에서 사리 장치가 발견되었다. 수마노탑 아래 소나무 사이로 적멸궁이 언뜻언뜻 보인다. 자장의 문수 신앙이 사찰을 개창하게 한 원동력이었다지만 후대의 대중들은 적멸궁과 수마노탑으로 이어지는 사리 신앙에 더욱 진지함을 보였다. 창이 열린 곳 어디나 적멸보궁이라 해도 그들은 고생스레 외딸고 고즈넉한 이곳 산중을 찾아와야 직성이 풀렸을 것이다.

수마노탑에 대한 신앙은 지역의 대중들에게만 국한되지 않았다. 조선 정조 말엽의 『범우고(梵宇攷)』에 의하면 당시 정암사가 폐해진 것으로 나오나 정조 시대 전후로 여러 차례 정암사와 수마노탑이 중보수된 것으로 보아 폐해졌다는 당시의 기록에 의문이 들기도 한다. 특히 고종 대에 수마노탑이 대대적으로 중수될 때에는 왕실과 세도가의 적극적인 뒷받침이 있었을 정도로 수마노탑은 지역과 계층을 뛰어넘는 신앙의 성지였다. 이러한 대대적인 보수를 마치고 13년이 흐른 1887년에 정선 군수 오횡묵이 당시 군민들의 부담을 가중시키던 녹용 진상을 본인의 사적인 부담으로 해결하자 주민들은 그에 대한 답례로 정암사에서 왕실(고종, 명성왕후, 세자)을 위한 7일간의 기도 의식을 거행했다고 한다. 당연히 수마노탑은 당시의 치성에서 주요 영소(靈所)로 주목받았을 것이다.

수마노탑 옆에는 예나 지금이나 쉴 만한 빈터가 있다. 20년 전 그날의 아침에도 두 후배와 함께 적막한 정암사 관내를 둘러보고 소나무 아래 바윗돌에 걸터앉아 아침을 때우며 무거운 몸을 쉬게 했었다. 전날 밤, 대학원생과 학부생인 후배 둘과 나, 이렇게 셋은 청량리역에서 태백선 막차를 타고 고한으로 향했다. 무작정 무박 2일의 일정으로 함백산에 있는 정암사를 가볼 작정이었다. 떠나오기 전날 밤을 꼬박 새운 몸으로 익일 조교 근무까지 마친 뒤라 피곤이 극심했지만 오랜만에 먼 길 답사를 즐길 생각에 육신도 맘을 따라 가벼워지는 듯했다. 그러나 새벽 2시쯤 고한역에 떨어진 뒤 아침이 밝아올 때까지 시간 때울 일을 생각하면 마냥 들뜰 수만도 없었다. 결단 끝에 우리는 고한역을 고의로 지나쳐 태백선의 종착역까지 갔다가 이른 새벽에 되돌아오며 시간을 벌기로 배짱을 부렸다. 철암역에 도착한 뒤 억울한 표정을 짓고 역무원에게 역을 깜빡 지나쳤노라며 거짓으로 고했더니, 그는 새벽 첫차로 되돌아 나가도 좋다는 허락을 내렸다. 봄이라지만 낯선 고산 도시의 새벽은 차가웠다. 역 대합실 의자에서 속 편히 졸고 있는 후배 둘을 챙겨야 한다는 긴장감에 맘 편히 눈을 감을 수도 없었다. 이윽고 새벽 4시 반쯤 되었을까, 우리는 첫 기차에 무임 승객으로 올라 지나쳤던 고한역에 당도했다.

아직 어둠이 가시지 않은 이른 새벽, 고한역에서 정암사까지의 4킬로미터는 멀고도 위험스러웠다. 졸린 눈과 무거운 발로 자울자울 터벅거리며 인도 없는 2차선 도로를 걷다가 이따금씩 쌩쌩 내달리는 화물 트럭을 아슬아슬 피해야만 했다. 사람 떠난 어느 빈집 담벼락 아래엔 머쓱하게 올라온 머위가 홀로 주인 행세를 하고 있었다. 머위를 보는 순간 장맛이 느껴지며 생기가 도는 것만 같았다. 진밭골로 접어들수록 어둠이 걷혀 사위가 분명해지기 시작했다. 도로와 나란히 오던 철로가 미련 없이 함백산의 심장을 향해 터널 속으로 돌진하는 사이, 우리는 지장천과 나란히 비껴 오르며 만항재로 향하는 도로를 따라 막바지 걸음을 계속해 정암사 입구에 닿았다. 평생에 가장 이른 시간에 방문한 사찰이었다.

그리고 관내를 훑어본 뒤 우리는 저 수마노탑 옆에서 허기진 공복을 달래기로 했다. 떠나올 때부터 아침 요기는 내가 책임지겠노라고 큰소리쳤었다. 요기(療飢), 글자 그대로 굶주림을 치료하는 것이니 후배들의 시장기를 면해줄 치료자인 나로서도 웬만한 보약을 장만했어야 했다. 나는 몸에 좋다는 꿀을 듬뿍 두른 식빵 사이에다 통조림용 참치를 잔뜩 채워 넣은 국적 불문의 샌드위치를 급조해 먹새 좋은 후배들에게 건넸다. 그들의 눈에는 실망감이 가득했지만 그들의 입은 다분히 현실적이었다. 유사 이래 수마노탑 옆에서 그 누가 아침 공양을 했을까 싶다. 식욕이 수면욕 뒤로 밀리는 기세가 역력할 즈음 탑을 뒤로하고 계단을 내려왔다.

정암사 입구로 다시 나와 만항재 쪽에서 내려오는 버스를 잡아타고는 금대봉과 은대봉 사이를 가르고 오르는 두문동재로 향했다. 굽이굽이 돌아 두문동재 정상 부근에 닿았다. 고갯마루 이쪽은 정선이고 저쪽은 태백이었다. 우리는 하차 후 은대봉을 향해 푸른 초장(草場) 같은 언덕을 올랐다. 아직 등산 문화가 보편화되기 이전이었고 주말도 아닌 평일이었는데, 산중엔 나물 뜯는 이들이 의외로 많았다. 아마도 직전에 닥쳐온 IMF 위기 탓에 직장을 잃고 산으로 내몰린 사람들이겠거니 생각이 들었다. 경제적으로는 한창 힘들 때였지만 우리는 힘들이지 않고 능선을 따라 은대봉 근처에 닿을 수 있었다. 5월의 햇살은 적당히 따끈했고 고산의 풀은 적당히 자라 촉감도 좋았다. 그리고 몸에 쟁여둔 잠에 대한 갈망도 충분했다. 누가 먼저라 할 것도 없이 우리는 봄햇살의 세례를 받으며 일제히 산중 낮잠에 빠져들고 말았다. 일생에 가장 높은 고지에서 맛본 낮잠이었다. 만약 에두아르 마네가 우리 모습을 보았다면 〈풀밭 위의 식사〉 다음으로 〈풀밭 위의 낮잠〉을 그렸을지도 모르겠다.

그렇게 고지에서의 잠을 털어내고 우리는 남쪽 능선을 타고 내려오다 산 아래로 향하는 길을 택했다. 돌 틈 사이로 흐르는 물은 발이 시릴 정도로 차가웠다. 무턱대고 겁 없이 오른 산이었지만 낮잠에다 발바닥 냉찜질까지 한 덕에 몸은 한결 가벼웠다. 우리의 기분 좋은 하산로가 되어준 그 길은 그땐 몰랐지만 동학을 재건하려던 해월이 영적인 충전을 모색했다는 적조암으로 이어지는 길이었다. 산을 빠져나와 지장천과 나란한 도로를 따라 1킬로미터쯤 내려오니 다시 정암사 입구였다. 잠시 기다렸다가 버스를 잡아타고 고한역 앞에 닿았다. 사람 떠난 마을을 지키고 있던 횅댕그렁한 시장에 들어가 시장기를 치유하고 편안한 마음으로 기차에 올라 서울로 돌아왔다.

그때 이틀간 동행이 되어준, 매사에 걱정이 많으면서도 도전적이던 학부 남학생과 야무지면서도 풍류가 그럴듯했던 대학원생 여자 후배는 각각 어엿한 신학자와 불교학자가 되어 학생들을 가르치고 있다. 20년 전 각양각색의 세 사람이 어떻게 하나의 답사 팀을 이루어 함백산을 가게 되었는지 고개가 갸울어지지만, 그때의 희한했던 팀과 함께 다시 한번 옛길을 더듬고 싶다. 그때의 꿀 바른 참치 샌드위치보다 더 제대로 된 것을 먹일 수 있고 풀밭 위에서 낮잠을 재우기보다는 더 제대로 된 곳에서 재울 수 있으련만, 한번 잃은 믿음을 쉽게 회복할 수 있을지는 여전히 의문이다.

3) 해월과 적조암

정암사는 수운 최제우에 이어 초기 동학을 이끌어왔던 해월 최시형과도 밀접한 곳이다. 1860년 4월 경주 용담정에서 있었던 수운의 종교체험으로부터 시작된 동학운동은 1864년 3월 최제우의 처형으로 인해 커다란 위기에 봉착하게 되었다. 경주를 빠져나온 최시형이 경상북도 인근에서 수습책을 모색하느라 안간힘을 써보았지만 스승이 품고 있던 카리스마의 공백은 크기만 했을 것이다. 설상가상으로 교조의 원을 풀겠다며 1871년 영해에서 이필제가 주도한 봉기는 방황하던 동학도들에게 커다란 좌절과 상처만을 남겼고, 해월에겐 태백과 소백의 산중으로 쫓겨 다녀야 하는 고달픈 운명을 안겨주었다. 갖은 고생 끝에 영월 직곡리에 이른 뒤 정선, 인제, 영춘 등을 오가며 스승의 가족을 챙기고 신앙의 동지를 규합하며 동학을 재건하는 데에 안간힘을 쏟던 사이, 해월에게 새로운 신앙의 전기를 마련할 기회가 찾아오고 있었다.

때는 1873년, 고종이 흥선대원군의 그늘에서 홀로서기를 준비하던 바로 그즈음에 해월도 자립적인 종교의 권위를 구축할 만한 영적 실천을 모색하고 있었다. 그것이 바로 갈래사 적조암에서의 49일 기도 수행이었다. '정암사'라는 현판을 어엿이 달고 있었지만 자장이 칡넝쿨을 좇아와 세우게 되었다는 설화의 위력이 남달라서였는지, 19세기 당시에 인근 지역에서는 정암사를 흔히 갈래사라고 불렀다. 1888년에 정암사를 둘러본 군수 오횡묵의 증언에 따르면 본래 함백산 산속에 있던 64곳의 암자 중에서 당시까지 남아 있던 암자는 상함백 아래의 심적암(深寂庵), 중함백 아래의 조전암(祖殿庵), 법상봉 아래의 능인암(能仁庵), 그리고 듣고도 이름을 잊은 하함백 아래의 두 암자를 합쳐 모두 다섯 군데 정도였던 것으로 보인다. 위치상 적조암은 중함백 아래에 가깝다고 볼 수 있는데, 오횡묵의 기록에는 누락되었다. 당시 적조암이 상주하는 승려 없이 퇴락해갔을 수도 있지만 오횡묵이 정암사에 들르기 1년 전인 1887년에도 회갑을 맞은 해월이 적조암을 다시 찾아온 바 있어 정암사 주변 암자에 대해서는 면밀한 확인이 필요하다고 본다.

무엇보다 해월 일행이 장기간의 수행 공부를 안정적으로 마무리하기 위해서는 세인의 눈을 피할 수 있는 한적한 곳이면서도 원활하게 숙식을 해결할 수 있는 곳을 물색해야 했을 것이다. 그 일을 도맡았던 강수와 김해성이 깊고 외진 처소를 물색하다 노승 철수좌(哲首座)가 주재하고 있던 적조암에 다다르게 되었다. 계룡산(동학사)에서부터 소백산(부석사)을 거쳐 태백산(적조암)에 이른 지 얼마 되지 않은 노승은 그들에게 그곳에 머물며 공부해도 좋다는 허락을 내려주었다. 약속했던 10월이 되자 해월은 강수, 유인상, 전성문, 김해성 등과 함께 겨울 식량을 넉넉히 챙겨서 적조암을 찾았을 것이다.

정암사 입구에서 만항재 방향으로 1킬로미터 남짓 오르면 적조암으로 접근하는 입구가 나온다. 산길로 접어드는 입구에는 해월의 기도 터였던 '동학 유허지 적조암'을 안내하는 알림판이 세워져 있다. 여기에서 산길을 따라 1킬로미터쯤 올라야 적조암 터에 이른다. 좁다란 산길 옆으론 나무들이 자리를 다투며 자라나 시원스레 그늘이 져 있다. 장마가 지는 날에는 영락없이 물길로 바뀔 만한 곳이다. 축축한 땅 틈바구니를 골라 굵은 대궁을 박고 있는 물푸레나무가 여기저기 눈에 띈다. 나무를 꺾어 물에 담그면 푸르러진다 해서 물푸레나무이고 한자로는 글자 그대로 수청목(水靑木)이다. 마른버짐 진버짐 더께더께 피어난 피부만 보고 얕봐서는 안 되는 게 물푸레의 단단함이다. 게르만 신화에서 천상과 지상을 잇는 거대한 우주목, 이그드라실(Yggdrasil)도 저 물푸레나무였다. 제아무리 물푸레라 해도 신단수(神檀樹)의 땅 태백에선 마냥 힘자랑할 수는 없는 법이다. 물에 가라앉을 만큼 단단하고 무겁다는 박달나무에다 그 사촌격인 자작나무까지 몰아붙이는 기세가 만만치 않은 산중이다.

특히 자작나무는 어려서부터 내가 제일 좋아한 나무였다. 가을이 지나면 기나긴 농한기가 시작되지만 농사꾼은 부지런히 땔감을 마련해야 했기에 이내 나무꾼이 되어야 했다. 집 마당 한쪽에 높다란 원추형 나뭇가리를 미리 갖춰놓아야 겨울이 든든했던 시절이니 어쩔 수 없었을 것이다. 가까운 야산은 아녀자와 어린애들 몫이고, 장정들은 큰 산을 부지런히 오르내리며 지게질을 해대야 했다. 아버지는 체구가 작은 편이었지만 지게에 얹은 나뭇단은 늘 누구보다 높아 보였다. 한창 때 마을에서 가장 센 씨름꾼이었고, 마을을 대표하는 최고의 줄다리기꾼이었으니 그럴 만도 했을 것이다. 아버지의 높다란 지게에서 부려낸 나뭇단에 어쩌다 하얗고 고운 자작나무 가지가 꽂혀 있으면 시베리아 타이가 지역의 샤먼 마냥 기분이 들뜨곤 했다. 그리도 곱고 매끄러운 살결에 통뼈같이 단단한 속살이 신기해서 아궁이 땔감으로 쓰이기 전에 늘 내가 먼저 차지하기 일쑤였다. 간혹 임자를 만나면 서툰 낫질로 연필 깎듯이 다듬고 다듬어서 자치기 놀이에 요긴한 단단하고 야무진 '메뚜기'를 만들어내기도 했었다.

한참을 오르다 보니 오른쪽 옆으로 양지바르고 널찍한 공터가 나온다. 해월이 49일을 작정하고 공부에 힘썼다는 적조암의 옛 터전이

해월의 적조암 공부 터

다. 은대봉-중함백-함백산 정상을 남북으로 잇는 산등성이를 병풍 삼아 1,100미터가 넘는 고지에 평상처럼 자리하고 있다. 몇 보 걸음을 떼고 들어서니 해월이 힘써 공부했다는 적조암 터를 알리는 유허비가 키 작은 장승처럼 서 있다. 그 앞을 지나 안쪽으로 들어서니 나지막한 땅에 물이 가득한 샘터가 자리 잡고 있다. 태백의 추위 속에서도 종일 주문을 외느라 뜨거워졌을 해월 일행의 목울대를 적셔주었을 한 모금의 물도 저기에서 길었을 것이다. 물가 안쪽으로 가건물 두세 채가 보이지만 인적은 없어 보인다. 가건물 벽에 빛바랜 적조암 신축 공사 조감도가 눈에 띄지만 계획이 중단된 기미가 역력하다. 횡한 공터 여기저기에 전나무가 서 있고 이따금씩 박달나무가 얼굴을 내밀고 있다. 거센 바람이 높게 치솟은 나무의 우듬지를 스치고 지나가기만 해도 나무 우는 소리에 적막감은 더할 것이다.

1873년 4월에 철수좌 스님이 소백산으로부터 태백산으로 건너왔을 때에도 지금처럼 빈 암자에 황폐해진 도량만이 있었을 것이다. 스님은 이랑을 일궈 감자를 거두고 땔감을 장만해 겨울을 대비한 끝에 적막 산중을 찾아온 해월의 일행(강수, 유인상, 전성문, 김해성)을 맞을 수 있었다. 기나긴 겨울 동안 방문자들이 펼칠 공부는 동학의 주문 공부와 영부 수련이었다. 주문 공부는 하루에 2-3만 독(讀)에 이를 정도로 몰입도가 대단했을 것이다. 같은 기도라 하더라도 불교의 염불(念佛)과 동학의 염천(念天)은 계통을 달리하는데, 동학도를 받아들인 데 더해 동학의 21자 주문까지 긍정해준 스님의 도량은 드넓기만 했다. 스님의 적극적인 권면으로 49일간의 주문 공부를 마친 해월은 치성을 마치고 하늘의 감화가 담긴 시구[訛書]를 얻었다고 한다.

> 태백산에서 49일간 공부했더니[太白山工四十九]
> 여덟 봉황을 내게 주시고 각각의 주인을 정하시니[授我鳳八各主定]
> 천의봉 위에 꽃핀 하늘이로다[天宜峰上開花天]
> 오늘 오현금을 갈고닦으니[今日琢磨五絃琴]
> 적멸궁전이 티끌세상을 벗어나도다[寂滅宮殿脫塵世]

그 뜻을 속속들이 알기는 어렵지만 1행과 4행이 각각 2, 3행과 5행의 원인이 되는 짜임새로 읽힌다. 즉 태백산에서의 공부는 상서로운 권위의 주인공을 결정짓고 적조암 주위(천의봉)를 영화롭게 변모시켰으며, 그들이 펼친 절차탁마의 수련은 정암사의 영역(적멸궁)을 성화(聖化)했다는 구조이다. 혹한 속에서 집중 수행을 마친 일행에게 얼음장을 녹이고 피어난 꽃송이 같은 희열이 깃들었을 것이고, 세속

▲▲ 『시천교조유적도지』
▲ 『회상영적실기』

의 때를 오롯이 씻어내는 정화수 같은 자부심이 솟구쳤을 것이다.

적조암의 공부는 부도를 익히는 영부 수련으로도 이어졌다. 동학 주문의 진가를 인정한 바 있는 스님은 영부를 보자마자 그것이 조화의 부적임을 깨닫고 직접 증험을 공유할 만큼 종교적 자질과 개방성을 지니고 있었다. 1915년에 출간된 『시천교조유적도지』(시천교본부)와 『회상영적실기』(시천교총부)는 당시 태백산 적조암에서의 수행을 주요 에피소드로 다룬 바 있다. 특히 후자의 경우 산 아래 정암사 수마노탑을 배경으로 네댓 명이 지켜보는 상황에서 백지 위에 부적을 그리고 있는 인물을 묘사하고 있어 흥미롭다. 영부를 수련하는 모습을 담은 그림에 '(적)조암에서 도를 닦는다'라는 뜻의 〈조암강도도(照菴講道圖)〉라는 제목을 붙인 것이 남다르다고 할 수 있다. 그것은 아마도 영부 수련을 중시한 구암 김연국이 주도했던 시천교총부의 전통과도 무관하지 않을 것이다. 다만 영부 수련의 주체에 대해서는 시천교 계열과 천도교 계열의 기록이 엇갈린다. 『시천교종역사』(1915)는 당시 해월이 전성문으로 하여금 궁을부(弓乙符)를 그려 학습하도록 했다고 기록한 반면, 『천도교서』(이하 황업주 소장 1920년 등사본)는 일행이 49일 주문 공부를 마친 뒤 유인상과 전성문이 먼저 하산하고 해월과 강수만이 남아 부도를 익혔다고 기록한다.

해월의 종교 인생에서 적조암 및 철수좌 스님과의 인연은 결코 작지 않았다. 산중의 불교 암자는 쫓기는 동학도들에게 훌륭한 기도터이자 안식처가 되어주었다. 교조 수운을 잃고 설상가상으로 교조 신원을 목표로 했던 이필제의 거사가 실패로 끝난 뒤 태백과 소백의 산중으로 쫓기며 어칠비칠하던 동학이 영력을 가다듬고 다시금 일어설 수 있었던 계기를 마련해준 것이 바로 정암사 적조암에서의 겨울 수행이었다. 그리고 그러한 수행을 가능하게 했던 것은 바로 타 종교문화에 열려 있고 수도자의 공부를 귀히 여겼던 관대한 철수좌 스님이었다. 해월 일행이 겨울 수행을 마치고 한두 달이 지난 뒤인 1874년 2월에 스님이 입적했으니, 해월에게 있어 스님은 필생의 인연이었다고 할 수 있다. 자장이 옛 성지를 알아보고 그 위에 불교를 열었다면 철수좌는 동학이 갖게 될 미래의 종교적 힘을 예견했고 동학이 세상 밖에서 재기할 수 있도록 그들을 불교의 품에 안았던 것이다. 토착의 소도를 품어 안았던 정암사는 토착의 동학을 품었다가 세상 밖으로 내어준 것이다. 그 속에 종교의 교차가 있고 타협이 있고 변형도 있었을 것이다.

해월이 적조암의 일정을 마치고 떠나오기 전, 늘 피신하며 안정을 취하지 못하던 해월에게 철수좌는 단양군 도솔봉 아래 절골에 좌정할 것을 권한다. 실제로 1874년 2월부터 단양으로 거처를 옮긴 해월은 향후 10년간 교단을 재정비하고, 경전을 발행하고, 의례를 정돈하면서 호서로 나아갈 힘을 충분히 비축한다. 1887년 3월 21일 해월의 환갑날에 해월은 유시헌(유인상)의 제안에 따라 서인주와 손천민을 대동하여 옛날에 도를 닦았던 갈래산에서 다시금 49일 수련을 실행하게 되었다. 해월은 인생의 한 주기를 마감하고 새로운 주기를 시작하려던 즈음, 14년 전 종교적 인생을 새롭게 다졌던 적조암을 다시 찾아 각별한 희열 속에서 각오를 새로이 다졌을 것이다. 태백은 19세기에 민중을 찾아 쉴 새 없이 걸었던 성자를 품었고, 동학은 기도 터를 제공하고 안식을 주었던 태백의 성지를 요람 삼아 자라났다.

4) 가섭암

내일을 모색하던 동학은 불교에 깃들었고, 천년을 버텨온 불교는 동학을 품었다. 산중의 암자는 동학의 피신처이자 기도 터였다. 특히 평생을 쫓겨 다니며 제자들을 양육해야 했던 해월에겐 산중의 암자가 더더욱 절실했다. 사실 불교의 암자를 찾아 피신하며 기도한 예는 해월의 스승인 수운 최제우의 종교 인생에서도 분명하게 확인된다. 수운은 득도 이전인 1857년에 양산 통도사의 내원암이 있는 천성산에서 49일간 기도를 거행했었고, 득도 이후인 1861년에 남원 교룡산 선국사의 은적암에서 수도하며 동학의 주요 경전을 집필해 낸 바 있다. 수운은 산중의 암자에서 득도를 위한 자양분과 득도 후 포덕을 위한 자양분을 얻은 셈인데, 그러한 경험이 해월에게도 고스란히 이어졌던 것이다. 수운에게 동쪽의 천성산 내원암(양산)과 서쪽의 교룡산 은적암(남원)이 있었다면, 해월에겐 동쪽 태백산의 정암사

적조암(정선)과 서쪽 태화산의 마곡사 가섭암(공주)이 있었다.

해월 선생의 마곡사 가섭암에서의 행적을 기록하는 데 있어 천도교와 시천교 계열은 중대한 차이가 있다. 유념해야 할 기록은 1884년 6월과 10월 사이의 행적에 대한 것이다.『천도교서』에는 1884년 6월에 해월 선생이 박치경(朴致京)의 주선으로 익산 사자암에 4개월간 은거했다가 10월에 손병희, 박인호, 송보여 등을 이끌고 가섭사로 가서 치성을 올렸다고 짤막하게 기록되어 있다. 그러나『시천교종역사』나『시천교역사』에는 사자암과 가섭사에 대한 언급이 생략되어 있다. 그해 10월에 해월이 하늘로부터 메시지[乩書]를 받고 나서, 일부 주문을 개정하고 육임제(六任制)*를 새로이 제정했다는 의미심장한 행적에 대해서는 양자 간의 기록이 대부분 일치하나 그것을 행한 곳에 대해서는 기록이 다른 것이다. 천도교는 그

〈천성산기천도〉 ▲▲
〈은적암영계도〉 ▲

---

* 동학의 교세가 확장되면서 포접제(包接制)의 조직을 보완하기 위해 마련한 6개의 직임(敎長, 敎授, 都執, 執綱, 大正, 中正)을 말한다. 6임은 동학의 교육(교장, 교수), 기강(도집, 집강), 공평 및 직언(대정, 중정) 등의 기능을 강화한 조직이라 할 수 있다.

것을 마곡사 가섭암에서 일어난 일로 보는 반면, 시천교 계열은 해월이 본래 기거하던 단양군 장정리에서 일어난 일로 간주한다. 이 문제는 해월 선생이 동학사의 중차대한 일을 누구와 함께 도모했느냐와 깊게 관련되므로 예민한 사안일 수밖에 없었을 것이다. 아무튼 천도교에서는 1884년 10월의 행적이 김연국(단양)이 아니라 훗날 천도교의 지도자로 발돋움하는 손병희와 박인호(공주 가섭암)를 중심으로 전개되었다고 확신하는 셈이다.

엄연히 기록상의 차이가 있지만 해월 선생과 공주 마곡사 가섭암의 친연성은 어느 정도 짐작할 만하다. 교단의 계열을 불문하고 대부분의 초기 동학의 기록들이 이듬해인 1885년 6월에 해월 선생이 장한주(張漢柱)를 대동하고 공주 마곡으로 피신했다가 7월에 보은으로 귀환했다고 적고 있다. 당시의 공주행이 피신을 목적으로 했다는 점에서 소위 '마곡'이라 한 것은 본당이 아닌 산중의 부속 암자였을 것이고, 사전에 안면과 교감이 있었던 곳이었으리라 여겨진다. 피신과 수련이 가능했던 마곡사의 암자라면 단연 가섭암이 떠오른다.

2018년 3월 이른 봄에 공주 마곡사 가섭암을 찾아 나섰다. 마곡사 본당 관내를 관통하는 마곡천을 따라 상류 쪽으로 1킬로미터 남짓 떨어진 곳에 한국문화연수원이 자리 잡고 있다. 예전에 한두 번 강연하러 온 적이 있지만 그땐 마곡사와 백범 선생을 기억했을 뿐, 가섭암과 해월 선생은 생각지도 못했었다. 연수원 앞에서 태화산 북사면을 감싸고 도는 마곡천을 따라 유구읍 쪽으로 다시 1킬로미터를 거슬러 오르면 개울 건너 오른쪽으로 가섭암을 향해 오르는 좁다란 길목이 나온다. 여기에서 가사골을 거쳐 북쪽으로 1킬로미터 남짓 가파른 산길을 올라야 가섭암에 닿을 수 있다. 오르는 길목에 '북

가섭암'이라 적힌 안내판이 눈에 띈다. 아마도 마곡사 남쪽 가교리의 남가섭암을 감안하여 이곳 마곡사 서북쪽 운암리의 가섭암을 북가섭암이라 부르는 모양이다.

산중에는 한기가 여전했지만 가파른 비탈을 올라와서 그런지 날숨에 열기가 가득했다. 막상 산비탈을 힘들여 올라오고 나니 언제 그랬냐는 듯이 널찍한 평지에 소박한 암자가 푸른 소나무를 배경으로 나지막이 웅크리고 있었다. 기왓장이 세월을 이기지 못했는지 지붕에는 온통 방수용 비닐 덮개가 씌워져 예스러움을 가리고 있었다. 건물을 올려다보니 돌담과 지붕 사이에 하얀색 글씨로 쓰인 가섭암 현판이 또렷했다. 태백의 준령에 비하면 350미터의 고도는 나지막한 야산에 불과하지만 그래도 차령의 자존심이 도도히 흐르는 유마지간, 즉 유구와 마곡 사이의 한복판에 자리 잡은 가섭암에 오르고 보니, 과연 몸을 피할 만하고 수도에 정진할 만한 곳이라는 생각이 절로 들었다.

돌담이 가로막은 정면을 돌아 암자 동쪽 옆구리에 나 있는 계단을 올라갔다. 출입문이 따로 있는 것은 아니었지만 치쌓은 돌담과 수백 년을 묵어온 사철나무가 관문 역할을 하고 있었다. 인기척은 없었지만 사람의 자취는 느껴지는 한적한 암자였다. 가섭암 건물은 전체적으로 ㄴ자 모양을 하고 있으며 법당의 정면은 본전 3칸에 1칸짜리 측실이 양쪽으로 덧대 있는 5칸 규모였다. 본전 3칸 앞쪽으로는 널찍한 마루가 깔려 있었다. 봉당을 올라 마루에 걸터앉아 보니 사방이 있는 대로 트여 있었다. 비탈을 오를 때는 암자가 있으리라고는 상상할 수 없을 정도로 위쪽이 막혀 보였는데, 암자에 닿고 보니 아래쪽으로 사방이 시원스레 조망되었다. 아래에선 아무도 나를 알아볼 수 없지만 위에서는 어느 누구라도 살필 수 있으니 해월의 피난처로 손색이 없었을 것이다. 더구나 건물 뒤란의 바위 동굴 안에서 풍부한 샘물이 솟아나고 있어 여러 명을 거느린다 해도 식수 걱정은 없었을 것이다.

암자의 본당에 들어가 보니 기대했던 가섭 존자가 아니라 지장보살이 안치되어 있었다. 부처님의 가르침을 이심전심으로 알아들은 염화미소(拈華微笑)의 주인공 가섭을 현판으로 내걸고도 지옥의 고통에서 중생을 건져낸다는 구제의 주인공 지장을 내실에 모셔두고 있으니, 겉 다르고 속 다른 격이었다. 그러나 이러한 어긋남, 불일치, 변형은 종교의 일상에서 늘 비일비재하게 일어난다. 그러지 않고서야 어떻게 가섭암에 동학이 깃들 수 있었겠는가.

『천도교서』의 기록에 따르자면 손병희·박인호 등의 제자와 더불어 가섭암에서 치성을 마친 해월은 강서(講書)를 받고 난 뒤 두 가지 의미 있는 일을 결정하기에 이른다. 그중 하나가 그간 재건해온 동학의 조직을 효율적으로 운영하기 위해 육임제(교장, 교수, 도집, 집강, 대정, 중정)의 구상을 구체화해나가는 일이었다. 또 다른 하나는 동학의 13자 주문을 개작하려는 시도였다. 스승이 제시한 주문의 전통을 변형시키는 일은 결코 쉬운 일이 아니었을 것이다. 그럼에도 해월은 세인들이 동학의 천주 개념을 문제 삼아왔던 점을 감안하여 임시방편으로 주문을 변경하기로 결정했다. 사실 동학의 주문 속에 등장하는 천주는 동학이 서학의 아류로 지목당하는 데에 결정적인 역할을 해왔기 때문이다. 결국 13자 주문 '시천주조화정 영세불망만사지(侍天主造化定 永世不忘萬事知)'는 '봉사상제일편심 조화정만사지(奉事上帝一片心 造化定萬事知)'로 바뀌게 되었다. 결정적으로 천주를 상제로 바꾼

셈인데, 둘 다 동학의 '하놀님'을 뜻하기에 내용상 근본적인 변화가 있었다고 보기는 어렵다. 천주(하느님)를 모시는 것에서 상제(하느님)를 한결같이 받들어 섬기는 것으로 조정한 것은 의미상의 변화를 꾀했다기보다는 동학에 대한 불필요한 오해를 불식시키기 위해 언어를 대체한 잠정적인 조처였다고 할 수 있다.

천도교 내에서 전해지는 가섭암의 이야기 중에서 빼놓을 수 없는 것이 제자 손병희의 됨됨이를 파악하기 위해 해월이 부과했다는 시험담이다. 해월 선생이 왔다는 소식에 유마지간의 신도들이 은밀하게 산중으로 몰려들었을 것이고, 그들의 끼니를 해결하는 일도 만만치 않았을 것이다. 해월은 손병희에게 암자 뜰에다 한뎃부엌을 만들도록 명했다고 한다. 음력 10월 겨울이었으니 흙을 이겨서 부뚜막을 만들고 거기에 한뎃솥을 얹는 것은 쉬운 일이 아니었을 것이다. 손병희는 스승의 명에 따라 가마솥을 거는 일을 완수했지만 해월은 일부러 퇴짜를 놓으며 재작업을 지시했다. 손이 시리고 곱은 와중에도 손병희는 한마디 불평 없이 흙을 부수고 재작업하는 일에 몰두했다. 해월은 몇 번이고 퇴짜를 놓았으나 손병희는 그럴 때마다 묵묵히 작업을 반복했다. 결국 제자의 정성과 인내심을 측정하려던 해월의 시험은 끝이 나고 손병희에 대한 신뢰는 높아지게 되었다고 한다.

사실 이 이야기는 사찰의 벽화에서도 이따금씩 확인되는 구정 선사(九鼎禪師)의 설화와 여러모로 닮아 있다. 출가를 결심하고 찾아온 비단 장수에게 노스님이 부여한 과제 역시 부엌에 솥을 거는 일이었다. 이야기의 주인공은 공들여 솥을 걸었다가 스님으로부터 퇴짜를 맞고 다시 걸기를 아홉 번이나 반복한 끝에 인정을 받고 구정 선사라 불리게 되었다고 한다. 묵묵히 인내하며 솥의 과제를 통과한 손병희의 일화는 구정 선사의 동학판이라 할 만하다. 어쨌거나 천도교의 전통에서 가섭암은 어려운 시절 몸을 피해 수도에 전념케 하고, 교단의 미래를 결정하며 새로운 인재를 키워내게 한 동학의 요람이었다.

가섭암을 뒤로하고 다시 산비탈을 내려왔다. '춘마곡 추갑사(春麻谷秋甲寺)'라 할 정도로 마곡사의 봄은 계룡산 갑사의 가을과 비견할 만한 아름다움이 있다던데, 아직 산중엔 봄꽃의 기별이 없고 산새만이 부산을 떨고 있을 뿐이었다. 이탈리아의 가난한 성자 프란치스코였다면 저 새들을 향해 창조주를 찬양하라 설교하며 감복을 얻어냈을지도 모르겠다. 가까운 무당보다 먼 데 무당을 영험하다고 느끼는 게 인지상정이지만, 새에 대한 설교가라면 우리네 가까이에도 손꼽히는 성자가 있었다. 인생의 절반을 쫓겨 다니며 숨어 지내야 했던 해월도 산중을 오가다 온갖 새들을 접했을 것이다. 먼 곳을 자유롭게 비상하는 새를 보고 뚜벅이 도망자 신세를 한탄하며 한없이 부러워했을지도 모른다. 만약 해월이 창공을 나는 새가 되었다 하더라도 보따리 속에 태백과 소백을 구겨 넣고 평생 걸어야 했던 습성이 몸에 밴 탓에 타조처럼 걷지 않았을까. 부질없는 가정법도 사치이다. 그는 새 울음소리를 듣고 그것이 시천주의 소리, 즉 하느님을 모시는 소리라고 일갈하며 제자들이 드넓은 진리의 세계에 눈뜨도록 일깨워줬을 뿐이다. 봄이 왔건만 아직 봄을 느끼지 못하는[春來不思春] 시절의 괴리는 시간이 해결해줄 것이다. 그러나 도가 임해도 그것을 미처 생각지 못하는[道來不思道] 어리석음의 심연은 무엇으로 메울 수 있으려나.

7. 산멕이: 산으로 나들이 간 조상

이제 서해의 입새 태안에서 시작된 답사를 마무리하기 위해 동해의 기슭 삼척으로 간다. 정선군 고한읍 상갈래에서 두문동재로 향한다. 잔굽잇길 겹겹이 굽이돌아 올라야 했던 옛 고갯길은 단 몇 굽이로 단순해졌고, 금대봉과 은대봉 사이의 고갯마루엔 땅속 깊이 태백으로 관통하는 긴 터널이 곧게 뚫렸다. 터널을 빠져나와 큰 굽이 비탈길을 돌아 내려오니 태백시 북서단에 삼수동(三水洞) 마을이 펼쳐진다. 삼수동이라 했으니 세 가닥 물줄기를 이르는 모양이다. 태백시내로 접어들기 전 황지천을 건너 삼수령 쪽으로 길머리를 잡는다. 삼척의 하장면을 거쳐 미로면으로 넘어서기 위해서다. 난리를 피해 태백의 승지(勝地)로 넘어가는 고갯길이라는 뜻에서 '피재'로도 불리는 삼수령은 이름 그대로 동해(오십천), 서해(한강), 남해(낙동강)로 이르는 세 물줄기가 나뉘는 분수령이다. 어느 물줄기는 하장(삼척)과 임계(정선)를 거쳐 아우라지로 들어가 남한강 본류를 형성할 것이고, 어느 물줄기는 태백과 봉화를 거쳐 영남을 적시는 낙동강으로 흘러갈 것이며, 어느 물줄기는 도계, 신기, 미로를 거쳐 삼척 죽서루에 닿는 오십천의 흐름을 따라 가장 먼저 바다에 잠길 것이다.

삼수령을 넘자 한강의 발원지로 알려진 검룡소에서 흘러나오는 물길과 만난다. 물길을 따라 내려오다 흐르는 물을 가둬둔 광동호에 이르면 태백 아닌 삼척 땅 하장이다. 본래 이곳은 1981년에 삼척에서 분리되어 태백시로 승격되기 이전까지 경계 없이 모두 삼척이었다. 귀여운 삼척동자가 마스코트인 삼척은 본래 지금의 삼척시, 동해시, 태백시와 경북의 울진군을 포함하여 산, 들, 강, 바다가 어우러진 드넓은 땅이었다. 광동호 어귀 숙암삼거리에서 길을 오른쪽으로 잡고 댓재로 향한다. 댓재로 가는 길 양편으로 펼쳐진 고랭지 채소밭이 이국적이기까지 하다. 댓재를 넘어서면 곧바로 삼척시 미로면이고, 여기서 동해 바다를 향해 가파르게 내리꽂는 경동 지형을 아슬아슬 실감할 수 있다. 굽잇길을 한참 돌며 좌우로 흔들리다 보면 상사전리와 삼거리 마을의 인가가 어느덧 드문드문 보인다. 미로저수지 둑을 바라보며 고천리로 빠지는 샛길로 접어들어 마을 한복판을 크게 돌아 조지전 마을에 들어서면 거기부터 이승휴(李承休, 1224-1300)의 천은사(天恩寺)를 품은 내미로리이다.

삼척시 미로면 내미로리는 2012년 단오절에 반(班) 단위로 나눠 지내는 마을의 서낭 고사를 참관하겠다며 학생들과 초여름의 밤길 풀숲을 헤집고 다니던 정든 기억이 있는 곳이다. 올 때마다 느끼는 것이지만 삼척은 유서 깊은 신앙과 의례가 잘 전승된 민속 문화의 도시이다. 정월 대보름과 단오절에 잠깐이라도 삼척을 들른다면 이내 알 것이다. 온 동네가 들썩일 정도로 역사와 민속이 풍부하게 살아 숨 쉬고 있음을. 삼척에서 민속학자가 여럿 배출된 데에도 다 그만한 이유가 있다고 생각된다. 사실 산 설고 물 설던 삼척과 인연이 닿은 것도, 내미로리를 찾아와 특유의 산멕이를 살펴보게 된 것도 이곳 출신이며 역사·민속에 밝은 김도현 박사님의 가르침과 안내 덕분이었다. 지난 2002년 한일 월드컵이 한창이던 단오절엔가 한 공부 모임(한국종교사연구회: 종교학 및 한국 고대사 전공자의 공부 모임)에서 꾸렸던 양양 답사를 빌미로 학문의 연을 쌓은 이래, 지금까지 그분은 늘 나의 현지 연구 지도 교수 역할을 톡톡히 해주셨다. 문헌만을 주무르던 서생이 삼척읍의 성황당과 오금잠제, 근덕면 궁촌리와 초곡리의 단오굿, 원덕읍 월천리와 호산리의 대보름 서낭고사, 미로면 내미로리의 천제와 단오 고사 등을 어찌 견학할 엄두를 냈겠으며, 연구실이 아닌 현장에서도 날렵한 지적 문제의식을 환기해낼 수 있음을 무슨 수로 자각했겠는가.

 이른 새벽부터 열리는 내미로리 산멕이를 참관하기 위해 하루 먼저 내미로리에 당도했다. 햇살도 남아 있겠다, 산멕이가 열리는 쉰움산 자락에 안겨 있는 천은사를 들러보기로 했다. 고려의 문인 이

오십정

승휴가 중국의 역사는 물론 한국 문화의 내력을 멋진 시로 엮어낸 것이 바로 그 유명한 『제왕운기(帝王韻紀)』인데, 그것은 다름 아닌 지금의 천은사 자리에서 집필되었다. 쉰움산은 멀리 두타산에서 뻗어 나온 내미로리의 명산으로서 정상에 오십정(五十井), 즉 쉰 개의 움(우물)이 있어서 붙여진 이름이다. 늦은 오후 천은사 관내는 한적했다. 천은사는 이승휴로도 유명하지만 고종 대에 왕실의 능원(삼척 준경묘)을 관리하던 원찰이기도 했다. 웅장한 영월루(映月樓) 아래에 있는 계단을 올라가니 자갈 깔린 뜰 한가운데에 5층 석탑이 소박하게 서 있다. 탑을 한 바퀴 돌고 나서 정면 계단을 오르니 축대 위에 본전이 장엄하게 얹혀 있다. 아미타불을 중심으로 관음보살과 지장보살을 모신 극락보전이다. 흔히 아미타불과 더불어 관음보살과 대세지보살을 봉안하는 것이 일반적이지만 천은사는 지장을 모시고 있다. 극락보전 옆의 약사전과 뒤쪽의 삼성각을 둘러본 뒤 다시 영월루로 빠져나와 아래쪽 왼편의 이승휴 유허지 쪽으로 향했다. 동안거사 이승휴를 기리는 사당 동안사(動安祠)가 담장 속에 안겨 있고, 담장은 4월의 신록 속에 차분히 묻혀 있다. 해 넘어가는 소리가 들릴 만큼 인기척이 끊긴 해거름 녘이지만 내일 새벽녘에는 산멕이를 지내러 쉰움산을 오르는 주민들이 어둠을 더듬으며 이곳 동안사와 천은사 곁을 지나갈 것이다.

2018년 4월 29일, 쉰움산 산멕이가 열리는 날이다. 음력으로는 3월 14일인데, 내미로리에서는 주로 삼월 삼짇날과 사월 초파일 사이에 날을 잡아 산멕이를 거행한다. 산멕이는 글자 그대로 '산을 먹이는' 베풂의 의례 행사다. 산이 의례적 향응의 대상을 대표하기는 하지만 그렇다고 산신만을 위하는 것은 아니고 조상신, 삼신, 용신, 군웅신 등에게도 함께 의례를 베푼다. 그런 점에서 산멕이는 산을 먹이는 의례이면서 동시에 산에서 (신령들을) 먹이는 의례이기도 하다. 다만 산멕이에서 먹이는 신령들은 가정생활의 기본이라 할 수 있는 혈연적 계통(조상, 삼신)과 생업적 안정을 도모하는 쪽(군웅, 용신)으로 한정되는 양상을 보인다. 그렇기에 내미로리의 마을 주민들과 마을을 떠난 옛 주민들이 한날 한곳에서 함께 산멕이를 거행한다 해도 그것은 성격상 마을의 공동 의례라기보다는 가정의례의 집합이라 할 수 있다.

삼척 시내에서 새벽 옅은 잠 깨어나 내미로리로 달려갔다. 새벽 3시 45분, 바다를 목전에 둔 오십천이 고요한 어둠에 잠겨 깨어날 생각을 안 한다. 삼척 시내에서 내미로리까지 가는 시간과 산멕이가 열리는 제장으로 올라가는 시간을 감안해서 어쩔 수 없이 새벽잠을 양보했다. 이번에는 내미로리 당주 집에서 거행하는 조상에 대한 고축(告祝)* 의례가 생략되어 그나마 시간적 여유가 있는 편이다. 3년 전의 산멕이 때는 쉰움산으로 출발하기에 앞서 당주를 맡은 백 모 씨 댁에서 조상 의례가 베풀어졌었다. 새벽 3시 30분경 차려진 조상상에 당주가 재배를 올린 뒤 복재[卜者]의 조상경(祖上經) 축원**이 이어졌었다. 조상님께 당일 있을 산멕이를 알리면서 산놀이 가자고 청원하는 의식인데, 금년에는 어찌 된 일인지 생략된 모양이다.

새벽 4시 30분쯤 천은사에서 계곡을 따라 산을 오르기 시작한다.

---

*   신령에게 아뢰고 비는 행위.
** 조상을 축원하는 경을 주송(呪誦)하며 빎.

어둠 속에서도 산멕이를 향해 산을 오르는 발기척이 여기저기서 들려온다. 천은사 뒤쪽으로 15분을 올랐을까, 계곡 물가에서 법사와 무녀, 그리고 주민들이 짐을 내리고 잠시 숨을 가다듬고 있다. 본격적인 산멕이에 앞서 미리 부정을 풀어내기 위해 대기하고 있는 모양이다. 의례만큼 중요한 게 의례의 준비이고, 의례의 준비에 있어 제일가는 것이 의례의 부정을 미리 막는 것일 터. 아무리 약식이라 하더라도 부정당(不淨堂)에서 정성을 쏟는 일을 결코 소홀히 할 수는 없을 것이다. 술, 포, 팥 시루떡, 사과 등을 간단히 차려놓고 무녀가 산 아래를 향해 부정경(不淨經)*을 낭독한다. 새벽을 가르는 무녀의 구송 소리는 행여 성역을 넘어올지 모를 부정을 가르고 소멸시킬 것이다.

6-7분가량 진행된 부정풀이가 마무리되자 다시 짐을 꾸린다. 가파른 산비탈을 20-30분 더 올라야 산멕이가 열리는 은선암에 닿을 수 있다. 짙은 어둠이 서서히 계곡물에 씻겨 나가고 하나둘 산등성이로 증발하며 사위가 희붐해지기 시작한다. 연로한 70-80대 노인네들이 조상에게 바칠 제물을 바리바리 싸서 꾸린 묵직한 짐을 짊어지고 오르기에는 너무나도 험한 길이다. 조상이 조상을 위하는 것 같아 안쓰럽기도 하면서 믿음과 정성이 본디 이런 것임을 보여주는 그네들이 존경스럽기도 하다. 과연 산을 옮길 만한 믿음이고 돌부처를 움직이게 할 만한 정성이다.

5시 40분쯤 쉰움산 중턱의 은선암에 도착해 보니 동해에서 갓 떠오른 순수한 햇살이 용케도 산곡을 파고들고 있다. 예전에는 대다수

* 사방의 부정을 소멸시키기 위한 경문(經文).

◀ 삼척 쉰움산 은선암
▲ 오키나와 세이화 우타키

주민들이 쉰움산 정상까지 올라가 산멕이를 진행했다는데, 나날이 노령화돼가는 의례 주체들에겐 쉽지 않은 선택이다. 3년 전 산멕이 때도 대부분의 참여자들이 은선암에서 산멕이를 베풀었으니 이제는 쉰움산 중턱에 있는 은선암이 내미로리 산멕이의 주 무대가 된 셈이다. 육중한 바위 벽이 수직으로 내려오다 혀 내밀듯 너럭바위가 펼쳐져 있고 군데군데 바위 틈새로 자라난 소나무가 장하게 호위하고 있는 은선암의 풍경은 성스러움을 자아내는 기도 터 그 자체라 할 만하다. 바닥과 닿는 바위 벽은 안쪽으로 움푹 들어가 있어 자연스레 감실(龕室) 역할을 제대로 하고 있다. 은선암을 처음 보았을 때 오키나와 사람들이 기도 터이자 성지로 여기는 우타키(御嶽)가 떠올랐었다. 은선암은 그중에서도 국가 최고의 신관인 무녀가 관리하던 곳

정화수 앞에서의 배례

으로 나무와 숲과 바위가 신비하게 얽혀 있는 세이화 우타키(齋場御嶽)와 비교될 만하다.

은선암에 당도한 이들은 집안별로 제물을 진설할 만한 곳을 선점한 뒤에, 새벽길 오르느라 땀이 밴 가방을 내려놓고 잠시 숨을 돌린다. 넋 놓고 쉴 새도 없이 부지런한 여인네들은 계곡물 고인 용신당에서 길어 온 정화수 한 그릇 올리고 배례하기에 바쁘다. 챙겨 온 제물을 차려놓기도 전에 벌써 물 한 그릇 정성으로 산에 기별을 올린 셈이다. 물 한 그릇만 있어도 손 비비고 기도할 준비가 되어 있는 우리네 어머님의 모습이다. 저 작은 어깨로 몰강스러운 시어미 등살 버텨내느라 부뚜막에서 남몰래 늘켜 운 날도 많았을 것이고, 짓누르는 가난의 무게 자식들에게만큼은 대물림시키지 않으려 해사하던 얼굴 무던히도 그을렸을 것이다. 고슴도치도 제 새끼는 함함하다고 한다는데, 자주 볼 수 없는 도시의 손주들이야 말할 것도 없고 무심한 것들 이제나저제나 찾아올까 날 세며 그리움만 키웠을 것이다. 이제 자식들 다 키우고 살림도 조금 폈다지만 자손들만 생각하면 걱정도 팔자고 고생도 사서 하는 법이니 여전히 기도할 일 많고 산에 올 일 많은 것이다.

6시를 넘기자 집안별로 잡아놓은 좁다란 터(제단)에 고이 싸 온 제물들을 하나둘씩 진설하기 시작한다. 자연이 만들어준 천연의 제상에는 초, 쌀, 밥, 떡, 과일, 어물, 나물 등이 집안의 격식대로 개성 있게 펼쳐진다. 특이한 것은 집안에서 모시는 조상의 수만큼 메와 술잔을 진설한다는 점이다. 다만 술잔과 달리 밥그릇을 조상 수대로 좁은 공간에 진설하기란 곤란한 일이어서 이를 숟가락으로 대신하는 것이 일반적이다. 어느 집은 한 그릇의 메에다 열 개의 숟가락을 꽂기도 했다. 집안마다 준비한 제수도 다르고 진설한 수량도 제각각이지만 제상 중심에 세로로 세워놓은 신체(神體)만큼은 모두 한 모양

신체를 세워둔 모습

이다. 갸름한 돌에 한지로 겉을 두르고 하얀 실타래로 돌 허리를 묶어낸 모양새로 신위를 표현한 것이다. 모양새로 보자면 백의민족답게 소박하지만 신의 몸을 순결한 폐백으로 꾸며낸 정성만큼은 눈부시게 하얗다. 신체를 꾸미는 어른들께 어느 신이냐고 여쭈니 산신이라 답하기도 하고 조상신이라 답하기도 하셨다. 산이면 어떻고 조상이면 어떠랴, 또 둘 모두면 어떠랴! 신의 계통보다 더 중요한 것이 일상의 질서이고, 신의 체계를 인식하는 것보다 더 신경 써야 할 것이 신에게 드리는 정성일 터이니 말이다.

한 시간 남짓 느긋하게 집안마다 진설을 이어갔다. 흥미를 끄는 것은 집안별로 마련된 제상 외에 마을 공동의 제상도 한쪽에 마련되었다는 점이다. 은선암으로 들어서는 입구 쪽에 있는 원탁 모양의 평바위 위에 마을 제상이 푸짐하게 마련된 것이다. 지난 2015년 4월의 산멕이 때에도 목도한 일이었다. 본래 가정 단위에서 치러지는 산멕이라지만 마을 주민들을 중심으로 산멕이 보존회를 결성하고 지방자치단체로부터 교부금을 지급받아 행사를 치르다 보니 전에 없던 마을 공동체적 성격이 부가된 것이라 짐작된다. 맥락과 상황이 바뀌면 전통과 의례도 변화할 수밖에 없다. 지방의 문화 정책과 지원으로 촉발된 변화의 계기가 내미로리 쉰움산의 산중으로도 파고들고 있는 것이다. 문화는 유기체같이 변화하는 것이고 그러한 변형 속에 문화의 창의성과 건강성이 보증되기도 한다. 다만 관의 수준 높은 문화 복지가 실현된다 하더라도 양보할 수 없는 것은 주민들의 문화적 자발성이다. 관에서 주목하는 전통문화라는 자부심과 명성 못지않게 중요한 것은 문화를 향유하고 전수하는 주체들의 자각과 의지인 셈이다. 이런 점에서 앞으로의 내미로리 산멕이가 궁금하기도 하고 기대되기도 한다.

　진설이 마무리되자 7시 25분부터 10여 분간 무녀가 주관하는 부정거리가 이어진다. 본격적인 산멕이를 거행하기에 앞서 제장의 부정을 막아내는 의식이다. 무녀는 제상 주변을 돌면서 총채 모양의 무구로 부정을 털어내고 소지를 태운 잿물을 뿌리면서 오염을 씻어내는 데 열중이다. 은선암에 오르기 전에 이미 천은사 뒤쪽 계곡 입구에서 부정풀이를 행한 바 있지만, 이제 은선암에서의 본격적인 의례를 앞두고 제단을 정화하는 것이다. 제단이 정화된 이후 제일 처음으로 치러지는 의식은 산멕이라는 이름답게 산신을 맞이하여 감응시키는 행사이다(산신거리). 복재가 산신경을 구송하는 동안 집안별로 제단에 촛불을 밝히고 향을 사른 뒤 제수 그릇을 개봉하고는 재배를 올린다.

　부정거리부터 산신거리까지 대략 한 시간이 소요되었다. 8시 30분이 넘어서자 산멕이의 핵심이라 할 수 있는 조상거리가 대략 1시간 30분 동안 집안별로 진행되었다. 이른 새벽에 짐꾼 노릇 하며 가파른 비탈길을 톺아 오른 뒤로 내내 제장 주변을 맴돌며 잡담과 술잔을 나누던 바깥양반들도 속속 자기 집안의 제단으로 귀환하는 시간이다. 조상에게 술잔을 올리고 메와 찬을 베풀며 가족의 안녕을 축원하는 일에 초연할 가장이 어디 있겠는가. 복자와 무녀들이 구획을 나눠 가가호호 제단을 차례로 찾아가 축원해준다. 우선적으로 조상신에게 올렸던 술잔을 차례로 받아들며 가족의 점사(占辭)를 듣는 '조상잔맞이'가 진행된다. 조상이 감응한 술잔은 수명을 더해주는 명잔(命盞)이요 복을 더해주는 복잔(福盞)이니 조상잔맞이는 명과 복을 받들어 마심으로써 조상의 음덕과 일체화되는 상징 행위라 할 수 있다. 집안을 위한 축원은 소지로 드러난다. 독축이 '읽는 기도'라면 소지는 '태우는 기도'로서 한지에 불을 사른 뒤 축원의 메시지를 읊으며 연소된 재를 공중으로 날려 보내는 의식이다. 이 외에 생쌀로 가족 구성원의 운수를 점치는 쌀점도 조상거리에서 눈에 띄는 대목이다. 손으로 집어 든 쌀알을 꽹과리 위에 펼쳐놓고 둘씩 짝을 맞추어서 남는 것 없이 딱 떨어지면 좋은 징조라 간주된다. 물론 쌀알의 개수가 홀수로 나오면 짝수가 나올 때까지 쌀점을 반복한다. 결국 쌀점은 일회적으로 길흉을 판단하는 데 목적이 있는 것이 아니라 복을 확증하고 강화하는 근거로서 의의를 다하는 것이다.

조상거리가 끝나고 11시부터 한 시간 정도 점심시간이 이어졌다. 봄나물의 살진 맛이 곁들여진지라 모내는 들녘의 못밥만큼 맛난 산중의 식사였다. 식사를 마무리하고 자리가 정돈되자 무녀가 40여 분 동안 주도하는 세준거리*가 시작된다. 세준거리가 끝나자 집안의 여성들이 한지와 실타래, 그리고 삼신메 한 그릇을 챙겨 삼신당으로 이동한다. 오전에 윗대 조상을 위했던 만큼 이제는 아랫대 자손을 위해 삼신에게 빌 차례이다. 벼라면 남의 벼가 더 커 보이는 게 인지상정이라지만 자식만큼은 내 자식이 더 커 보이는 게 어머니들의 마음일 것이다. 자식을 위해 바랄 것도 많고 후손을 위해 빌 것도 많은 우리 어머니들이 삼신당에 빼곡히 자리를 잡는다. 집안에서 선호하는 자리에 이르러 돌에 한지를 대고 실타래로 묶어낸 뒤 신체를 세로로 세운다. 그 앞에서 꽹과리를 든 무녀가 삼신을 축원하는 동안,

---

* 삼불제석(三佛帝釋)의 내력을 밝히는 당금애기 신화를 주송하며 생산과 수명의 신에게 축원을 비는 거리.

숟가락을 꽂은 삼신메를 들고 있던 여인네의 손이 세차게 흔들리면 신이 감응하는 것으로 판단한다. 며느리에게 감응이 쉬이 오지 않으면 이 일에 이골이 난 시어머니나 이웃 아주머니가 대신해주기도 한다. 25분간 삼신맞이가 진행된 뒤에 물가의 용신당으로 자리를 옮겨 용신제를 거행한다. 무녀가 용신에게 축원을 올리는 동안 집안마다 간단한 제물을 물가에 진설하고 배례한다. 5-6분간 진행된 용신제가 마무리되자 챙겨 온 제물을 모두 물속으로 침수시켜 용신에게 봉헌한다.

삼신당과 용신당의 의례를 마치고 다시 본당으로 옮겨 와 군웅거리를 준비한다. 군웅거리는 오후 1시 30분부터 약 10분간 진행되었다. 군웅거리는 소와 같이 농경에 필수적인 집안의 축생들의 무탈과 번식을 축원하는 의식이다. 군웅거리가 끝나자 조상 길을 가르는 베 가르기가 시작된다. 기다란 천을 가르면서 바람을 쐬러 산멕이에 나왔던 조상님네를 다시 좋은 곳으로 보내드리는 의식이다. 예전에는 가른 천을 소나무 위로 던져 걸쳐놓았다고 하지만 은선암에서는 생략하는 모양이다. 베 가르기가 종료되고 1시 45분부터 서서히 진설했던 제상을 거두는 퇴상이 시작된다. 한쪽에선 미리 준비해둔 뒷전 그릇을 펼쳐놓고 무녀가 뒷거리를 시작한다. 산멕이에 찾아왔던 잡귀 잡신들에게 흠향할 거리를 제공하고 그들을 무사히 퇴송시키는 마지막 의식이다. 없이 살 때에도 군식구에게 군말 없이 군밥 내어주며 시절을 함께 견뎌왔는데, 잠시 잠깐 머물던 귀신들을 보내는 데 이만한 정성을 쏟지 못할 것도 없다.

오후 2시경 뒷거리를 끝으로 모든 산멕이 절차가 마무리되었다. 모두 가붓해진 짐 가방을 챙겨 이른 새벽 어둠 속에 올랐던 비탈을

뒷거리

다시 내려간다. 한지와 실타래로 꾸며진 신체만이 본당과 삼신당을 지키며 산중의 무거운 고요를 흡수할 것이다. 은선암에 올라온 김에 예전에 산멕이가 열렸던 정상으로 올라가보기로 했다. 30분을 올라가자 쉰움산 670미터 정상에 닿는다. 서로는 아찔한 천 길 벼랑 너머에 백두대간의 첩첩산중이 장엄하고, 동으로는 삼척 바닥과 바다가 한눈에 들어와 장관이다. 정상 위에 펼쳐진 너럭바위에 물이 고인 웅덩이가 여기저기 우물처럼 자리 잡고 있다. 50개를 죄다 세어보진 않아도 왜 쉰움산이라 했는지 알 만한 진풍경이다. 이 물웅덩이에서 산멕이 용신제가 열렸을 것이다.

오십정 옆으로 쌓아 올린 돌들이 병풍처럼 펼쳐져 있는 산멕이 원당이 자리 잡고 있다. 예전에는 굉장히 떠들썩했을 제장의 중심이다. 산신을 맞고 조상에게 축원을 올리고 군웅거리를 진행했었던 곳이지만 지금은 간혹 돌 틈에 빛바랜 위목지가 하나둘 눈에 띌 뿐 옛

쉰움산 원당

영화는 저 아래 은선암으로 내려앉은 지 오래다. 산등성이로 발걸음을 옮기자 돌무더기가 숲은 이룬 삼신당이 눈에 들어온다. 옛날 같으면 여인네들이 삼신의 감응을 주체 못해 숟가락을 꽂은 삼신메를 마구 흔들었을 터인데 오늘은 적막하기만 하다. 삼신당 너머로 난 오솔길을 따라가면 태백산을 향해 먼산맞이*를 했다는, 바위와 소나무가 어우러진 멋스런 제장이 눈길을 사로잡는다. 옛날에 태백산을 오가며 산을 모시던 내력이 있는 집안은 쉰움산 산멕이를 거행하면서 이곳에서 멀리서나마 태백산을 맞아들여 먼산맞이를 베풀기도 했다.

옛 산멕이 터를 둘러보고 하산하며 산을 생각한다. 우리에게 산은 무엇이었을까. 왕실에서는 명산대천에 무녀를 보내 기도하게 하는

* 몸소 입산하지 않고 멀리서 태백산을 맞이하며 축원하는 의식.

'별기은(別祈恩)'의 전통을 오래도록 유지했었다. 유교의 의례학적 기준으로 볼 때 산천제는 국왕의 의례적 특권이었으나 사대부가에서도 산을 모시는 전통이 무척 뿌리 깊었음이 분명하다. 가령 태종 때에는 대신들이 송악이나 감악과 같은 명산을 찾아가 기도하는 집안의 전통을 거행하려고 휴가를 청원하다 국왕으로부터 예에 어긋난다는 비난을 받기도 했다. 일반 대중들이라 해서 예외일 리 없었다. 강원 영동 지역에서 활발하게 전승되고 있는 산멕이 전통만 보더라도 지방의 민간인들이 향유한 산의 민속이 얼마나 강렬했었는지 짐작하고도 남는다. 무엇이 온 국민을 산으로 들어오게 하고 또 힘겹게 오르도록 했을까?

단안을 내리기는 어렵다. 우리네 산의 민속에 어떤 확고부동한 이지적 믿음이 개입되어 있다고는 말하기 어렵다. 그보다 훨씬 느슨하지만 그렇다고 쉽사리 사라지지도 않을 정서적 믿음이 산의 민속에 자리 잡고 있다고 생각한다. A를 해야만 반드시 B가 성취된다는 배타적 신앙이 민속을 지탱시키는 주된 동력은 아니다. 오히려 그보다는 뭔가를 하지 않았을 때 왠지 찝찝하고 찜찜한 느낌에 근거한 최소한의 신앙이 민속을 은근하게 끌고 온 힘이 아닐까. B가 여의치 않을 때 그것이 혹시 A를 하지 않아서인가 반추해보게 하는 사유와 경험이 민속신앙의 원천이자 저력일 수 있다. 요즘 곳곳의 소방서에서 안전 기원제라는 이름으로 고사를 지내는 일이 많다는데, 고사를 지내야만 반드시 안전이 보장된다는 외곬 믿음이 작동한 결과는 아닐 것이다. 그보다는 늘 심각한 위험에 노출된 이들이 고사를 지내지 않았을 때 느낄 개운치 않은 밑바닥의 정서가 고려된 것일 수 있다. 산도 마찬가지라고 본다. 산에 왔기 때문에 반드시 복을 받을 거라는 교리적 확신은 없더라도 복의 결핍과 부재를 야기하지 않을 요량으로 산에 들어와 정성을 다하려는 게 우리가 경험하는 산의 민속이다. 일상을 초월하려는 믿음이 아니라 일상을 지켜내려는 소박한 정성이 산멕이의 미덕이자 힘일 것이다. 마을 주민들은 큰 욕심 부리자고 이른 새벽부터 노구를 이끌고 정성 들여 산을 오른 것은 아닐 것이다. 그리 대단한 플러스를 성취하려는 바람보다는 일상이 흔들릴 정도의 심각한 마이너스만 면해도 보람이겠다는 자족적인 생각이었을 것이다.

산이 준 무거운 과제를 안고 산을 내려왔다. 쉰움산을 빠져나와 오십천과 동해가 만나고 죽서루가 서 있는 삼척 시내에 닿았다. 아무리 좋은 고장이라 해도 모든 것을 갖추기는 어려운 법이다. 산 좋고 물 좋고 정자 좋은 데 없다는 말이 괜한 말은 아닐 것이다. 산이 좋으면 물이 별로고, 물이 좋으면 산이 그에 미치지 못할 수도 있다. 설령 산수 모두가 좋다 해도 지역이 구축해놓은 문화(정자)가 변변치 못하기도 하고, 역사와 문화가 빛나더라도 자연이 따라주지 못하기도 한다. 그러나 삼척은 산도 좋고 물도 좋고 정자도 좋은 곳이다. 산, 들, 강, 바다가 어우러져 있고 역사와 민속이 살아 숨 쉬는 삼척에서 안식년의 답사를 마무리할 수 있어 행복하다.

8. 답사를 끝내며: 어정칠월 동동팔월

 서로부터 동으로의 여정이 마무리되었다. 태안, 청양, 진천, 제천, 정선, 삼척을 차례로 거치다 보니 어느덧 충청과 강원을 횡으로 관통한 셈이다. 서해를 바라보다가 이내 내륙으로 접어들어 금강에 이는 바람을 쐬었고, 다시 한강의 물줄기로 갈아타서 태백의 준령을 파고들다가 어느새 고개 너머 오십천의 물길을 따라 동해에까지 닿았다. 가는 곳마다 특별한 제장이 있었고, 그 속에서 벌어지는 의례가 있었고, 그 의례가 주목하는 신들이 있었다. 뭐니 뭐니 해도 제일 좋았던 것은 그곳의 사람들을 만나는 일이었다. 조상을 자랑스럽게 여기며 사당을 찾는 후손, 하느님을 모시며 때를 기다리는 동학도, 마을의 옛 전통을 이어 천제를 올리려는 애향심 많은 주민, 믿음을 지켜낸 순교자를 기억하는 순례자, 험곡을 찾아 공부와 기도의 흔적을 남긴 옛 수행자, 그리고 가정을 위해서라면 새벽길 마다 않고 산을 오르는 산맥이꾼, 모두가 답사를 답사답게 해준 주인공이다.

 솔직히 지난 1년간 발길 닿았던 곳들은 국토 예찬을 불러일으킬 만한 대단한 명승지도 아니고 그렇다고 걸출한 문화유산을 남긴 손꼽히는 유적지도 아니다. 당연히 학계의 조명이나 시선을 모을 만한 특별한 곳도 아니다. 그저 동네 뒷산같이 평범하고 집안 식구 같은 짠함이 느껴져서 더 애정이 갔는지도 모르겠다. 안타깝게도 태안과 화순의 숭의사는 기존의 서원 연구에서 소외되어 있고, 청양의 창명대는 동학 연구에서 주목받지 못하고 있다. 아울러 진천의 천제는 지역 문화 당국의 관심에서 비껴나 있고, 정선의 적조암은 유허비만이 홀로 심심산곡을 지킬 뿐 일반인의 뇌리에서 잊힌 지 오래다. 삼척의 산멕이는 지역의 학계와 문화 당국으로부터 종교 민속으로서의 가치를 인정받고는 있다지만 여느 민속과 마찬가지로 현대사회에서 문화의 지속성과 주민의 자발성을 함께 이끌어나갈 수 있을지 걱정이 앞서기도 한다. 그나마 제천의 배론은 교단과 지역의 배려 속에서 문화적으로나 종교적으로 발길이 끊이지 않는 성지가 되어 다행이지만, 옛 신앙인이 남긴 숭고한 종교적 자산이 지나치게 외형적인 과잉을 낳지 않을까 괜한 노파심이 들기도 한다.

그곳들은 무슨 근참기(覲參記)나 답사기(踏査記)에, 혹은 종교사의 주요 서술에 등장할 만한 번듯한 소재와 줄거리를 갖추지 못했다. 그렇다 하더라도 그곳들에는 지나치는 길목마다 한국인의 기도 문화가 단단히 서려 있었다. 정형성을 갖춘 축문이든 묵언의 바람이든 아니면 소박한 비손이든 소지로 날리는 축원이든 간에 기도는 밥상에 놓인 수저처럼 빠트릴 수 없는 것이었다. 확실히 기도에 전염성이 있어서였을까. 기도라면 음치에 가까운 구경꾼인 과객도 산젯밥에 청메뚜기 뛰어들 듯 나름의 발원을 올리고 싶어졌다. 세월이 쌓이면 서당 개도 풍월을 읊고 산 까마귀도 염불을 하는 법이니 구경도 좋은 공부려니 한다. 언젠가 다시 기회가 된다면 한국인의 '사계

(四季)의 기도'를 담아낼 만한 답사를 떠나고 싶다.

종교를 넘고 민속을 건너며 답사를 계속하던 사이에 1년의 안식년이 바닥을 드러내고 말았다. 1년간의 안식이 끝나가다 보니 묵혀두었던 땅이 비옥도를 되찾아가는 휴경의 막바지라는 느낌보다는 왠지 안식의 시간을 모두 소진해버린 끝물이라는 비관이 밀려온다. 넋 놓고 있다가 쫓기는 신세가 되었다고나 할까. 음력 7월에 논매기를 끝내고 호미씻이하며 한가한 세월을 보내다 음력 8월 추수철이 닥치면 연자매를 가는 당나귀마냥 눈코 뜰 새 없이 바쁜 나날을 보내야 했던 우리네 농사꾼들이 흔히 말하던 '어정칠월 동동팔월'이 꼭 나를 두고 하는 말같이 들린다. 7월까지는 답사네 하며 여기저기 한가하게 나다니며 어정거렸지만, 강단에 다시 서고 연구실에 다시 앉을 날이 임박한 8월이 되자 하는 일 없이 허둥대며 동동거릴 수밖에 없었다. 비할 바 없는 폭염 속에서 어수선한 여행의 기록들을 정리하고 다듬는 일이 태산같이 느껴지다가도 1년 잘 쉬면서 구경 한번 잘 했다는 만족감이 깨알같이 일어나기도 했다.